工程建设企业管理信息化实用案例精选

鲁贵卿　主编

中国建筑工业出版社

图书在版编目（CIP）数据

工程建设企业管理信息化实用案例精选／鲁贵卿主
编.—北京：中国建筑工业出版社，2019.9
ISBN 978-7-112-24039-5

Ⅰ.①工…　Ⅱ.①鲁…　Ⅲ.①建筑企业-工业企业管
理-信息化-案例-中国　Ⅳ.①F426.9-39

中国版本图书馆CIP数据核字（2019）第161308号

　　中国施工企业管理协会及其信息化工作委员会从2005年开始，连续14年每年都组织建筑行业的
信息化高峰论坛，有力地推动了建筑企业信息化水平的提升。为进一步推广典型经验，强化标杆引领
作用，中施企协及其信息化工作委员会组织编审出版本书。

　　本书上篇是从近五年来全国建筑行业众多管理信息化应用比较好的企业信息化实例中精选而出的，
共有中建五局、中铁四局、中交四航局、中建八局一公司、苏中建设、金螳螂、浙江建工、中水电三
局、鲲鹏建设、郑州一建等10个经典案例。下篇还择优选集了近五年来，业内有关企业管理信息化的
20篇优秀研究思考论文，以强化信息化理论与实践的结合。

责任编辑：赵晓菲　范业庶　朱晓瑜　王华月
责任校对：张　颖

工程建设企业管理信息化实用案例精选
鲁贵卿　主编
*
中国建筑工业出版社出版、发行（北京海淀三里河路9号）
各地新华书店、建筑书店经销
北京点击世代文化传媒有限公司制版
北京建筑工业印刷厂印刷
*
开本：787×1092毫米　1/16　印张：23　字数：353千字
2019年8月第一版　2020年4月第二次印刷
定价：**72.00**元
ISBN 978-7-112-24039-5
（34545）

本书编委会委员（按姓氏笔画排列）

刁志中　广联达科技股份有限公司董事长

马智亮　清华大学土木工程系教授

王　玲　中国交通建设股份有限公司信息化管理部处长

王兴山　浪潮集团总裁

王传霖　中国中铁四局集团有限公司总经理

毛晨阳　鲲鹏建设集团有限公司董事长

文章英　中国建筑第五工程局有限公司信息中心主任

邓和平　中交第四航务工程局有限公司信息中心主任

石　露　中国水利水电第三工程局有限公司信息中心主任

宁文忠　中建八局第一建设有限公司副总经理

朱晓强　江苏省苏中建设集团股份有限公司副总裁

李　晨　中国水利水电第三工程局有限公司信息化管理部处长

李清旭　中国施工企业管理协会副会长、信息化工作委员会主任

李惠萍　浙江省建工集团有限责任公司副总工程师兼信息中心主任

杨思民　中交路桥建设公司原总经理

吴红星　安徽建工控股集团副总工程师兼信息部主任

何晓军　用友建筑云服务有限公司总裁

张　军　中建八局第一建设有限公司 CIO

序言

当前，以 5G、物联网、大数据、人工智能为代表的新一代信息技术迅猛发展，引领新一轮科技革命和产业变革，深刻影响和改变着人们的生产生活方式、经济运行机制和社会治理模式，成为推动新时代我国社会主义现代化建设的重要驱动力量。党的十九大明确提出，要推动互联网、大数据、人工智能与实体经济深度融合。工程建设行业的信息化发展要以提高全要素生产率为抓手，加快培育新动能，加快发展方式转变，持续推动发展质量变革、效率变革、动力变革，推动工程建设行业高质量发展。

信息化的建设水平，已成为衡量一个行业综合发展实力和现代化发展水平的重要标志。作为国民经济发展的支柱产业，工程建设行业信息化的发展起步较晚，基础比较薄弱。可喜的是，在全行业的共同努力下，行业信息化发展的意识观念、组织保障、人才队伍建设、基础设施建设、技术开发、系统应用等方面都取得了长足发展。尤其是近年来，广大工程建设企业立足自身实际，坚持创新发展，互学互鉴，强化融合创新，在企业决策、企业管理、项目现场管控、新技术创新应用等多层面的探索与实践，取得了丰硕成果，大大提高了生产效率，推动了组织变革与创新，提升了企业管理水平。越来越多的工程建设企业认识到，信息化建设是提升企业核心竞争力、实现企业管理现代化的重要手段，应抓住当前科技革命的巨大发展机遇，持续探索推动信息技术与行业发展、企业管理的深度融合，为绿色建造、智慧建造不断注入新内涵、新内容。我们欣喜的看到，行业信息化发展的内生动力正在不断增强，发展的环境不断改善，发展的步伐不断加快，正步入全面渗透、跨界融合、加速创新、引领发展的新阶段。

中国施工企业管理协会（简称"中施企协"），多年来一直高度重视行业信息化推动工作，自 2005 年以来，已连续成功举办了 14 届"工程建设行业信息化高峰论坛"，为行业企业的信息化建设起到了导向和促进作用，并在开展调查研究、总结实践成果、搭建交流平台、完善组织机构等方面，做了大量的服务工作，积累了经验，取得了实效。实践证明，加强对典型案例的调研、总结、交流、推广，充分发挥案例的示范带动作用，是推动行业信息化发展行之有效的好方法。近几年来，我们加大了行业信息化建设资源整合的力度，以中施企协信息化工作委员会牵头，组织了一大批行业内有实践经验的企业家、专家、学者，深入企业一线调查研究，挖掘、总结不同专业、不同性质企业的信息化建设成果，并每年向行业推荐 4~6 家在信息化方面取得较好成效的案例，供行业对标学习。这种"调研+咨询+总结+推广"的工作方式得到了企业的认可和业界的广泛欢迎。

为了进一步总结推广这些成果，让更多企业能从中收益，我们从近五年向行业推荐的信息化案例中，选择具有较强代表性的"10 个典型案例"和"20篇信息化论文"，形成《工程建设企业管理信息化实用案例精选》一书，并推荐给你们。本书既体现了行业信息化最新的实践成果，也包含了业界一些信息化实践者、研究者对行业信息化未来发展思路的分析和判断，具有较强的实操性、前瞻性和引领性。

信息化建设是伴随着社会进步、科技创新不断发展的。本书收录的案例代表了行业信息化阶段性比较高的水平，在信息化建设思路、规律认识、体会思考等方面有较强的借鉴参考意义。衷心希望这本书对广大施工企业开展对标学习，互学互鉴，不断提升行业信息化水平，提供更多的帮助。

中国施工企业管理协会会长

2019 年 6 月

前言

2019 年 6 月 6 日，将是一个载入史册的日子，这一天国家工信部正式发放了 5G 商用牌照，标志着中国正式进入 5G 时代。5G 时代将是一个万物互联的时代，大数据、云计算、雾计算、边缘计算等信息技术方兴未艾，5G 的到来必将引发生产方式、生活方式以及企业管理方式的深刻而重大的变革。这些新的信息互联技术的兴起，将会给建筑行业与建筑企业的管理带来前所未有的机遇和挑战。在此大背景下，加快建筑行业的信息化进程就显得十分重要、十分紧迫，切实提升建筑企业信息化水平刻不容缓！

"大数据" 的应用需要大量真实而具体、准确而有效的数据为基础、为支撑，如果一个个具体的 "小数据" 是错误的、模糊的，"大数据" 的应用必然是混乱的、无效的，"小数据" 是 "垃圾"，"大数据" 就会是 "垃圾堆"。所以说，建筑企业实际管理过程中的管理信息、管理语言，应当具有一定的通用性、标准性，能够用来交流沟通，能够实现有效互动。因此，我主张，管理标准化的着力点应当放在管理语言的标准化上，而不应该仅仅在管理行为的标准化上打转转。要建立科学合理的管理信息因子标准化编码体系及其操作应用规范，使得管理语言在沟通交流过程中，能够实现及时、精准、高效。这就是说，要提高 "大数据" 的应用效果，就必须在 "小数据" 的精准化、标准化上下功夫。

"云计算" 的特点是离设备终端最远，但是更集中化、更中心化。有人把在计算、网络、存储等资源层级及应用层级所具备的弹性管理能力，形容为科技时代不可缺少的 "水电煤"。在中国，阿里云、腾讯云等互联网络公司，占据了云计算公有云的大部分市场。而大量的实体企业，在云计算技术的应用时，一般采用公有云与私有云的混合云部署，还有一些企业则采用私有云、分布式的部署方式，也有一些企业出于信息安全考虑，则完全采用本地部署方式。

由思科公司最先提出的"雾计算"概念，是指介于云和终端之间的数据计算、存储与处理能力。它是通过终端和云数据中心之间增加一些带有存储器的小服务器、路由器或者其他网络组件，形成一个具备数据处理和存储能力的中间层，既可以覆盖在边缘网络，也可以拓展到核心网。"雾计算"相比"云计算"，它更接近数据终端。

"边缘计算"，指的是接近于事物数据和行动源头处的计算。计算载体可以是物联网终端、网关或路由器，也可以是部署于场景一侧的服务器。边缘计算是在边缘侧就近处理采集到的数据，而不用上传至云计算中心，以此提高实时性、有效性以及减小中心的处理压力，降低成本。

无论是大数据、云计算，还是雾计算、边缘计算，或者是移动边缘计算和移动云计算，它们都离不开"计算"，而"计算"的对象是"数据"，企业数据的核心部分则是企业运营管理的经济数据，是事物、过程、场景、行动源头产生的"原数据"，并且这些"原数据"必须具备真实性、唯一性、精准性、有效性。原数据的这四个属性，要求我们在进行管理动作时，所使用的管理语言必须是统一的，是能够被相关方理解的，是可以用来交流互动的。因此，企业管理信息化必须进行管理语言的标准化，必须制定统一的管理信息因子的数据编码规则，并且制定一套具体的应用操作规范。

所谓建筑企业管理信息化，就是将企业的运营管理逻辑互联网平台化，通过管理与信息互联技术的深度融合，运用现代"计算"技术，实现企业管理精细化，从而提高企业运营管理效率，进而提升社会生产力。所以说，企业管理信息化的根本出路在于融合。当前，挡在我们面前的有"三座大山"：一是IT技术与企业管理的"两张皮"；二是企业内部各部门之间的"部门墙"；三是企业各层级各专业之间的"数据篱"。企业管理信息化就要发扬"愚公移山"的精神，每天挖山不止，真正融化"两张皮"，打通"部门墙"，拆除"数据篱"，实现信息互联技术与企业管理的深度融合，从而大幅度提升建筑行业的信息化水平。

毫无疑问，企业信息化是一种管理实践活动，必须坚持从实践中来，到实践中去，实践—提高—再实践—再提高，如此反复循环，螺旋式上升。这些年来，建筑行业的众多优秀企业进行了称得上"艰苦卓绝"的探索和实践，一大批信息化的"志士仁人"在这方面进行了持续不懈的努力，取得了很大进展，整个建筑行业的信息化水平得到了大幅提高。但是，也无须讳言，目前，建筑行业的信息化水平还不高，多数建筑企业的信息化水平还处在"部门级应用"（信息化2.0）阶段，能够达到"企业级应用"（信息化3.0）水平的是凤毛麟角。

中国施工企业管理协会及其信息化工作委员会从2005年开始，连续14年每年都组织建筑行业的信息化高峰论坛，有力地推动了建筑企业信息化水平的提升。特别是自2014年以来的五年，每年都组织行业内资深专家，先后实地到优秀案例企业，进行现场专题调研，深入考察各案例企业的信息化建设应用情况，在此基础上，信息化专家委员会又组织了深度的专家评审，最后评选出每年的企业信息化典型案例，向全行业推荐，这对提升全行业的信息化应用水平起到了积极作用。为进一步推广典型经验，强化标杆引领作用，中施企协及其信息化工作委员会组织编审出版《工程建设企业管理信息化实用案例精选》这本书。这部"案例精选"，是从近五年来全国建筑行业众多管理信息化应用比较好的企业信息化实例中精选而出的，共有中建五局、中铁四局、中交四航局、中建八局一公司、苏中建设、金螳螂、浙江建工、中水电三局、鲲鹏建设、郑州一建等10个经典案例。这些案例既有央企，也有地方国企，还有民企；既有上市公司，也有非上市公司；既有总承包企业，也有专业承包企业；既有独资公司，也有股份制企业；产业结构上既有比较专业的，也有相对多元的。但我们在企业管理信息化实用案例选择时，采用的衡量标准是相同的，这就是企业管理信息化的"企业级"集成应用。

企业管理信息化的企业级集成应用，我们称为企业信息化3.0，它有三个基本特征：一是必须以成本管理为主线的综合项目管理为基础；二是必须以商务业务财务一体化主要数据管理为核心；三是必须以满足企业多层级高效运营、有效管控为基本目标。如果一个企业的管理信息化已经满足或者能够基本满足三个基本特征，我们就可以说，这家企业管理信息化达到或基本达到了企业信息化3.0，也就是"企业级"集成应用水平。应当说，本书收录的这十家企业的信息化应用水平在全国同行业内是领先的，是具有标杆意义的，是达到或者基本达到了企业级集成应用程度的。我们希望通过选编推荐经典案例的方式，给广大的建筑企业提供一种管理信息化的借鉴，把建筑行业内目前好的做法和先进经验，进一步推广到整个建筑行业，以促进建筑行业信息化水平的提高。无疑，这 10 篇经典案例在行业内是属于优秀的、先进的，是值得学习和借鉴的。但同时，这些案例也是相比较而存在的，就每个案例本身来讲，差别也是很大的，每个案例都不是十全十美的，都存在这样那样的不足和缺陷，但我们还是希望大家学习他们的长处，学习他们好的方面，把他们好的做法、好的经验，甚至于失败的教训，借鉴到本企业管理信息化的实践中，切切实实地提高本企业的信息化水平。同时，也希望能有更多的企业超越他们！如是，我们的辛苦也就没有白费。

此外，《工程建设企业管理信息化实用案例精选》除收录了 10 篇优秀案例外，还择优选集了近五年来，业内有关企业管理信息化的 20 篇优秀研究思考论文，作为本书的一部分，以强化信息化理论与实践的结合。同时，也希望能够引起大家的讨论和研究兴趣，希望更多的人投身到企业信息化建设实践中去，推进和深化建筑行业信息化应用，尽快改变建筑行业信息化建设落后的局面。这里还要强调一点，这些文章是作者本人的劳动成果，大多是他们从实践中得来的真知灼见，不论正确与否，首先应该得到尊重。同时，这些观点也是可以讨论、争论，甚至是批评的。由于篇幅所限，还有很多优秀作品没被收录进来，不能不说是一种遗憾了。

还是那句老话，建筑企业的信息化，慢不得、快不得、停不得、丢不得、等不得。信息互联是一场伟大的技术革命，慢了就会落后，就会被时代所抛弃；但信息化也快不得，因为信息化既是一场伟大的技术革命，也是一场伟大的管理革命，必然伴随着思想观念、工作方式、管理体制机制等方面的深刻变化，这些都需要时间，需要有一个过程；同时信息化也不能停，信息化是一个漫长的过程，信息化永远在路上，那我们就必须脚踏实地、一步一个脚印地持续不断前行；信息化更不能丢，丢掉信息化，就会失去发展的机会，就会被淘汰，就会永远处在落后挨打的境地；信息化也等不得，信息化是一种实践活动，必须从实践中来，到实践中去，那种等一个时点、用一项新技术一劳永逸地解决所有问题的想法，是十分错误的，也是有害的。我辈当以"只争朝夕"的精神，不遗余力地奋勇向前。与大家共勉！

权为前言。

鲁贵卿

中国施工企业管理协会信息化工作委员会副主任

中南控股集团董事局副主席、总裁

2019 年 6 月

目　录

上篇　**精选案例**　**1**

案例1　从数字化建设到数字化驱动

…………………………………… 中国建筑第五工程局有限公司　2

案例2　成本管理信息系统应用促进经济效益提升

………………………… 中铁四局集团有限公司　27

案例3　用字当头，持续推动企业管理信息化

………………………… 中交第四航务工程局有限公司　47

案例4　信息化助力企业集团化战略

…………………………………… 中建八局第一建设有限公司　62

案例5　以我为主建设用得起、用得起来的信息化

………………………… 苏中建设集团有限公司　86

案例6　不断探索，持续推进企业管理信息化

…………………………………金螳螂装饰集团有限公司　104

案例7　统筹信息化建设，加快数字化转型

………………………… 浙江省建工集团有限责任公司　118

案例8　量身定制　融合协同　项目管理再创新

………………………… 中国水利水电第三工程局有限公司　143

案例9　宝剑锋自磨砺出，梅花香自苦寒来

…………………………………鲲鹏建设集团有限公司　163

案例10　核心管控、协同共享　信息化助力企业管理升级

………………………… 郑州一建集团有限公司　178

下篇 精选论文 193

论文 1 顺应改革形势，大胆创新实践
推进工程建设行业信息化发展再上新台阶
·····················中国施工企业管理协会会长 曹玉书 194

论文 2 贯彻新发展理念 强化融合创新
·····················中国施工企业管理协会会长 曹玉书 201

论文 3 深化对信息化规律的认识
·····················中国施工企业管理协会副会长、
信息化工作委员会主任 李清旭 205

论文 4 行业信息化的新变化、新问题
·····················中国施工企业管理协会副会长、
信息化工作委员会主任 李清旭 211

论文 5 关于"建筑业＋互联网"困局的思考
·····················中国建筑股份有限公司总经济师 鲁贵卿 216

论文 6 关于"建筑业＋互联网"困局的再思考
·····················中国建筑股份有限公司总经济师 鲁贵卿 228

论文 7 企业管理信息化要"从实践中来，到实践中去"
——关于"建筑业＋互联网"困局的又思考
·····················中南控股集团董事局副主席、总裁 鲁贵卿 245

论文 8 建筑企业信息化的根本出路在于融合
——关于"建筑业＋互联网"困局的新思考
·····················中南控股集团董事局副主席、总裁 鲁贵卿 253

论文 9 大数据时代的企业信息化建设
·····················中国中铁四局集团总经理 王传霖 267

论文 10 对施工企业信息化的反思
·····················中交路桥建设公司原总经理 杨思民 274

论文 11 建筑工程企业信息化十年艰辛的一二三
·····················中国建筑第五工程局副总经理、总工程师 谭立新 279

论文 12 向企业级深度融合应用推进
·····················中交四航局信息中心主任 邓和平 283

论文 13　浅谈信息化认知力在信息化建设中的作用
　　………中国交通建设股份有限公司信息化管理部处长　王玲　291

论文 14　建筑行业集团信息化实践与思考
　　……………中国建筑第五工程局信息中心主任　文章英　299

论文 15　基于流程的多业态集团型建筑企业
　　　　　资金监控系统设计与实现
　　………安徽建工控股集团副总工程师兼信息部主任　吴红星　308

论文 16　施工企业云数据中心建设及应用
　　……………中建八局第一建设有限公司 CIO　张军　323

论文 17　数字建筑：将建筑业提升至现代工业化水平
　　………………广联达科技股份有限公司董事长　刁志中　329

论文 18　数字化转型中的企业进化逻辑
　　………………………浪潮集团总裁　王兴山　333

论文 19　通，数字化必经之路
　　　　　——建筑企业一体化建设模式探讨
　　………………用友建筑云服务有限公司总裁　何晓军　336

论文 20　走向高度智慧建造
　　………………清华大学土木工程系教授　马智亮　345

后记　353

上篇

精选案例

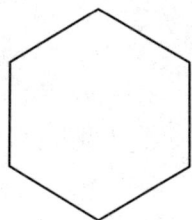
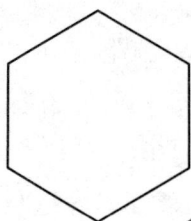

案例 1

从数字化建设到数字化驱动

中国建筑第五工程局有限公司

导读：中建五局管理信息化集成系统截至目前在五局下属 27 家二级单位，35 家三级单位，1700 多个在建项目，超 20000 名员工，主营业务分布在 26 个省市区，涉及房屋建筑、基础设施、投资与地产三个板块，100% 全覆盖。实现项目结算、对账、报表自动化，全员办公信息化，极大地提高办事效率，提升了管理效益。取得《中建五局管理信息化集成系统》等十项著作权。先后 9 次通过外部专家评审，被评为"国内领先"，获住房城乡建设部华夏建设科学技术奖，中建股份科学技术奖，湖南省"三化融合"管理创新"一等奖"。被中国施工企业管理协会连续三年推荐为"工程建设行业信息化推荐案例"，并先后近十次在行业大会上做经验交流与报告，同时与近 70 家建筑企业做专项交流。

1 企业概况

中国建筑第五工程局有限公司（简称"中建五局"），是全球最大的建筑地产集团、世界 500 强第 23 强——中国建筑集团有限公司的骨干成员企业，连续三年位列"湖南三强""中建三甲"。2003 年以来，五局积极响应国家"转方式、调结构"高质量发展总要求，多年来积极推动企业转型升级，把一个传统的施工总承包企业转型为一个集"投资商、建造商、运营商""三商一体"的现代化投资建设集团，拥有房建、市政、公路"三特三甲"资质。业务主要分布华中、华南、华东、西南、华北、东北、西北等七大战略区域以及海外 20 多个国别市场。近三年合同额及营业收入分别为：2016 年为 1889 亿元、703 亿元；2017 年为 2421 亿元、902 亿元；2018 年为 2680 亿元、1023 亿元，利润增长率为 14.4%。

五局由局总部、子公司、分公司及项目四层级管理架构组成。局总部设置了办公室（党委办公室）、市场与客户管理部、工程管理部、工程总承包管理中心、安全监督部、科技质量部、设计管理部、商务管理部、企划信息部、人力资源部（干部人事部）、财务部、金融业务部、投资部、法律事务部、审计部、党群工作部、纪检监察部、工会办公室等20个职能部门。下设有三公司、土木公司、华东建设、安装公司、装饰公司、不二公司、信和地产、中建隧道8个子公司。广东公司、山东公司、北京公司、东北公司、安徽公司、河南公司、总承包公司、投资公司、建筑设计院、市政设计院、公路设计院11个直营公司，还设置了雄安分局、北方区域总部、华南区域总部、西南区域总部、西北区域总部5个区域总部及长沙建工学校、中建信和学堂等共27个二级单位。子公司及直营公司下设有35个三级分公司（单位）。

五局在规模增长的同时不断提升企业品质，在管理上持续推进"标准化、信息化、精细化"的"三化融合"。"三化融合"是五局赢得市场、持续发展的有力保证。"三化融合"中，"信息化"是关键性的手段和工具。没有信息化，标准化就无从落地，精细化就难以实现。通过信息化手段倒逼管理提质、减少管理漏洞、提升管理效率和管理效益，这些年，五局做到了以中建集团系统居中的规模创造靠前的效益。2018年与2011年对比，全局百元收入管理费由1.4%降到1.17%；人均产值由224.86万元增到434.11万元；机构人数占比为15.92%，低于行业水平，这些数据成果与信息化充分运用是分不开的。

2 标准化和信息化历程

五局标准化经过了四个阶段。2007年以前，中建五局先后引入ISO 9000质量管理体系、ISO 14000职业健康安全体系与ISO 18000环境管理体系，进入以质量为中心的三证合一认证的体系管理阶段，形成以质量为特征的标准化1.0版；2007~2009年，五局全面导入《卓越绩效评价准则》GB/T 19580—2012中的卓越绩效模式，从领导、战略、市场、资源、过程、持续改进与结果等几个方面的管理进行全面对标、梳理与优化，并定义了36个企业管理的关键绩效指标（KPI），形成了以绩效评价为特征的标准化 2.0 版；2010～2012 年，优化完善编制发布了五局的运营管控标准化丛书 70 册（含管理工作标准 43 本），形成了以集团管控为特征的标准化 3.0 版；2013 至今，并全面推进管理标准化和以标准化为基础、以信息化为手段、以精细化为目的的"三化融合"，并进一步完善局总部、公司及项目层面运营指标体系，形成了以集团可视化为特征的标准化 4.0 版。形成了"横向到边、纵向到底、全面覆盖"的工作标准体系。多年来，各单位围绕标准化手册宣贯落地，积极开展标准化示范项目创建，为信息化奠定了基础。

五局信息化经历了四个阶段：第一阶段是 2002 年以前，以财务核算岗位信息化为标志的专业岗位信息化阶段；第二阶段是 2003～2007 年以人力资源系统在局与公司应用为标志的部门信息化阶段；第三阶段是 2008～2014 年以业务财务一体化集成应用为标志的一体化建设阶段；第四阶段是 2015 年以后以业务移动化与轻量化、数据自动化为标志的集团数字化转型阶段。特别是 2008 年以来的十年，中建五局积极落实区域化、专业化、标准化、信息化、精细化、低碳化、国际化等"七化"战略之管理信息化，以搬进中建大厦集中办公为契机，以五局标准化为依托，通过深入分析大型建筑工程企业集团管理信息化的具体问题，依托信息技术建成了"中建五局管理信息集成系统"。

五局信息化在实施过程中坚持以《中建五局运营管控标准化系列丛书》为基础，以管理信息化为目标，采用信息技术的思路统筹，通过"管理标准化、标准表单化、表单信息化、信息集约化"四化的措施，推动标准化、信息化、精细化的深度融合。

3 数字化建设

中建五局企业数字化建设从管理信息化目标任务确定到技术路线确定，再到方案的具体实施以及系统的推广应用主要包括四个方面内容：满足企业与项目部信息化管理需求的功能模块规划与建设、支撑管理信息化系统功能的技术架构建设、实现系统集成应用的基础数据标准及运行组织管理体系建设、实现管理信息化集成的硬件与网络系统建设。

3.1 功能规划与建设

3.1.1 总体目标

在进行系统地调研分析后，中建五局提出了管理信息化建设的总体目标：按照"总体规划、集约管控、集成应用、分步实施"的原则建设局信息化系统，系统以战略实现为目的，以集约管控为主线，以业务财务一体化为核心，规范业务管理，实现各层级、不同专业企业和全部项目部运营状况的实时管理。

以五局研发的"项目成本管理方圆图"理论为依据，项目成本管控为重点，促进企业和项目经济活动的精细管理。以各层级高效运营为基本要求，实现集团各项管理活动的敏捷管控。最终实现 IT 技术与管理深度融合，企业上下各组织、业务财务、线上线下、业务系统之间，产业链业务链先后的数据互联互通。

3.1.2 功能模块规划

信息化到底要解决哪些问题？对于中建五局来说，首先要解决集团内部对下属单位的集约管理问题，从"人、财、物"三集中管理出发，使其集成在一套系统内，形成整合全部业务流程的管理信息系统，要支持多组织多层级架构，实现"人、财、物"在组织架构方面的统一管理，在同一系统内按不同层级出相应的报表；其次要解决各水平业务之间的标准统一和工作协同的问题，要从战略管理和集团管控的角度，整体规划统一部署，彻底打破不适应企业集中统一管理需要的"信息孤岛"局面，真正做到管理集成，要统一企业体系内所有信息编码，实现集团数据库集中存放，便于统一维护和管理，最终，要通过信息化手段提高信息获取效率和质量，为决策提供有效数据支持。

经分析研究中建五局管理信息化集成系统按照规划以项目成本管理为主线进行项目施工总承包管理全过程信息化管理，实现项目精细化管理；以业务财务资金一体化为核心的企业全业务经济活动一体化系统，实现业务财务信息互联互通、数据流动共享；围绕企业人、财、物等经济活动的全流程精细高效协同，服务于项目、公司、集团三级管理层的运营管控，实现集团企业运营数据的自动统计分析及预警管理。经过十余年的努力，中建五局建成了具有"组织全覆盖、项目全周期、企业全成本、业务全集成"四大特点的管理信息化集成系统，即集团门户、协同平台、档案管理、市场营销、生产技术、商务合约、人力资源、财务资金、电子商务、数据中心十大运行子系统和施工项目管理、投资项目管理两大支撑系统。形成了图1、图2所示的功能规划蓝图和虚拟社区图。

3.1.3 功能模块建设

（1）综合项目管理系统建设。中建五局管理信息化集成系统除了围绕企业的人财物管理建设的人力资源系统、财务系统及协同平台等，重点围绕项目层级建设综合项项目管理系统。项目从施工项目市场营销立项开始，到中标承接、开工实施，到最终结算完成，涵盖了各类现场管理行为，这些行为均围绕收入、成本及效益之间的关系开展。如何厘清现场管理与收入、成本、效益间的关系，并分析现有项目成本控制和创效管理是否合理和有效，是项目施工过程管理的重点。局项目管理信息化以五局研发的"项目成本管理方圆图"理论为依据，涵盖了从市场营销、合同管理、项目策划及实施、工程结算到竣工验收的项目全过程内容。在市场营销阶段主要以客户管理、招投标管理为重点。在项目实施阶段，主要以合同为主线，项目成本管理五大费用为核心，即实现劳务、物资、机械、周转材料、工程分包从合同管理到结算管理及付款管理的过程管控。其中物资管理实现从物资总控计划、月度计划、实际计划、采购、入库、出库、盘点以及结算到支付的闭环管理；分包管理实现从合同评审与签订、过程与最终结算、成本分析及支付的闭环管理；设备与周转材料管理实现从合同评审与签订，设备周转材料进场、出场、停租、成本归集及支付的闭环管理；收入管理实现从主合同、产值报量与审核到收入列收到收款管理的闭环管理；成本管理实现从目标成本、责任成本到实际成本的统计分析等。项目的运行成果，商务口可从项目"成本方圆图"、财务口可从"一单四用图"两方面及时、精准反应，做到由事后到事中管控的转变。

（2）业务财务一体化建设。企业管理的成果最终由财务体现，但在建筑行业因满足对内对外管理要求出现不同业务线统计口径与标准不一的现象，企业实际的运营情况很难准确及时反应。五局通过业务财务资金一体化统一业务与

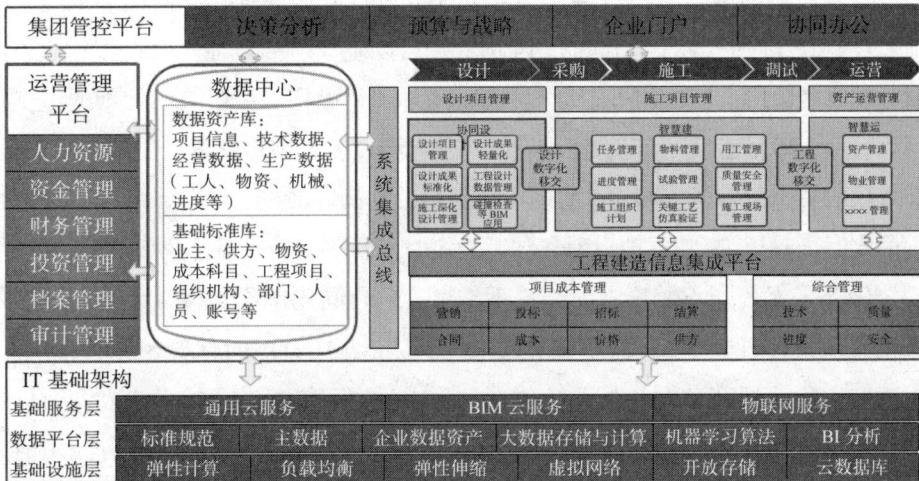

图1　中建五局管理信息化蓝图

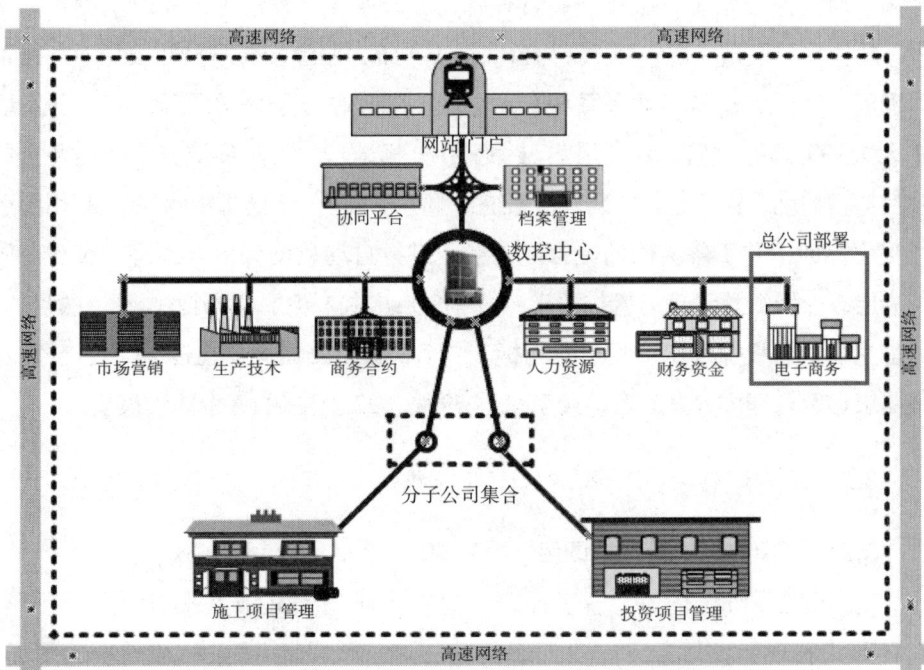

图2　中建五局信息化虚拟社区图

财务口径，用财务核算、资金支付倒逼业务过程管理规范、数据精准全面。目前局已实现了项目收入与成本等14项业务自动生成财务凭证，可以做到业务与财务的高度协同。实施财务资金过程管控信息化，做到"一单四用"，即通过"项目用款额度审批表"，实现物资采购款、分包租赁款、项目现场经费的在线审批；实现项目资金的分资制核算；实现项目现金、利润、债权、债务、库存等运营数据的实时准确反映；实现项目财务状况的实时监督等。同时通过业务财务一体化，系统做到了无合同不结算、无结算不支付、超合同比例不支付、无计划或计划审批流未完成不支付。促进了收支两条线、资金集中管理的有效落地。

（3）集团运营数据分析系统建设。为了落实五局集约管控、法人管项目的战略要求，从集团层面分级分类统一建立了报表决策分析模型，充分应用信息化技术，确保所有数据从源头来、从业务来、从系统来，实现数据一次录入、分级分类及时汇总分析的整体要求，架构了五局经营分析系统。搭设了三层架构，即第一层为业务系统，服务项目管理者，实现业务过程管理，完成基础数据采集，反应项目运营状况；第二层为台账报表系统，服务于分子公司及局业务线条管理者，实现数据从各业务系统自动抽取，同时在分子公司层面完善业务系统中无法采集到的数据，自动采集与手工补充相结合，及时反应分子公司及全局项目运营情况；第三层为决策分析系统，服务于分子公司及局决策者，利用图形可视化界面，基于各层面的经营成果系统进行自动数据分析与预警，实现公司与局层级分级汇总管理与管控要求，做到各层级共享资源，集团敏捷管控的目的。目前系统地建设梳理了项目运营指标232个，分子公司运营指标14个，公司及集团级运营管理大台账6套，经营报表59张，22个主题66个图形展现。

3.2 业务逻辑与技术架构规划与建设

3.2.1 "项目成本管理方圆图"模型架构

"方圆图"外圆内方，虚实结合，是一个既稳固又极具张力的几何图形。它在形式表现上整体以"三实三虚""三方两圆"几何线条构成的平面图形，并在相应的区域赋予不同的代表色彩。它系统地表述了工程项目管理的几乎全部管理要素，是根据工程项目的管理实践总结出来的一个科学研究分析工程项目管理的几何模型。

"方圆图"首先是从时间维度上涵盖了一个建筑工程项目自承接时的合同签订开始，到过程管理，到最终结算完成的项目全过程。同时通过整体表述几组成本概念、收入概念与效益概念之间的关系，形象地描述了工程项目的两个造价管理控制关键点（项目合同造价、项目结算总价）、三个成本管理控制关键点（项目责任成本、项目目标成本、项目实际成本）、四个施工现场管理控制关键点（工期、质量、安全、环保）和五个具体费用管理控制关键点（材料费、人工费、机械费、现场经费、专业分包费），以及工程项目管理的三个效益着力点（经营效益、管理效益、结算效益）。

图 3 中的实线表示管理过程中相对固定的内容，而虚线则表示管理过程因管理情况变化而经常会发生变化的内容。图形中用不同颜色表示项目经营效益、项目管理效益及项目结算效益，方便易懂。这样，它将项目的合同造价、责任成本、目标成本、实际成本和结算总价，项目的经营效益、管理效益和结算效益，项目成本应重点管控的材料费、人工费、机械费、现场经费和专业分包费，以及项目现场管理的工期、质量、安全和环保四个支撑点等工程项目管理要素——清晰地在一个外圆内方的图形中系统集中而又十分形象地展示了出来。最终的成果应用信息技术自动生成。

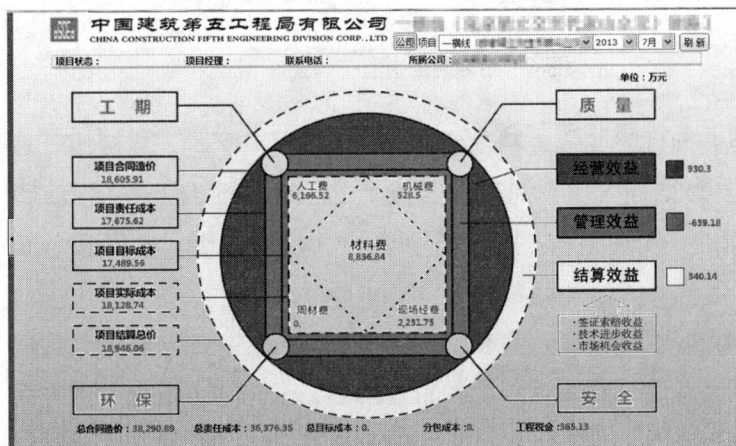

图 3　项目成本管理信息化模型图

3.2.2 业务财务资金一体化架构

五局通过业务财务资金一体化体系的建立（图4），把商务造价系统的人工费、材料费、机械费、周材费、专业分包款同财务核算会计科目的分类一一对应，从根本上解决了业务口径与财务口径对项目成本核算不统一的问题，所有的成本数据通过业务端发起并录入，利用信息系统推送至财务端生成凭证,既满足业务口径按 WBS 科目进分析的需要，又满足财务口径上按《企业会计准则》（建造合同）中规定的成本科目进行归集。

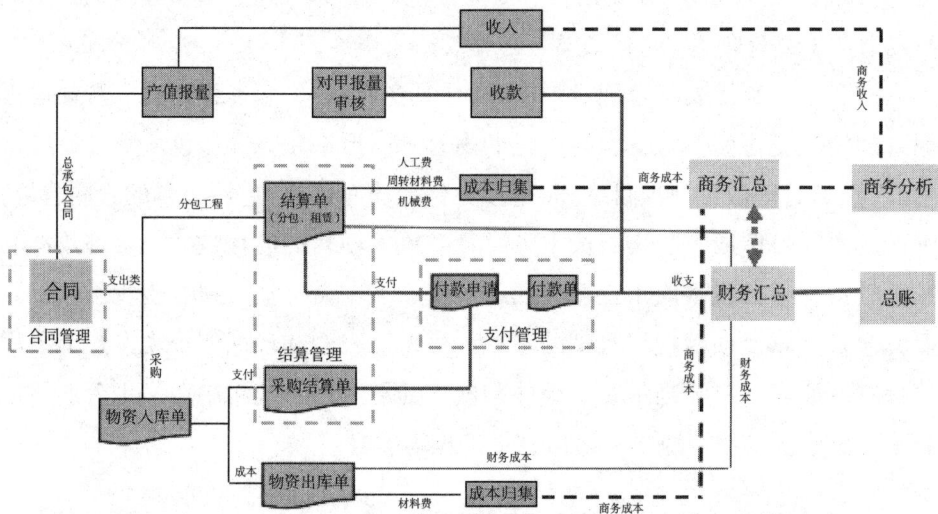

图4 业务财务资金一体化逻辑图架构

为不断推进财务资金精细化管理，创新研究了"一单四用"表与图管理模型。"一单四用"是从管理的角度命名，即按照财务对项目"用款额度"的审批管理，实现财务核算、分资管控、收付流量、过程成本等四个管理功能。

"一单四用"（图5）基于五局研究的施工企业"分资制"管理法，围绕建筑工程企业管理在企业层面的管理内容，强调财务资金管理方面"四个中心"的管理理念，即：企业管理以财务管理为中心，财务管理以资金管理为中心，资金管理以现金流量管理为中心，现金流量管理以经营活动净现金流

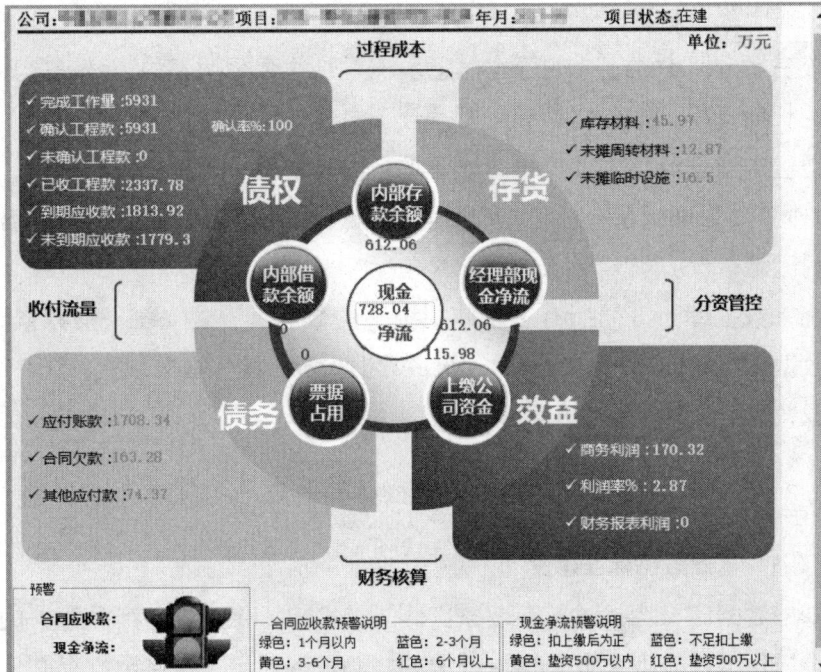

图5　一单四用模型图

量管理为中心的理念，通过利用信息技术实现了"一单四用表""一单四用图""现金净流及应收账款"，从而实现资金预警管理。

3.2.3　统一的技术平台架构

统一门户。为体现各子公司特点，服务集中管控的能力，建立了全局门户统一标准。中建五局的管理信息化系统是一体化系统，各子系统统一从一个界面登录，共享一套用户与密码，同时，各子系统的各项待办事宜集中在一个界面展现。

统一标准。管理信息化系统要做到真正的管理集成，形成各系统数据之间集成，首先需要确定系统里有哪些数据，数据要应用到哪些系统及环节，必须统一标识。中建五局在实施前首先制定企业信息编码，目前已完成人员、账号、组织、合同、文件、客商等主数据编码，真正实现了全局一人一号。同时统一业务流程及工作表单，实现集团标准化，对全局所有业务流程进行梳理，集团统一制定，全局统一使用。

统一平台。中建五局的管理信息系统不是一个短期工程，是支撑其持续发展的长期过程，信息技术平台要适合于中建五局信息化的持续改进，同时也要适应中建五局集中管控的总体要求，因此采用了全局统一的平台，集中部署。同时，为确保系统稳定、安全运行，建立了全局统一的网络标准和稳定、安全的网络平台。

统一数据库。五局所有系统使用统一的数据库，建立统一的数据仓库，根据数据不同属性进行统一分类，统一数据来源，统一取数规则，统一维度，统一取数时点，统一标准化数据字典。

3.3 基础数据标准及运行组织管理体系建设

3.3.1 基础数据标准建设

基础数据定义为描述核心业务实体（如客户、供应商、产品等）的一个或多个属性，是企业业务架构分析中的核心业务对象。基础数据存在于企业价值链核心业务流程的各个 IT 系统中，梳理和整合分布在不同部门、不同业务线的相关信息，找出企业信息中共性的、完备的基础数据标准是实现一体化系统的关键所在。五局在系统建设过程中持续推进基础数据标准化建设，截至目前全局统一了 55 项基础数据标准，232 项运营指标标准，并形成了统一的应用规范。

3.3.2 运营指标标准建设

根据集团管控模式，以五局实际管控为基础，落实法人管项目的要求，应用信息化技术，确保所有数据从源头来、报表业务来、决策系统来，实现"同一个数据项目只录报一次、各业务管理层所需数据只从系统中获取"的整体要求，架构五局数字化运营管理模型，创新地提出了三层结构，即第一层为业务系统，服务项目管理者，实现业务过程管理，完成基础数据的采集，反应项目运营状况；第二层为报表系统，从各业务自动抽取数据，同时完善业务系统中无法采集到的数据，实现自动采集与手工补充相结合的方式，服务于公司及局管控者；第三层为决策分析系统，利用图形可视化界面，服务于公司及局决策者。

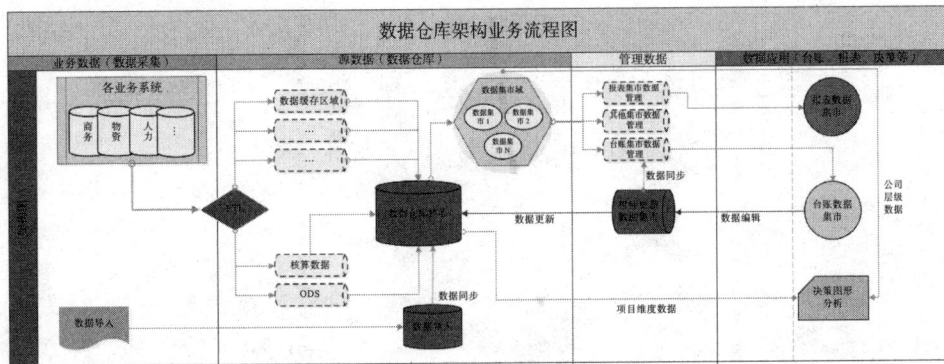

图6 中建五局数据化运营管理理模型

首先，梳理了项目管理信息因子及企业管控信息因子，并制定统一标准。中建五局在实施项目时，首先收集项目、公司及局所有过程运营报表，通过报表找出具体管理信息因子进行分类，然后针对各管理信息因子确定标准，再确定维护责任人，结合信息系统，确定每个因子来源，最终重新定义与规范了项目层级管理因子330个，公司及局级运营管控因子46个；市场营销月表7张、商务季报5张、生产月报7张、财务月报3张、人力资源报表11张及项目过程管理台账3张。市场合同额、生产产值、财务利润、商务成本、人力资源及风险预警29主题的分析。

其次，建立高效的数据仓库模型。数据仓库模型是数据化运营的基础，确定数据模型，主要包括数据仓库模型的建立、确定数据表结构和数据抽取与清洗。具体如图7所示。

最后，建立了运营管控可视化模型。数据仓库（DW）是为企业所有级别的决策制定过程提供支持的所有类型数据的战略集合，是出于分析性报告和决策支持的目的而创建的。运营管控信息化的建设，依据时空分析维度，在空间维度保证公司领导、各级管理人员、项目管理人员都能查看到与自身业务相关的数据，在时间维度上保证各级人员依据业务和管理的需要，能够准确查询到相应的适时数据。五局整体建设思路是依据集团关键指标从上到

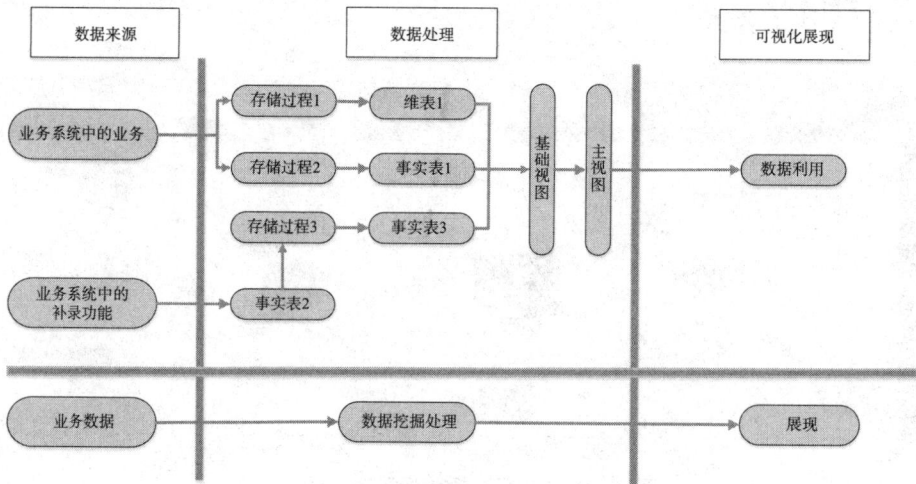

图7　中建五局数据仓库存储过程逻辑图

下进行管控重点、管控指标分解，并落实到具体的报表和业务上，然后利用系统工具进行建模，实现集团管控和业务管理的需求。在展现设计中，依据项目—公司—局三层不同运营管控要求与关注面所具有的特点与要求，对不同管理层级分别设计了不同的可视化管控界面方案，其中项目级：采用台账形式进行展现与人机交互；公司级：采用信息化表格报表的形式进行展现；局级：采用图形化的方式进行展现。

3.3.3　应用规范的制定

五局信息化以统一的集成平台与系统为基础，共用一套主数据，实现数据标准统一、资源集中与共享、信息互联互通。五局标准化丛书通过应用信息化，最终形成了一套使用系统的应用规范，规范明确了哪些工作在线上做，哪些工作线下做，并且解决了线上和线下的工作做成什么样，谁做，什么时候做，怎么做的问题。通过应用规范进一步明确了管理标准、组织的职能与岗位职能及工作流程，将原有标准化与系统应用到实处。

《应用规范》统一数据分类及其编码标准，实现主数据系统管理。数据是实现集成、集约化系统的基础，建立主数据管理体系是关键。五局围绕经济活动，梳理55种类基础数据作为五局管理信息化集成系统的主数据。对组织、客商、人员、物资分类库、项目编码等种类基础数据按业务部门及层级进行统一分类，梳理权限指定责任人，制定统一的标准与维护流程，形成集团统一的主数据体系。

《应用规范》梳理了业务管理职责，实现纵向与横向管理标准简化流程优化。五局坚持分层级管理，按层级厘清职责，在系统中明确权限，形成五局权限矩阵表。同时结合信息技术，简化纵向流程，清理不同层级流程，在系统对流程统一编号，统一管理，形成统一规范，建立统一台账。

在组织管理体系上，局设信息化领导小组和信息化工作小组分别负责信息化工作的决策部署与工作落实，局信息化管理部门主要负责信息化战略规划、建设和技术支持的核心归口管理，各业务部门各级公司和项目部主要负责需求提出和系统推广，各级组织设信息化系统工程师负责系统实施的指导与管理工作。

在信息化管理上形成了五局信息化管理手册，手册主要由信息化管理、信息化应用规范、操作手册三部分组成，其中信息化管理从总则、管理体系、信息化发展规划管理、信息化项目建设管理、系统运维管理、机房管理、安全管理、应急管理八个章节进行统一的管理。

3.4　统一网络基础设施

硬件网络是信息化建设的基础设施，特别对于我们建筑企业信息化建设，如何保障分布在国内外及全国各地的分支机构能稳定运行信息系统，五局架构了统一的数据中心、VPN及MSTP专线、云服务器等组成的具备双机热备功能的五局硬件网络系统。硬件网络拓扑见图8。

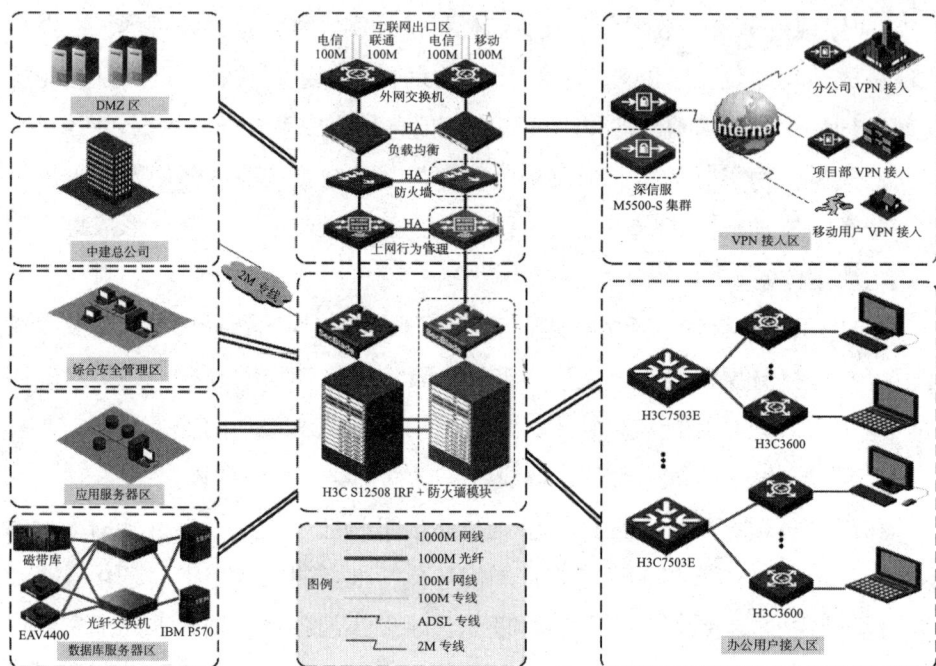

图 8　中建五局硬件网络拓扑图

4　数字化驱动

2016 年以来，随着信息技术的快速发展以及新技术在各行各业的成熟应用，各用户对信息化的认知不断提高，对信息化的需求也不断增加，而原有的系统很难满足用户的需要，只能在原有的系统上不断引进新技术、不断优化。

近年来随着移动应用、互联网、云计算、大数据技术的普及，我局在原有的技术架构上，引进了移动平台、互联网平台，由原有的"一库、一平台＋一端"扩展到"一库、三平台、三端"应用模式，一库指一个数据中心，三平台指原有的综合项目管理平台、移动应用平台、轻量化互联网平台，三端指传统的桌面端、轻量化端、移动端。既保障了原系统业务的可持续性，同时又发挥了原有系统较强的数据处理及关联功能，同时通过引进新的技术补充原有技术性能较慢、个性化不强、用户体验较差等来适应新业务的需求。

管理信息化集成新架构见图9。

利用原系统平台实现了复杂业务的逻辑处理及业务关联查询,实现了集团统一标准、统一规范、统一模板,满足集团管控与管理需要;利用轻量化平台充分应用新技术,弥补了原系统性能慢、用户体验差的一些不足,满足了企业个性化管理需要;利用移动平台满足了应用碎片时间办公管理需要。

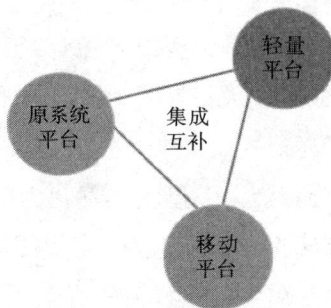

图9 管理信息化集成新架构

4.1 移动化轻量化业务微服务应用

随着互联网、移动互联网技术快速发展,传统的技术架构已不能满足用户轻量化、移动化、碎片化使用习惯等新需求。为了积极发挥原有业务系统的功能,同时又满足新技术环境下用户新需求,我局启动了以微服务架构的互联网平台的自主研发。基于河南公司物资管理业务线条的需要,先后组织开发了河南公司"资产盘活系统""物资验收系统""零星用工""过程计量结算""供应链协同"等微服务应用开发,同时实现原有业务系统的互联互通,其中资产盘活系统一个分公司近一年以来实现了111个项目二手物资线上周转,完成线上交易6519.69万元,简化程序,加快周转,提高周转效率,节省了公司成本。实现86个项目,29266笔入库物资线上验收,实现物资360°可视化、透明化,保障物资数量零差错。同时基于平台完成了项目看板37个指标与企业看板9个主题分析,实现了物资债权债务从公司、局不同层面,从合同、供方、结算、支付等多个维度的数据分析,极大地提高了局管理信息化集成系统的用户体验，促进了系统更好应用。

4.2 流程在线审批及流程优化

通过系统梳理标准化流程，实现所有管理流程上线，全局先后通过系统固化审批流 2778 个，其中局级流程 226 个，公司级流程 2772 个。如项目材料、分包、设备与周材租赁四类业务的合同、结算、支付在线审批、自动结算，并通过资金支付倒逼业务规范管理，解决了无合同不结算，支付不超合同比例付款。各类业务审批由原来找人员签字，改成线上审批，从项目到公司审批的时间由原来的 10 天提高到 3 天完成。

充分应用信息化规律与特点，编制流程优化方案及模板，通过实例分别与业务部门进行沟通，2018 年优化线上流程 142 条，合并或取消原流程 44 条，新增加线上流程 21 条，现有在线流程数 258 条。

针对意见反映较多的用印流程，局办公室规范了用印清单名称，制定授权清单 55 项。局信息中心根据授权清单，结合局及二级单位原有用印流程及业务审批流程现状，利用信息技术特点对线上用印流程及相关业务流程进行了系统性的优化与合并：（1）利用信息系统实现纵向流程打通与共享。将原 16 个表单用印流程优化为 1 个表单流程，用局统一的流程直接将三级、二级单位及局机关三级流程打通；（2）实现了用印流程与相关业务横向流程合并与协同；（3）将业务审批流程完成后再次发起的用印审批流程进行合并，即当业务线完成线上审批后，无须再次发起用印审批流程，实现横向业务部门流程共享，提高了管理效率；（4）督促与指导二级单位将原 2906 条线上流程进行优化，其中优化1181 条、减少或合并原流程 497 条，新增 421 条，现有二级单位流程 2772 条。

4.3 业务在线办理及远程在线稽查

从基层入手将原有纸质工作表单取消线下模板，实现所有工作表单上线办理，如物资总控计划、需用计划、废旧材料的线上调拨与处理，分包合同签订、变更、结算、支付，设备与周材的进场、停租、出场、结算等业务的在线办理，加强了成本过程管控，提高了工作效率。

项目生产经营数据在线共享，实现局、公司及项目三级远程在线成本分析，风险自动预警，为管理层决策提供及时有效的支撑，局和公司层面聚焦效益强化过程管控，能更全面、有效地掌握项目过程运行状况，降低管理风险；并更方便、快捷地为项目提供服务，提高管理效率。比如公司商务人员随时随地通过系统全面地了解具体每个项目总承包合同的执行与收入情况、分包、物资、租赁等支出类合同的执行、结算、支付情况，并对项目成本进行分析，到现场更能找准问题，深入分析，实现对项目成本更精细化管理。

4.4　台账报表自动生成

分层分类梳理各业务线条管理报表，实现系统自动取数，在线应用。如物资入出库流水、对账单、结算单、分包与租赁合同、结算及支付等台账，物资与分包等成本报表自动归集，一个项目料账员从原来只做一个项目的料账到可以轻松地完成 2 ~ 3 个项目的料账工作，项目商务人员成本分析直接从线上取数，成本报表编制工作缩短三分之二。一线商务与物资管理人员原有的统计、计算、整理等日常工作由系统自动完成，从而腾出更多精力开源，去关注赢利点、亏损点、风险点，促进了项目精细化管理。

4.5　大数据应用

五局管理信息化集成系统自 2009 年上线以来，通过持续的推进与应用，新开工项目 100% 上线，各项目成本业务逐步脱纸应用，目前已积累了大量的数据，近五年以来积累了 760 万笔的物资采购明细台账，2.9 万供方，9.9 万份合同的分包、设备租赁、周材租赁采购明细库，累计合同额 6923 亿元，分包清单达 181 万条，已逐步形成五局大数据库。实现"一次采集、一库管理、多方使用、即调即用"。基于商务管理模块的应用，通过深入了解基础设施及审计业务需求，参与项目现场竣工审计，制定了两个部门的数据应用方案。并完成了基础设施项目综合运营、进度管理在轻量化平台的应用，完成了线上审计所需的 25 个数据表单的开发。同时为设计院提供了 EPC 保障房项目 100 多万条的数据服务。

5 应用实例

近十年以来，河南公司信息化基于中建五局统一的信息化规划与平台，结合公司实际情况不断完善与提升，成为大家不可缺少的工具。尤其是近五年，公司快速发展，社招人员较多，但管理上依然井然有序。河南公司合同额由 2013 年的 5.1 亿元到 2018 年的 393 亿元，增长了 77 倍，营业收入增长了 8 倍，管理团队由 450 人到 2000 余人……伴随着发展规模的壮大，河南公司 2018 年合同数量较 2013 年合同数量增加 272%，分包结算数量增加了 984%……信息化的深度应用早已成为发展的必需。

5.1 信息化历程

第一阶段 2009 ～ 2010 年，基于局管理信息化集成系统操作培训为主，熟悉各功能模块操作，以协同平台、人力资源等模块上线应用的起步阶段；第二阶段 2011 ～ 2012 年，掌握各功能模块之间的逻辑关系，做到数据准确录入，综合项目管理系统上线应用的摸索阶段；第三阶段 2013 ～ 2014 年，基于各岗位"做一不二""线上为主、线下为辅"，充分利用系统功能，深入应用，以业务财务资金一体化集成应用的深化应用阶段；第四阶段 2015 年以后，基于轻量化、移动化应用，立足项目个性化应用，充分挖掘数据价值，以经营、生产、合约成本报表自动生成，风险自动预警的价值体现阶段。河南公司通过信息化的实施，实现了信息化、标准化、精细化相辅相成，共同促进，共同提高。

实施应用的过程以经济活动为主的业务财务管理，以数据成果应用为主的报表决策，既共享基础，又互联互通。集成管理平台"基础"统一数据标准，不同业务线条、不同层级的统计口径一致（如统一项目商财科目，实现项目商务与财务成本的一致性），统一存储，不同业务口可同时使用。

5.2 具体做法

公司结合自身发展情况，以"全员参与、深度应用、强化执行"为总指导方针。

一是加强组织领导，责任落实。河南公司成立以总经理为组长的信息化推进领导小组，公司"一把手"不仅参与信息化，更扎扎实实做具体的事情。公司"三总师"均担任副组长，同时设立信息化推进小组，总经济师为组长，主抓业务财务一体化应用，亲自干、带头干。公司提高信息化主管的岗位级别，增设信息化专员，加大对信息化工作的支持力度。

二是加强探索深入，先锋带动。信息化应用之初，在局带动下，主要由负责技术支持的信息化主管刘某军牵头推动，"有事儿找刘哥"，刘哥是名人儿。探索业务财务一体化应用阶段，公司先选定试点项目，技术支持、商务、物资、财务联动，自发形成信息化应用"明星4人组"（党员先锋，平均年龄29岁），先项目试点，继而推广，在业务试点成熟的项目试点财务资金管理"一单四用"应用。近年来，4人组的具体人员发生了变化，可是公司二楼小会议室，四个脑袋凑在一起讨论到深夜，已成了公司一景。在应用过程中，公司先后近20次邀请局来司指导，就业务财务数据衔接、各部门协同处理等方面提出问题500余条，不断探索应用新功能，对业务流程进行再深化，先后推出项目零星用工（机械）、合同外签证费用在线审核；周材线上调拨；全局首例商务季报在线上报；质量"实测实量"结果1周落地；试点并推广财务资金管理"一单四用"等应用成果。

局总部及公司对项目采用在线成本考核探索应用项目在线审计等。还编写了《河南公司综合项目管理系统操作指导书—商务合约/物资管理篇/财务资金管理篇》三本应用规范操作手册，作为五局运营管控标准化丛书信息化应用C篇（A篇：全局性的条例制度办法；B篇：规范局二级单位或分支机构运营管控的制度规定办法；C篇：针对项目层面管理标准化制定的作业指导书、操作规程），根据公司员工整体年轻化特点，开设大家喜闻乐用的信息化应用录屏网络课堂，"哪里不会点哪里"。

三是加强考核激励，务求实效。考核整体激励为主，具体区别对待。以正面激励为主对项目部考核，以负面激励为主对项目经理个人考核，项目经理实施"一岗双责"，其项目部员工及本人有考核排名靠后的，均取消其评优资格。对应用中创新、创造性解决具体问题的人，给以特殊贡献奖励。公司先后对"全局首例商务季报在线上报、全局首例编制操作指导书、录屏网络课堂"等探索、推广应用中做出重大贡献的"明星4人组"给予了总经理特别奖，让付出的人有成就感、获得感。

5.3 实施效果

5.3.1 通过集成管理平台，实现业务横向与纵向协同高效

通过后台自动传递与统计，实现"做一不二"，进一步提高效率。过去，财账本繁琐，手工录入多，表格密盘点，三天累傻眼。而现在，项目综合管理系统各个业务线共有445张表单，每张表单都依据局标准化手册进行了优化，并且每张单据都依据管理需求设置了固定的审批流，项目经理和公司领导可用手机终端实时审批，1天内即完成，实现由"唐僧"到"悟空"、由"天天念"到"雷厉风行"的喜人变化，大大节约了审批时间，提高了工作效率。项目商务结算办理、成本报表与分析由原来的15天完成到现在的3天内完成（这些数据都是项目信息化应用过程中日积月累，自动生成），局总部及公司可对项目进行远程在线成本分析考核，业务（商务、物资）在线办理结算后，可自动生成财务凭证，目前项目约70%的财务凭证可由系统自动生成，财务人员可将更多精力由成本核算转移到财务资金管理。又如材料人员只需在物资进场时及时入库与出库、设备进场与出场时进行登记，系统便可自动生成物资费明细表、汇总表及对账单，节省了商务、财务、物资及供方人员统计数据和重复对账工作。在河南公司，料账管理员1人管1个项目已经"非主流"，兼管2~3个项目的才是主流。

5.3.2 协同平台与项目综合管理系统的互联互通，使得成本管理及时、公开、透明，进一步实现降本增效

公司深入应用协同平台，创设零星人工（机械）、合同外签证模板，联通了项目综合管理系统快捷的数据分类整理汇总功能，使得成本管控真正做到日结月清、及时锁定。通过纵横对比，把各项目零星用工（机械）、钢筋节约率、废料率、周转材及租赁周转材、间接费晒一晒，与公司的平均水平、最高水

平比一比，形成预警机制，找出不足，营造"比学赶超"的氛围，不断提升项目管理水平。

5.3.3 通过及时准确、分级分类统计、自动预警，实现以数据说话，精准管控

决策图表中的数据源于日常应用的日积月累，不仅准确，还可在线比对，局及公司领导可实时查阅比对、决策使用。成本方圆图中的项目合同收入、目标成本、实际成本、利润率等经济指标，能够真实反映项目实际情况；一单四用图中的现金净流、利润、债权、债务、物资五类运营指标，以及"合同应收款"和"现金净流"可实时预警，项目资金运营概况一目了然，有利于加强应收账款管理，强化公司对项目现金流的监控，督促项目即时回款，预防财务资金风险。

5.3.4 通过固化管理流程，实现过程管理公开、透明，杜绝漏洞

管理有痕迹，流程不可逆，结果可追溯。从合同到结算，从结算到付款，均有各业务关键岗位审批，各业务表单相互关联，相互穿透，相互制约。公司各岗位应用主动了、习惯了。通过信息化工具应用，刚柔并济，以刚性保障公司运行管控，坚守底线；以柔性解决项目一事一议的实际需要，服务履约。通过系统设置，商务管理中超合同额无法办理过程结算、物资管理中超合同单价的无法录入，"一单四用"应用系统中设置控制性条件，不符合条件就无法进入下一步操作流程，以此强化现金流管控落地，既实现了商财管理"两个不能"（没有合同不能办理结算、没有结算不能申请付款），资金支付"四个无法"（无合同无法支付、超合同比例无法支付、无计量无法支付、无计划或者计划审批流未完成无法支付），又根据行业特点，设立了绿色通道，避免了死板硬套，如项目特殊情况，需要追加付款、临时性支付时，启用《专项资金支付审批单》，一事一议，保障项目履约。

6 心得体会

管理信息化是实现信息技术与管理工作的结合，管理信息化过程就是实现信息技术与管理工作结合的过程。将管理工作用信息化的语言表达出来，

就要求实施信息化的专业人员了解企业的管理思路和模式，而企业业务人员也要了解信息技术，从提高效率、效益、效果的目的出发去构建管理信息系统，这就要求我们要从管理和信息技术两个角度去理解信息化工作。

6.1 企业标准化与主数据是基础

管理信息化实施的过程是将日常工作管理表单及工作流程用计算机可识别的语言进行分解，再通过软件程序将其固化的过程，因此管理表单及工作流程均有随意性，在实施信息化之前必须梳理标准化。五局从 2003 年以来经过 21 次的组织优化与调整形成了相对固定的局总部、分（子）公司及项目三到四层级的管理组织；同时经过三年一小循环的管理升级，形成了相对固定的管理流程及工作标准；同时在实施信息化之初不断梳理与优化企业主数据及运营数据标准；形成了五局运营管控指标体系，为信息化系统架构及实施奠定了良好的基础。

6.2 科学规划与实施方法是前提

集团管控错综复杂，在实际的管理过程中同时存在定量与定性的因素，但在信息化实施过程中每个节点工作都必须量化，因此在系统架构与实施过程中必须系统分析与考虑，将各项管理科学划分，明确实施重点与具体内容。五局采用"分级分层分类"系统架构，即分级按集团管控组织结构划分为局总、分（子）公司及项目四个层级划分不同级别；分层根据集团管控的模式划分为操作层、运营管理层及决策层；分类结合信息技术划分为结构化即经济活动相关的业务及非结构化即管理活动相关的工作内容。根据不同的划分确定实施的工作重点及具体内容，同时通过主数据、运营关键指标及业务关联性确定系统逻辑结构进而架构一体化系统。在实施方法上采取"自主研发＋专业外包"的方式，并以自主研发为主，在遵循标准化的基础上，结合信息技术不断优化管理，提出深度融合的解决方案。

对于大型集团建筑企业可采用分布与集中相结合的方式。在集团总部统一编码体系，对核心的业主、财务等数据进行统一管控和集中管理，对于一些下属单位具体业务办理所使用的细节信息，是可以采用本地化部署的，集团统一管理的数据库定期同步实现数据仓库的集成。应当是兼顾效率和集团管控的更加可行的方法。对于一些细节性的信息或业务，若是集团根本不需要看，也无人去关注的，则没有必要盲目追求系统的大集成与数据的大集中。否则，会造成信息系统使用效率的下降及对互联网带宽需求的提高，从而增加不必要的信息化投资。集成与分布要与实际的管控结合，要把好尺度，并不是集中一定比分布好，反之也不成立，集团一体化系统的部署方式应该根据自身的管理职能选择合适的部署方式。

6.3　管理线条与信息技术两轮驱动是关键

管理信息化的本质是管理创新，是利用信息化技术来优化创新管理模式，以提高管理效能，信息化技术在这里起的作用是支持服务，关键还是管理部门的优化创新，当然，必须是信息化部门和管理部门的双轮驱动。一方面信息化部门和管理部门要共同分析研究、共同探讨确定管理信息化的需求。信息化是好东西，大家都希望工作轻松点，但信息化技术也是有局限的，一定要聚焦聚焦再聚焦，把最有价值的需求优先实现。如五局聚焦项目成本管理为核心的经济活动信息化。二是信息化部门和管理部门要共同研究业务逻辑、共同探讨建立信息化模型，这就是怎么实现需求的事了。两个部门的人员对同一件事的思维逻辑是不一样的，必须坐在一起反复研究探讨。如建立成本管理方圆图模型，业务流程要与审批流程分开，业务流程要统一，而管理流程可根据不同单位的要求进行适配，每个工作记录表单在原有标准化基础上要不断细化、量化等，这些工作都是需要管理与信息化思维相结合的过程。

6.4　领导重视与持续创新是保障

信息化永远只有起点没有终点，信息化过程是一个对管理思想重新认识的过程。正确理解信息化是信息化成功的保障。一个是"平台"，这实际是一个横向可以互联互通、纵向也要可以互联互通的"底座"，这就需要打破部门藩篱、定义上下数据通道，这就需要创新；一个是"流程"，管理中的"流程"

多得很,如何有效地"流"是个责任和权利的问题,要解决好需要创新;一个是"数据",系统中的数据可以层层穿透,公开透明,要解决好需要创新,如基础数据标准确定、运营管控数据分析确定、数据如何利用等。五局坚持按照线上为主、线下为辅,不做两遍的基本思路,不断优化原有的工作方式。由原有依据手工填报的资料进行分析,目前利用信息化工具自动汇总的数据进行分析,实现管控数据化、风险数据化,加强对项目进行管控。这些都需要思想与工作方式的变更,都需要领导亲自部署、亲自参与、带头使用、带头推进。

主要执笔人:

谭立新　中国建筑第五工程局有限公司副总经理、总工程师

文章英　中国建筑第五工程局有限公司信息中心主任

案例 2

成本管理信息系统应用促进经济效益提升

中铁四局集团有限公司

中铁四局集团有限公司是世界 500 强企业——中国中铁股份有限公司的"标杆"成员企业，具有综合施工能力的大型建筑企业集团。

1 企业基本概况

1.1 近年来企业发展情况

中铁四局业务范围分布在全国 31 个省、市、自治区，以及印尼、安哥拉等 9 个国家。全局年生产、经营能力在 700 亿元以上，2016 年新签合同额达 1068 亿元，营业收入 701 亿元，2017 年新签合同额达 1268 亿元，营业收入 808 亿元，2018 年的营业额达到 1000 亿元，被中国中铁股份公司树为系统的"标杆"企业。中铁四局资产质量、盈利能力、现金流等主要财务经济指标，始终在中国中铁系统保持先进水平，经济效益保持了稳步增长。连续 8 年保持银行"零贷款"。

1.2 组织结构及人员

全局目前拥有 31 家以施工类为主，包括投资、运营、工业、设计监理、物贸、服务类子（分）公司，6 家直属单位，以及 8 个区域指挥部和一批工程指挥部（项目部）、经营性办事处等外派机构。局本部现设有 21 个行政、党群职能部门，6 个后勤保障服务部门。

截至 2017 年年底，全局在册员工 23330 人，其中管理人员 16361 人，管理人员中各类专业技术人员 14933 人，其中高级职称 1442 人（其中教授级高工 89 人）、中级职称 4342 人；各类技能人员 6969 人，其中高级技师 511 人、技师 765 人。拥有局级及以上各类专家 93 人（其中 3 人享受国务院特殊津贴，另有 9 名享受国务院特殊津贴的退休老专家）、一级注册建造师 1029 人。

1.3　经营资质和范围

全局在铁路、公路、市政、房建、机电安装工程等多个领域拥有施工总承包及专业承包资质 90 多项，其中拥有铁路、公路、房屋建筑、市政公用工程 4 项施工总承包特级资质（分别含铁道行业工程设计甲Ⅱ级、公路行业甲级设计、建筑行业甲级设计、市政行业甲级设计资质），是全国建筑行业内为数不多、安徽省首家"四特四甲"施工企业，具有国外承包工程资质和对外经营权，业务范围涵盖建筑安装业绝大部分领域，以及新材料研发生产、工程设计与监理、物流贸易与服务业、房地产、基础设施 BT 和 PPP 等投资项目。目前，业务范围分布在全国 31 个省、市、自治区，以及海外安哥拉、委内瑞拉、埃塞俄比亚、蒙古、印度尼西亚等 9 个国家。全局年生产、经营能力在 700 亿元以上。

2　成本管理信息系统介绍

多年来，中铁四局在企业信息化建设方面进行了积极的探索，并取得了一定的成就，尤其是工程项目成本管理系统做到了部分系统的集成，初步实现了业务财务一体化的目标。具体情况如下：

2.1　成本管理系统建设背景

由于建设项目分布范围广、产品标准不统一、工艺流程不标准、生产地点移动性、临时组建团队等特殊性和复杂性特点，致使管理跨度和难度大，后台管控能力不足，项目整体经济效益较低，亏损项目时有发生。项目成本管理普遍存在着"管理手段落后、成本管理粗放、盈利水平不高"的情况。

在工程项目实施过程中，成本管理得不到应有的重视，主要的问题有：责任成本预算难以有效落实、先施工后签合同、合同执行不严肃、任意肢解分包单价、工程数量把控不严、各项扣款不及时、主要材料无核算、债务支付缺乏整体筹划等现象不同程度地存在，业务财务整体融合不到位，造成工程项目利润水平低，甚至出现重大亏损情况。

基于上述情况，中铁四局多年来一直在项目成本管理方面进行积极探索，认为通过互联网和信息技术手段，建设一个强大的信息系统做支撑，建立覆盖面广、实用有效的工程项目成本管理系统，才能增强企业对项目的管控能力，规范项目管理、提高工作效率、降低项目施工成本。

2.2 成本管理系统顶层设计

中铁四局集团在变革大潮中，搏击浪尖立潮头，敢为人先谋变革，不断通过思想创新、战略创新、管理创新、技术创新、产业创新，朝着从优秀走向卓越、从系统标杆走向行业领军的目标不断奋进。

我局在信息化建设上加大了人力、资金投入，取得了显著成绩。一是信息化的体系已基本成型。全局研发或应用的系统达到 28 个，各专业的业务信息化系统开发基本实现全覆盖。二是部分业务系统趋于成熟。如 OA 系统、物资系统、安全质量隐患排查系统等，使用度高，使用范围广，产生了较好的效益。三是信息化建设赢得了声誉。如债务集中系统、成本管理 2.0 系统、安全质量隐患排查系统等，在股份公司得到全面推广。四是 BIM 技术在铁路梁场管理、铁路钢桥制造施工以及市政工程等多个方面取得了重要突破。

2018 年，我局针对各类信息化系统间实现数据互通、信息共享等重难点问题开展深入研究，以成本管理为核心，信息数据传递为主线，通过统一数据接口，将局内与成本相关的各信息化系统所产生的业务数据提供给成本管理系统，有效解决了信息重复录入、数据安全与处理效率低等问题，保证数据的唯一性，避免各应用之间数据的孤立，达到实时准确的数据共享与成本分析。

图 1 为信息化系统逻辑结构图。

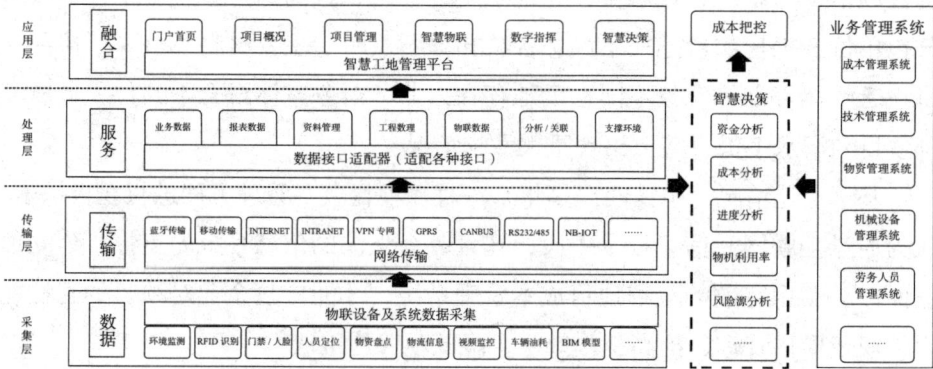

图 1　信息化系统逻辑结构图

　　如由自动算量工具软件将项目工程数量计算结果与业主清单自动匹配后，形成项目预算成本并推送至成本管理系统，降低成本系统手动输入工程数量的工作负担，并使工程数量来源更加准确、快速。再通过局内劳务人员管理系统、机械设备物联网系统、技术管理平台、物资管理系统等各信息化系统，在其独立业务管理过程中收集汇总形成的业务数据，如劳务合同、人员数量、工资结算情况、机械设备使用数量、台班、施工组织、方案、物资材料入库、消耗量等信息数据推送给成本管理系统，避免原先因各系统间信息来源不一致，多入口录入造成的信息孤岛现象，达到在数据共享的同时实现数据业务信息的准确、及时、完整的传递与复用。

　　为方便企业、项目管理人员实时掌握工程项目生产情况，及时对企业、项目成本进行分析预测，我局将企业项目成本、人员、物资、机械、技术等管理系统的重要业务数据，通过接口统一传输至智慧工地数据看板端，集中展示项目施工生产情况，以及相关产值、成本完成数据，时刻准确掌握项目成本，数据分析后，对成本偏差严重、存在隐患风险项目及时介入管控，及早解决隐患，将风险扼杀在摇篮中，实现企业、项目管理者真正后台管控项目。信息化系统数据交互流程见图 2。

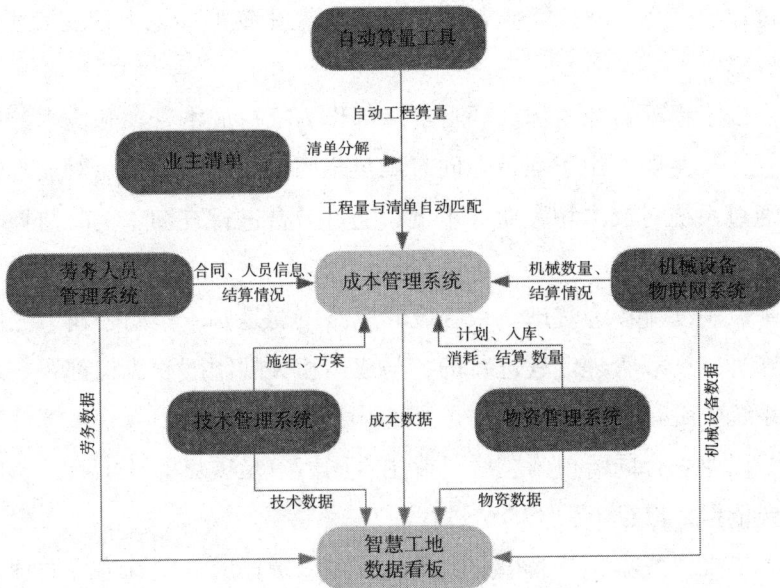

图2 信息化系统数据交互流程图

　　成本管理是企业管理的一个重要组成部分,对于促进增产节支,改进企业管理,提高企业整体管理水平具有重大意义,公司多年来一直在项目成本管理方面进行积极探索,通过互联网和信息技术手段,建立了覆盖面广、实用有效的工程项目成本管理系统,增强了企业对项目的管控能力,规范项目管理、提高工作效率、降低项目施工成本。2014年2月开始,公司开始成本管理系统的研发工作,从成本管理系统的标准化、信息化和精细化着手,逐步解决长期困扰企业利润提升的难点。2015年1月,该系统首先在中铁四局集团开始上线使用。通过近年来的努力,公司实现了成本管理系统的全面覆盖,工程项目部已普遍采用本系统,深深地融入项目成本目标管理的日常行为活动中,为成本管理提供了条件和坚实的基础。

2.3 成本管理系统的设计思路与逻辑分析

2.3.1 系统的整体设计思路

以"工程项目为主体、制度流程为基础、合同清单为主线、责任预算为核心、过程管控为主措、资金支付为卡口"，是中铁四局成本管理信息系统的主要设计思路。

（1）以工程项目为主体。项目经理部作为项目成本管理和成本控制的实施主体，系统主要应用于项目，同时满足集团公司、三级公司对成本管理的需要，通过系统对成本相关业务审批，通过后台进行查询、实时监控项目部成本执行情况。

（2）以制度流程为基础。系统设计思路主要是基于集团公司、三级公司目前的管理制度和管理流程进行的，与成本相关的制度和流程都要在系统中体现，系统中所有的功能都是根据管理制度和办法形成的。

（3）以业主合同清单为主线。业主合同清单是项目的计价收入、成本控制的重要依据，贯穿于系统的全过程。

（4）以责任成本预算为核心。系统按照以责任成本预算为尊的理念，突出责任成本预算在项目成本管理中的核心作用，是工程数量控制、劳务分包单价控制、各项成本费用控制、成本核算分析的依据。

（5）以过程管控为主措。系统体现了成本管理相关业务系统过程管控，在过程中对工程数量、劳务单价、主要材料消耗、机械费等各项费用的控制。

（6）以资金支付为卡口。系统成本控制的最后一道关口就是资金支付，该功能能够有效保证系统的实施，体现了成本管理与资金支付的关联性。

2.3.2 依托系统完善的企业管理模式和技术架构

（1）实现企业管理模式的系统化。基于中铁四局对工程项目实行多层级管理模式（图3），局、三级公司和项目经理部对系统应用要求具有不同

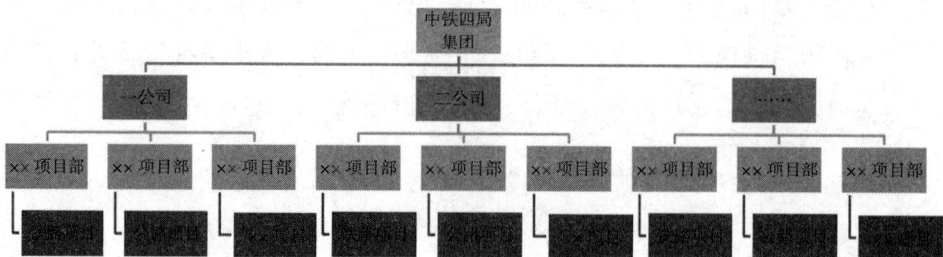

图3 工程项目层级管理模式

侧重点。项目经理部应用系统处理日常业务，三级公司通过该信息系统进行业务审批和监督，局通过该信息系统进行业务监督。通过该信息系统采集和储存所需的指标数据，并进行对比分析，提升管控效果。

（2）创新技术架构模式。新系统采用网页端、客户端和移动端的混合架构，将数据量大、网络带宽要求高、操作复杂的业务放到客户端；将实时性要求高、流程化的业务放到网页端，从而降低工程项目部对网络带宽和传输效率的要求，以此提高基层数据处理效率；将业务审批、报表查询功能与移动客户端关联，实现移动办公功能（图4）。

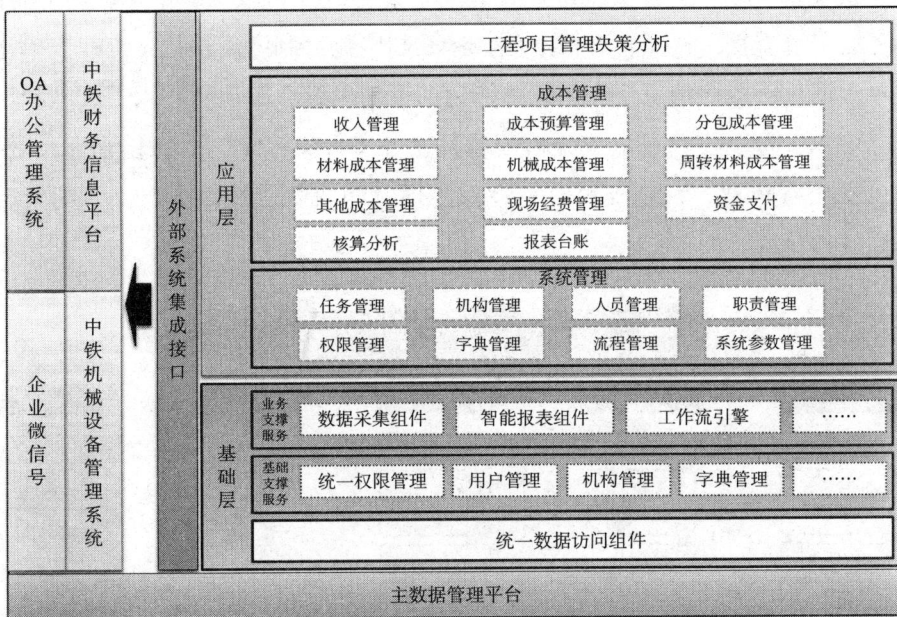

图4　工程项目层级技术架构

（3）统一固化成本管理模式和业务流程。中铁四局在新系统开发应用之前，尽管局及各子分公司有管理办法，但因基层项目部对文件、办法理解不同，以及管理执行力原因，业务表单及审批流程不尽相同，难以做到标准化。

为此，中铁四局成本管理部牵头，相关部门配合，按照部门职责，分别梳理了与成本管理相关制度办法，编制了用于系统的业务流程，对所有与成本管理相关管理办法、业务表单、审批流程进行标准化。系统包括收入管理、成本管理、资金管理三大模块，涉及收入管理、施组管理、责任成本管理、劳务管理、物资管理、机械管理、支付管理、凭证制作等66项业务，包含施工承包合同清单审批、清单分解审批、责任成本预算编制审批、分包/采购/租赁合同评审、分包/采购/租赁结算、内外部验工计价、责任成本计价、债务支付审批等共计45项关键业务流程。

2.4 系统业务逻辑分析

系统基于业务流程管理理念，建立了统一的项目收入、成本、资金管理业务的审批流程，按照管理标准化、标准制度化、制度流程化、流程表单化、表单数据化、数据信息化、信息智能化的逻辑思维，对项目收入、成本预算、实际成本、资金支付、核算分析等项目业务实行流程化、信息化管理，做到收入支出有依据、资金支付有审批，实现及时收款、控制支出、节约资金、提高效益目的（图5）。

图5　系统主要功能管理模块

2.4.1　收入管理

收入管理包括业主合同管理、合同价款分批管理、变更索赔管理、验工计价管理。其中业主合同体现项目的预计收入，合同价款分批体现局指和参建分部的预计收入，变更索赔体现项目的二次经营收入，验工计价体现项目的实际收入，形成了项目完整的收入管理体系（图6）。

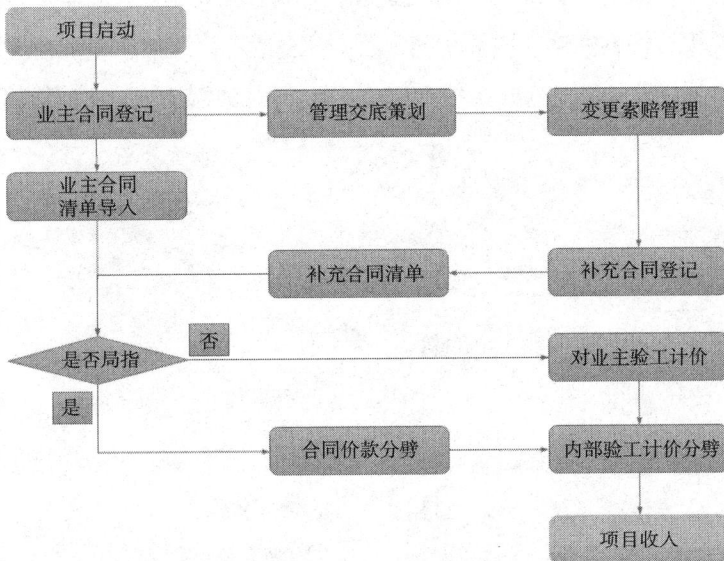

图6 收入管理业务流程图

2.4.2 成本管理

成本管理可分为成本预算和实际成本管理两部分，价格库管理、施组管理、责任预算管理共同形成成本预算；工料机管理、周转料管理、现场经费管理形成实际成本管理。最终通过责任成本计价将责任成本预算和实际成本结合起来，成为成本分析的基础。在实际成本控制过程中，采用量价双控模式，通过计划数量控制合同、验收、结算等过程数量，同时采用限价体系控制合同单价和最终的结算单价，达到价格控制的目的（图7）。

2.4.3 资金管理

资金管理作为成本管理控制的最后一环，往往起着至关重要的作用，在系统中以成本管理中实际结算数据为依据，按照合同约定比例为中期支付上限，集中申请批复为手段，有效控制项目的资金支付。减少或杜绝工程项目超合同付款、超计价付款、超比例付款、付款比例不均衡的问题，有效节约资金成本，提高资金的利用效率。

项目成本管理信息系统按照"计划—合同—验收—结算—支付"流程，实现了业务与资金支付的管理和控制。根据工程施工和成本管理的需要，财务系统关闭了相关银行付款的制作凭证功能，改由项目成本管理信息系统根据业务需要自动生成相关付款凭证，这样就真正实现了业务与资金支付的卡控机制（图8）。

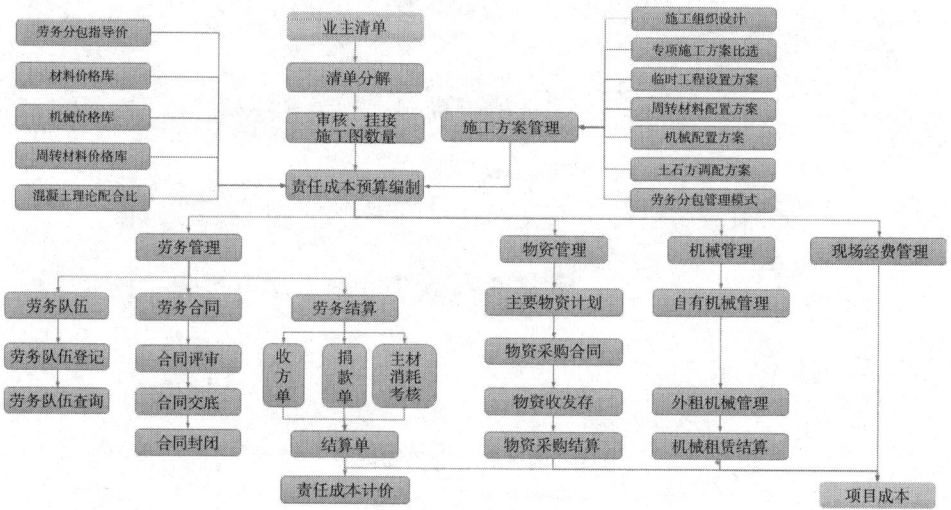

图7　成本管理业务流程图

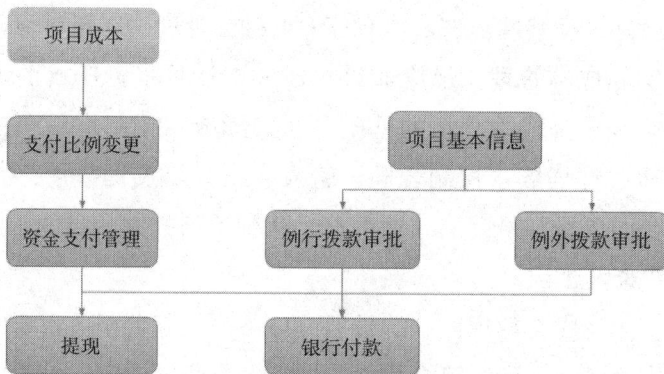

图8　资金管理业务流程图

成本管理信息系统中的业务涉及项目部工程、工经、物资、机械、财务等多个部门,为确保工程项目成本的全过程管理控制,系统通过资金卡控措施,将"计划—合同—验收—结算—支付"流程固化在系统中,形成层层数据控制关系,实现了工程项目从收入到成本支出、再到核算分析的全过程管理。

3　相关系统应用

3.1　劳务实名制管理系统

劳务实名制管理,是指在建筑工程施工现场,利用智能考勤设备,对人员到岗情况实施考勤,供项目部、企业、主管部门对人员进行管理的智能化管控措施,并将劳务数据与"成本管理系统"对接(图9)。

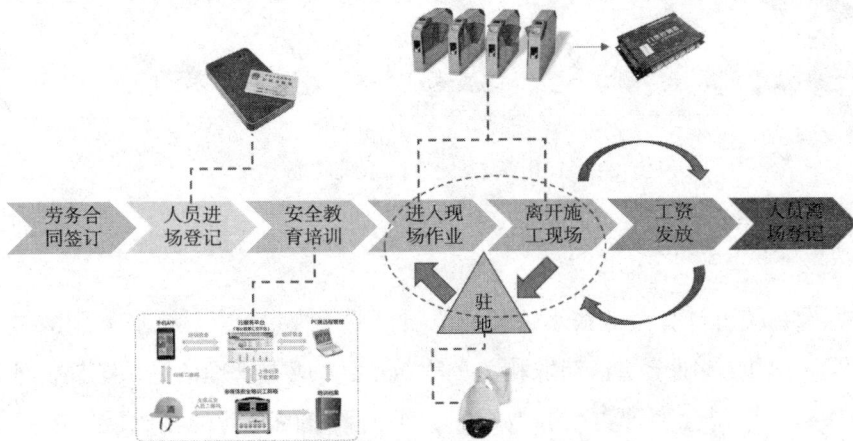

图9　劳务实名制管理系统业务流程图

3.2　设备物联网管理系统

设备物联网管理系统是基于NB-IoT数据传输技术,集成有车载北斗定位、油料监控、罐车正反转等一整套终端感知硬件设备的物联网系统,对施工现场工程机械设备的油料消耗、运行状态、运行时间、运行里程以及运行轨迹进行实时监控、报警，清晰地反映和记录车辆运行全过程状态。

通过后台监管即可全面掌握施工中工程设备的行驶路线、油料消耗、工作期间长时间停车、运转时间与实际工作量不符等情况，为现场设备调配和及时查找、分析、填补管理漏洞提供有效的决策依据。

同时设备物联网管理系统（图 10）可以将上述设备运行数据，与"成本管理系统"对接，提高成本管理系统数据的准确性。

图 10　设备物联网系统功能

3.3　算量系统

算量系统可计算企业成本管理清单项目的工程量。该系统基于 BIM 技术，在 BIM 模型的基础上快速获取相关工程数量，为成本管理信息系统提供数据。系统基础数据包含多种类型的数据库，作为系统的企业的基础数据层；系统的项目部计算界面作为用户的应用层。项目部根据 BIM 模型，通过项目部计算界面同步企业层的基础数据，快速计算模型的工程量，并生成工程量报表，可导入成本管理信息系统。算量系统具备企业应用数据库、项目信息同步、快速算量、非模型量的处理、工程量报表输出、模型浏览和测量等，企业应用数据库包括企业清单库、模型库、模型类型库、算量参数库、标准单位库等。图 11 为 BIM 模型算量并为成本管理信息系统提供数据。

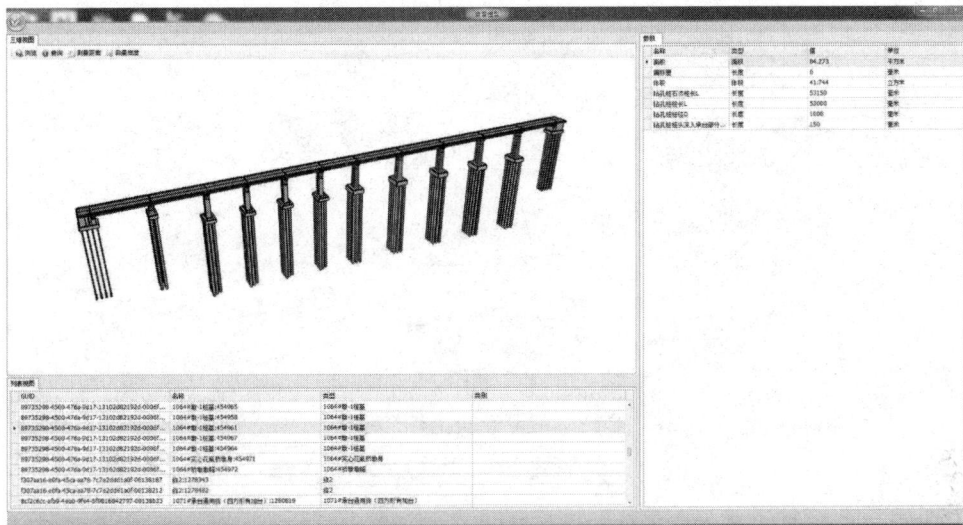

图 11 算量系统界面

3.4 业财一体化

成本管理信息系统中的业务涉及项目部财务部门，为确保工程项目成本的全过程管理控制，系统通过资金卡控措施，将"计划—合同—验收—结算—支付"流程固化在系统中，形成层层数据控制关系，实现了工程项目从收入到成本支出、再到核算分析的全过程管理。在系统中以成本管理中实际结算数据为依据，按照合同约定比例为中期支付上限，集中申请批复为手段，有效控制项目的资金支付。减少或杜绝工程项目超合同付款、超计价付款、超比例付款、付款比例不均衡的问题，有效节约资金成本，提高资金的利用效率。根据工程施工和成本管理的需要，财务系统关闭了相关银行付款的制作凭证功能，改由项目成本管理信息系统根据业务需要自动生成相关付款凭证，这样就真正实现了业务与资金支付的卡控机制，如图 12 所示。

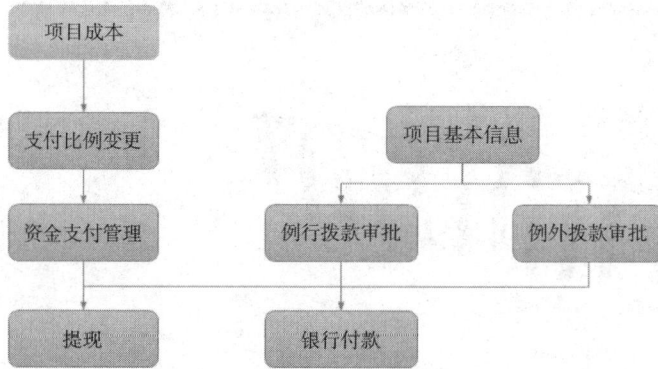

图 12　资金管理业务流程图

3.5　智慧工地 BI 平台

智慧项目 BI 平台充分利用了物联网、互联网、云计算、人工智能等现代化技术手段，结合现代化先进项目管理理念，实现对工程建设过程中各类信息的准确采集、快速传递、高效集成、自动分析、智能响应，推动工程施工项目组织、资源配置、安全生产、质量管理、进度管理、成本计算分析的科学体系。

图 13　智慧项目部 BI 平台界面（一）

图13　智慧项目部 BI 平台界面（二）

4　系统运行的支撑保障

4.1　制度保障

为保证系统规范有效运行，中铁四局于 2016 年 6 月印发了《中铁四局工程项目成本管理信息系统（V2.0）使用及运行管理办法》。该办法对系统的运行环境、流程设置、机构管理、权限管理、用户管理等方面系统初始化工作制定了规范，对部分业务生效时间控制、业务审核审批时间要求等业务操作方面作出要求，并对系统应用效能考核、业务评比方面进行明确规定。

4.2　技术支持

为保证系统正常运行，及时解决使用过程中遇到的各种问题，局成本管理部和各三级公司均设置一名专职系统管理员，软件公司设一名专职维护人员，为用户提供咨询和服务，共同负责系统的运行和维护。系统使用过程中，系统开发人员定期征集意见，根据用户反馈的问题和现场管理的需要，制定解决方案，对系统功能进行更新和升级改造。经过持续更新升级，目前系统的灵活性、易用性、稳定性大幅提高，系统适应项目能力得到进一步提升。

4.3 人员培训

为提高业务人员对系统的理解能力和操作能力，推动系统的正常应用，局和各子分公司定期组织开展人员培训工作，培训工作分专业、分层次进行，三级公司组织在项目开工前到项目部进行人员培训，局阶段性地对系统管理员和新开工项目人员进行集中培训。截至目前，全局共举办了 11 期操作人员培训工作，培训近 2000 余人次。

4.4 现场督察

系统上线以来，中铁四局组织开展了三次大规模专项督察活动，对系统应用情况按月进行书面通报，对于系统应用较好的单位进行宣传和表扬，对于运行不规范的三级公司和项目部在交班会进行通报，以督促各级领导重视系统推广和应用。今后，将成本管理系统应用纳入成本督察范畴，形成常态化和制度化，以提高系统应用效果。

4.5 系统自动打分排名

通过在系统中设置了一系列考核指标，分层级考核，局对各三级公司、局直管和代管项目的应用情况进行考核，三级公司对所属项目部应用情况进行考核，考核完全由系统根据应用情况自动评分。按月在系统中公布排名和分值，将评比结果与单位领导班子考核兑现相结合，以鼓励先进、鞭策落后。该方法的应用，促进了系统的规范性操作，提高了系统的应用效果。

5 管理系统取得的应用效果

5.1 有效提升了企业对项目的成本管控能力

5.1.1 执行力大幅提高

各项工作业务和流程得到了规范，专业壁垒得到消除，部门职责进一步明晰，形成了各负其责、分工负责的工作格局。通过各项业务审批流程的设置，加强了流程控制，规范管理行为、堵塞管理漏洞，使不照章办事的人寸步难行，不照章办的事办不了，各种违规决策、不按制度和流程办事的情况等得到有效遏制。成本系统的应用一方面促进实施各项办法、制度的落地实施；另一方面，系统应用后，促进了各级管理机构在制度梳理、检验、修订、完善上下功夫，使之更加适应管理自动化的要求，不断优化项目管理办法体系。以四局参建的蒙华铁路项目为例，项目部在深入总结成本系统应用优点的基础上，经过认真梳理、反复研讨，修订完善了 19 项项目管理制度。

5.1.2　固化了成本全过程控制

系统通过资金卡控措施，将计划—合同—验收—结算—支付流程固化在系统中，形成层层数据控制关系。使项目成本管理做到了"事前有预算、事中有控制、事后有分析"的全过程管理，实现了源头计划、过程控制、逆向追溯的成本管理路径，为企业经营管理提供完整且具有逻辑关联的管理依据。

5.1.3　提升项目精细化管理水平

系统的推广应用，为"法人管项目"提供了有效的手段，后台对项目的管控能力显著增强，企业管理形成了"小前端、大后台"的管理格局，提升了企业集约化管理和项目精细化管理水平，工作变得更加高效、工作成果可存储、可搜索、可计算分析和共享协同。

5.2　提高了项目利润率和企业资金存量

成本管理系统涉及成本管理的全部过程，从源头上设定指标进行预控，通过流程审批加强了过程控制，通过核算分析数据反映执行效果。系统应用两年多以来，在建项目的利润率得到不同程度的提升，亏损项目数量大幅减少，项目盈利能力得到了较大幅度提高，系统作用效果十分有成效。2016 年企业利润 16.23 亿元，较 2015 年增长 10.7%；亏损项目数量年度减少40.90%，亏损项目年度减亏金额 11.97 亿元。

系统设置了债务支付的审批流程，设定了债务支付比例上限，所有资金须公司相关部门审批后才能支付。通过债务支付整体统一筹划、均衡支付，整体上降低了外部债务资金支付比例，提高了企业资金集中度和利用率。2016 年企业资金集中度达 85.76%，继续保持高位；日均集中资金量达 191.96 亿元，较上年度的 171.6 亿元，净增 20.36 亿元，增幅 11.86%。

5.3 创造了很大的溢出效益

系统基本涵盖了中铁四局的在建项目，全局共有 705 个项目部使用了该系统，系统使用范围创历史新高，为系统更大范围、更高质量的推广，积累了宝贵的实践经验。中国中铁经过分析考察，将中铁四局成本管理信息系统 2.0 升级为中国中铁成本管理信息系统 V2.0，于 2016 年 1 月，开始在中国中铁的 18 个二级公司推广应用这个系统。目前，中国中铁各成员单位共 3959 个项目上线运行该系统，系统在线活跃用户 9.5 万人，受到各单位的普遍欢迎和积极响应。经过两年多的推广和应用，系统安全性、实用性已得到海量样本项目试验。

中国中铁工程项目成本管理信息系统在 2015 年中国建筑业协会主办的首届建筑业企业信息化建设案例中，被评为"全国建筑业企业信息化建设特优案例第一名"，在全国"互联网＋建筑业"研讨会上进行经验交流，得到了建筑施工行业企业的好评和认同。

6 企业信息化建设体会与思考

6.1 体会与思考

目前，在我国众多产业诸如制造类的优秀企业中，信息化技术应用已经取得了诸多优秀成果，以汽车制造等为代表的智能工厂即是信息化应用最高程度的集中体现。而同样作为国民经济支柱的基建施工企业，相对于制造业的高普及程度，其信息化的发展水平却极度不均衡，很多企业仍然停留在 20 世纪末的建造和管理水平上，未能随着时代的进步同步实现行业生产组织和管理技术质的发展。究其缘由，建筑业的数据集成度不高、物联网技术综合应用不足等原因，都极大地制约了行业、企业信息化的发展进程。

建筑行业 BIM 技术的应用尚处于起步阶段，但是近年来发展迅速，目前已有大量优秀应用实例，以 BIM 技术为底层逻辑的建筑行业信息化建设条件已基本成熟。构建"以工程设计、建设、运营全生命周期管理为目标，以 BIM 技术为核心、云计算技术为平台、感知技术为基础、移动互联为媒介、建设项目为载体"的工程信息化应用平台是目前的主流方向。当然在不断探索与实践的过程中，我们也认识到目前存在的问题很多，诸如"信息化建设缺乏顶层设计、底层应用逻辑及标准不完善、信息化技术应用水平参差不齐"等问题，将不断伴随着我们的探索和实践过程。

6.2　多操作端架构经验分享

目前多种应用系统常用的结构包括"浏览器—服务器（Browser/Server，B/S）"模式、"客户端—服务器（Client/Server，C/S）"模式以及"移动端 - 服务器（Mobile/Server，M/S）"模式。B/S 模式优点在于通过浏览器使用系统功能，具有较强的适应范围，易升级和维护，但用户功能受限，可视化效

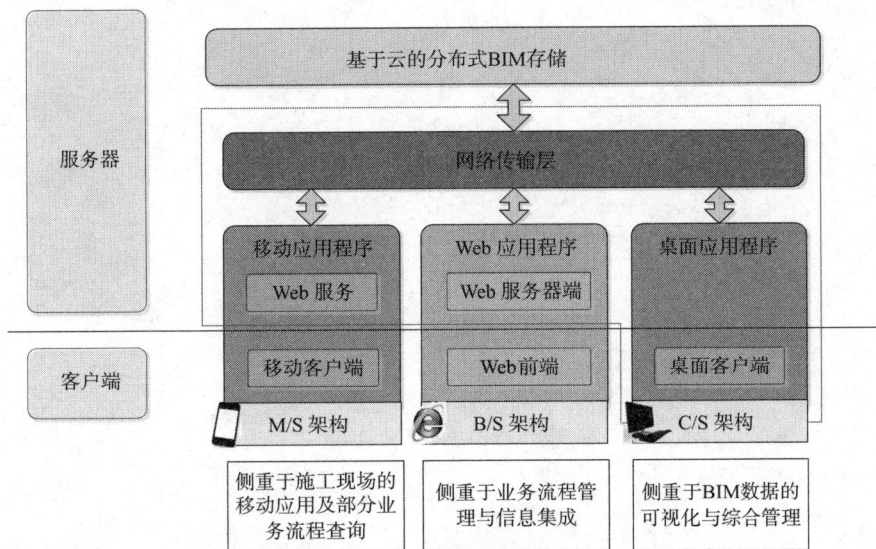

图 14　客户端—服务器模式

果不佳；C/S 模式优点在于界面丰富，可视化效果好，信息承载力强，对信息安全的控制能力较强，但部署和使用不灵活；M/S 体系架构是一种新型的基于无线网络的软件架构，是消灭"数据荒岛"连接"信息载体"的有效技术措施，很好地解决了基于现场的移动应用与数据中心及服务中心的数据交换和信息交换的需求。

根据探索与实践经验，为充分发挥各自模式优势，对于 C/S，宜侧重于 BIM 数据的可视化与综合管理；对于 B/S，宜侧重于业务流程管理与信息集成；对于 M/S，宜侧重于施工现场的移动应用及企业公司管理人员的便捷查询与管控。

主要执笔人：

魏华东　中铁四局集团有限公司成本管理部副部长

何兰生　中铁四局集团有限公司管理与技术研究院高级经理

李小明　中铁四局集团有限公司成本管理部科长

案例 3

用字当头，持续推动企业管理信息化

中交第四航务工程局有限公司

1 企业概况与信息化建设历程

1.1 企业基本情况

中交第四航务工程局有限公司（以下简称"四航局"）始创于 1951 年，为中国交通建设股份有限公司（世界 500 强企业）的全资子公司，拥有港口与航道工程施工总承包特级（含水运行业设计甲级）资质，公路工程和市政公用工程施工总承包一级资质，隧道工程、桥梁工程、公路路基工程、土石方工程以及地基与基础工程专业承包一级资质，主要从事海内外港口、公路、桥梁、铁路、市政工程、水利工程等大型基础设施建设，以及相关的投资、勘察设计、科研、工业造船和房地产业务。四航局是中国建筑业竞争力百强企业，综合实力位于南方同行前列，2014 年实现新签合同额 315 亿元、营业额 235 亿元。

四航局在国内 20 多个省（市、区）以及海外 20 多个国家和地区承建了100 多公里的码头岸线，1000 多公里的公路、桥梁和隧道，近几年来公司实行业务相关多元化战略，进入了基础建筑投资领域。四航局以质量立业，有100 多项工程荣获国家、省（部）级和中交集团优质工程、优质混凝土等奖项。其中，有 1 项工程获"国家优质工程金质奖"、7 项工程获"鲁班奖"、6 项工程获"詹天佑土木工程大奖"、10 项工程获"国家优质工程银质奖"和 1 项工程获"中国市政工程金杯奖"。同时，四航局诚信经营的品格和科学发展的成果得到上级组织和社会各界的肯定，荣获"全国重合同、守信用企业""全国用户满意施工企业""全国优秀施工企业""全国五一劳动奖状"和"全国先进基层党组织"等荣誉称号。

1.2 企业信息化建设历程

四航局信息化建设历程可追溯到 1983 年，当时引进了第一台微机，开始尝试利用计算机辅助企业管理。到目前为止，四航局信息化建设大致经历了如下几个应用阶段：

第一个阶段，1983 ～ 1989 年：单机应用。

第二个阶段，1990 ～ 1999 年：局域网应用。

第三个阶段，2000 ～ 2004 年：广域网应用。

第四个阶段，2005 ～ 2007 年：协同化应用。

第五个阶段，2008 ～ 2011 年：核心业务信息化初级应用。

第六个阶段，2012 年至现在：核心业务信息化深化应用。

在 2000 年前，信息化基本处于启蒙与起步时期，计算机主要用于简单的辅助办公、数据运算，也利用局域网络技术实现初级信息共享及应用。信息化提高了岗位工作效率，但没有对企业管理带来太大的提升。

2000 年，四航局重启信息化建设工作，认真总结了过去推行信息化的经验和教训，客观分析管理系统的复杂性及现阶段信息化技术的发展水平，采用持续、稳步、以绩效为导向的策略推进信息化建设，每三年制定一个信息化规划，在建设公司信息化队伍的同时，也开始借用一些外部资源协助信息化建设。信息化开始进入普及时期。

2000 ～ 2002 年，四航局利用因特网技术改造、重建局域网，建立公司外部网站，开启电子邮箱等服务。当时，公司内部还有一半以上中层干部不会使用电脑。为解决这一问题，公司提出了"会用鼠标就能用电脑"的要求，并通过因特网提高大家使用电脑的积极性。

2003 年，四航局在局域网络基础上利用数字光纤（SDH）及因特网等多种组网技术建立了内部广域网，并不断推行一些网络增值服务：视频会议、视频点播、网络短讯、网络传真等。

2004 年，四航局实施 OA（办公自动化）系统，以公文处理为切入点，通过定制开发，成功实施了协同化、流程化网络办公系统，建立了协同化管理平台。系统于 2005 年 8 月 1 日在公司本部上线，2005 年 10 月 1 日正式运行，2005 年底开始全公司推广部署，使用效果良好，实现了全公司范围内的协同办公及公文无纸化、流程化管理。2008 年 1 月，OA 系统通过了中国港口协会组织的科技成果鉴定，获得"率先成功创建具有本行业特色的信息化办公模式"的评价。这是四航局信息化建设过程中的一个重要节点。

2006 年，四航局利用先进的网络安全技术建成覆盖全公司的虚拟专线网络（VPN），为统一全公司信息管理平台、信息共享、远程办公、移动办公、协同办公打下了网络基础。

2007 年开始，四航局在网络与协同办公平台基础上开始核心业务系统开发应用工作，先后成功实施了多个业务管理信息系统。合同管理系统于 2008 年 3 月上线，实现了合同网络化和远程化动态管理；资料检索系统为经营、生产提供技术信息数据和支持，也为提高技术人员业务水平提供帮助；人力资源管理系统于 2008 年 6 月正式上线运行，实现对人事、薪酬的统一管理，实现在岗职工通过系统发放工资、奖金；中交集团新财务系统于 2008 年 10 月在四航局试点部署，2009 年 8 月率先通过中交集团评审验收；2009 年 9 月建立项目管理系统框架，实现项目数据采集及预警，并陆续增加了项目实时视频监控、船机动态管理、分包商管理、采购管理、营销管理、产值管理等子系统。

2009 年 3 月，四航局信息化建设被中国施工企业管理协会推荐为行业的典型案例。

2011 年 3 月，中交股份联合体港珠澳大桥岛隧工程项目总经理部经过市场调研及综合比较，委托四航局负责该项目的信息化建设工作。先后建成了："三位一体"的总部生产指挥调度系统，在人工岛、沉管预制场、海上施工船舶建成了视频监控系统，实现了远程无线网络信号的全面覆盖，建立并扩充安装船信息化指挥决策系统，建立了项目总经理部协同办公平台、中英文外部网站、项目资料存储、视频会议、大屏幕显示、资金支付、网络安全等系统。

在四航局信息化发展的第五阶段（2008 ~ 2011 年），也面临特级资质考评的外部压力，公司还是坚持从管理实际需求出发，不搞花架子。在这个时期内，协同办公的成功经验逐步引入项目管理的各个环节，在项目管理的核心环节（如营销管理、产值管理、采购管理、分包管理等），初步建立了信息化系统的支撑，实现了贯穿项目部，到子分公司，到公司本部的三级流程，提高了业务部门对项目的管控效率。第五阶段主要解决了核心业务信息化"从无到有"的问题。

第六阶段（2012年至现在）解决的是"从有到优"的问题。在上一阶段管理信息化探索实践经验的基础上，继续坚持求真务实的精神，在"可持续、可深化、可整合"的思路下，继续将管理信息化深入推进。

2012年底，优化了公司新门户、单点登录、统一账号权限、流程平台以及企业数据总线等系统，在原有系统的基础上，构建一个柔性、健壮、可持续发展的企业系统框架。所有业务系统按照企业集成规范进行整合。

2013年起，在营销、采购、供应商、分包商、机构与权限等原有系统不断优化的同时，进行了形象进度系统、产值系统、物资收发存系统、个性化门户（外部人员门户、子公司门户、招投标门户）、船机管理系统、职称管理等系统的建设与优化。

2014年5月，新物资收发存系统上线，采用了在线模式和离线模式相结合方式，解决了窄带环境下的应用问题，深受基层项目部的欢迎，也实现了公司物资收发存的统一管理。

2014年11月，形象进度系统上线，该系统参考国外一些进度管理系统的特点，结合国内工程建设项目管理模式、网络环境，通过定制开发，易于为基层人员掌握，也更加契合公司管理特点。该系统在提高基层工作效率的同时，也实现了对项目形象进度的远程预警与管控。

2013～2015年，营销数据展示、产值展示、形象进度展示、项目物资信息、分包商信息等一系列针对业务数据的综合数据分析展现平台相继上线，给管理者提供真实具体的业务信息展现，对过程管控提供信息化帮助。

2014年，四航局信息化建设成果获得施工行业和集团的认可，入选中国施工企业管理协会"工程建设行业信息化推荐案例",评为中交集团年度信息化先进单位。

图1给出了四航局信息化建设发展阶段示意。

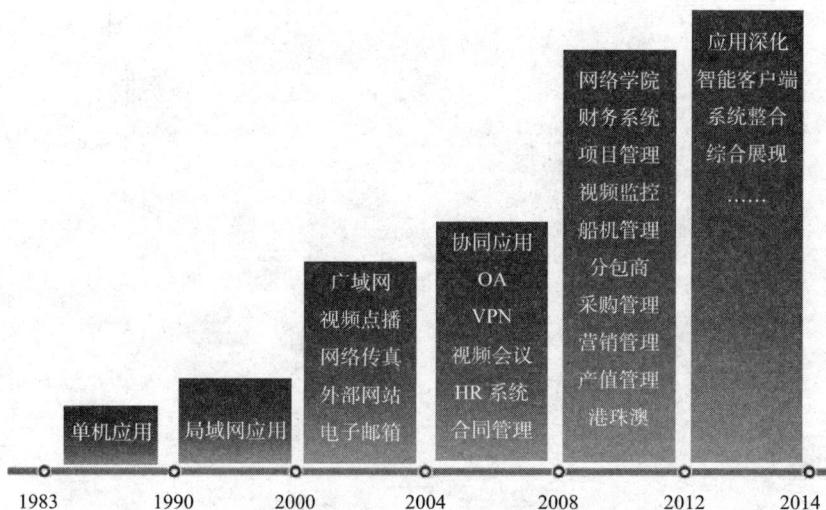

图1　四航局信息化建设发展阶段示意

2　企业信息化主要建设成果及亮点

四航局信息化围绕核心业务管理信息化,在制度建设、网络建设、硬件建设、软件系统建设方面不断深入,积累了一些具有自身特色的成果。

2.1　公司内部广域网络

利用多种组网技术建立了企业内部广域网,覆盖全部子(分)公司和项目部。内网通过局域网快速访问;区域公司通过SDH或VPN方式进行互联;在公网使用SSL技术,可以安全、高效、稳定地运行信息系统。公司广域网拓扑示意见图2。

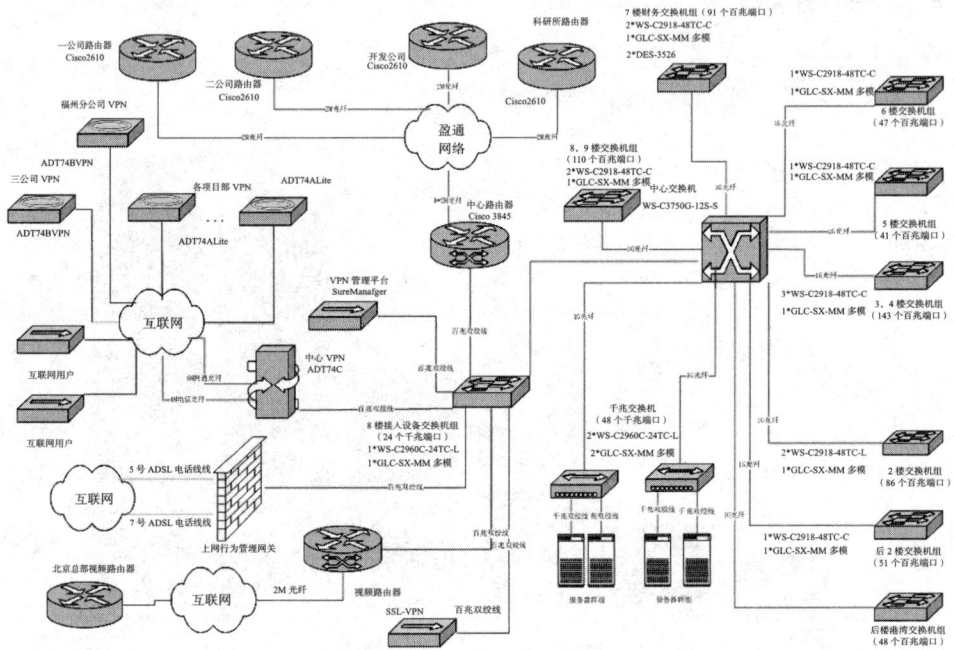

图2 公司广域网拓扑

2.2 智能客户端

项目部的信息化关系到数据的真实性、准确性、及时性，是后续管理手段的数据源头和根基。四航局采用智能客户端的技术，在项目部的使用端和四航局的数据中心端的数据传输进行了压缩，减轻数据负担。同时项目部的智能客户端能够实现离线使用，在有网络的情况下与数据中心自动进行数据同步，减缓项目基层的网络带宽压力。智能客户端的引入，大大加强了业务系统的易用性，基层工作人员直接通过业务系统就能够完成日常的工作，而不是 Excel 表格操作一次，然后系统数据再填报一次。同时，也减轻了对项目部人员培训的复杂度，基本上手就能用，解决了基层人员流动性较大、培训交接不及时带来的系统应用困扰。

2.3 管理系统的全流程管控

四航局充分论证流程的各种实现方式，结合自身的实际，将适用自身的流程结合到业务系统中。现在已经有 OA、合同管理、分包商管理、产值管理、进度计划管理、采购管理、营销管理等多个应用系统采用了流程化管理，实现了横向的各业务环节流程的衔接，纵向的公司、子分公司、项目部的流程的衔接，极大地提高了管理的效率和管控能力。工作流平台示意见图 3。

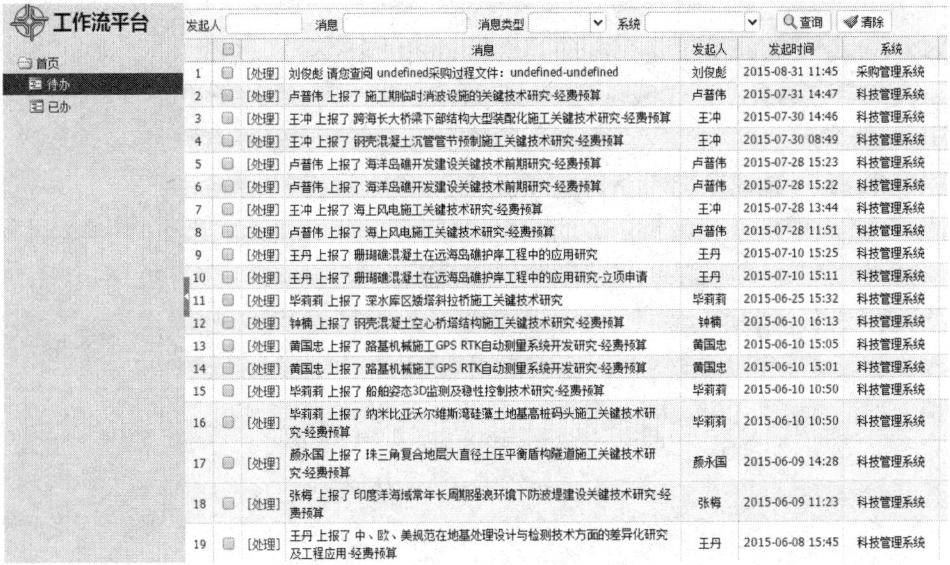

			消息	发起人	发起时间	系统
1		[处理]	刘俊彪 请您查阅 undefined采购过程文件：undefined-undefined	刘俊彪	2015-08-31 11:45	采购管理系统
2		[处理]	卢普伟 上报了 施工期临时消波设施的关键技术研究-经费预算	卢普伟	2015-07-31 14:47	科技管理系统
3		[处理]	王冲 上报了 跨海长大桥梁下部结构大型装配化施工关键技术研究-经费预算	王冲	2015-07-30 14:46	科技管理系统
4		[处理]	王冲 上报了 钢壳混凝土沉管管节预制施工关键技术研究-经费预算	王冲	2015-07-30 08:49	科技管理系统
5		[处理]	卢普伟 上报了 海洋岛礁开发建设关键技术前期研究-经费预算	卢普伟	2015-07-28 15:23	科技管理系统
6		[处理]	卢普伟 上报了 海洋岛礁开发建设关键技术前期研究-经费预算	卢普伟	2015-07-28 15:22	科技管理系统
7		[处理]	王冲 上报了 海上风电施工关键技术研究-经费预算	王冲	2015-07-28 13:44	科技管理系统
8		[处理]	卢普伟 上报了 海上风电施工关键技术研究-经费预算	卢普伟	2015-07-28 11:51	科技管理系统
9		[处理]	王丹 上报了 珊瑚礁混凝土在远海岛礁护岸工程中的应用研究	王丹	2015-07-10 15:25	科技管理系统
10		[处理]	王丹 上报了 珊瑚礁混凝土在远海岛礁护岸工程中的应用研究-立项申请	王丹	2015-07-10 15:11	科技管理系统
11		[处理]	毕莉莉 上报了 深水库区矮塔斜拉桥施工关键技术研究	毕莉莉	2015-06-25 15:32	科技管理系统
12		[处理]	钟楠 上报了 钢壳混凝土空心桥塔结构施工关键技术研究-经费预算	钟楠	2015-06-10 16:13	科技管理系统
13		[处理]	黄国忠 上报了 路基机械施工GPS RTK自动测量系统开发研究-经费预算	黄国忠	2015-06-10 15:05	科技管理系统
14		[处理]	黄国忠 上报了 路基机械施工GPS RTK自动测量系统开发研究-经费预算	黄国忠	2015-06-10 15:01	科技管理系统
15		[处理]	毕莉莉 上报了 船舶姿态3D监测及稳性控制技术研究-经费预算	毕莉莉	2015-06-10 10:50	科技管理系统
16		[处理]	毕莉莉 上报了 纳米比亚沃尔维斯湾硅藻土地基高桩码头施工关键技术研究-经费预算	毕莉莉	2015-06-10 10:50	科技管理系统
17		[处理]	颜永国 上报了 珠三角复合地层大直径土压平衡盾构隧道施工关键技术研究-经费预算	颜永国	2015-06-09 14:28	科技管理系统
18		[处理]	张梅 上报了 印度洋海域常年长周期强浪环境下防波堤建设关键技术研究-经费预算	张梅	2015-06-09 11:23	科技管理系统
19		[处理]	王丹 上报了 中、欧、美规范在地基处理设计与检测技术方面的差异化研究及工程应用-经费预算	王丹	2015-06-08 15:45	科技管理系统

图 3　工作流平台

2.4 核心业务管理信息系统

四航局以“项目管理”为核心，分步实施了合同管理、人力资源管理、项目信息门户、分包商管理、采购管理、供应商管理、营销管理、产值管理、形象进度管理、资料检索、财务管理、视频监控、船机动态管理等业务系统，逐步实现对项目全过程信息化管理，逐步覆盖到项目管理的全生命周期，提高管理的精细化程度，提高公司总部的集约化管控能力，也提高了各部门的协作效率（图4）。

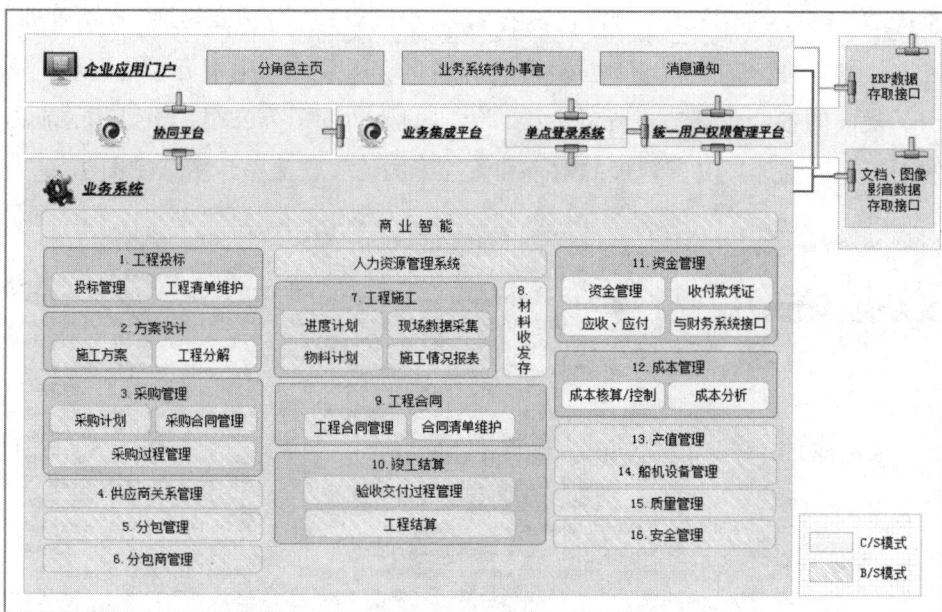

图4 整体系统规划建设架构示意图

2.5 异构系统整合

各应用系统根据业务系统的实际需求定制开发，经过长期的积累，形成了多种异构系统共存的局面，各系统的开发工具、数据库等都不尽相同。

四航局对市面主流的开发平台和系统架构进行了调研、分析，结合公司的实际情况，对底层架构进行了重构和优化。设计了单点登录系统，将不同的异构系统整合在同一个界面中，用户只需要登录一次，就能够在不同业务系统中处理业务；制定了统一的消息集成框架，各业务系统在该框架下将消息传递到统一的消息处理平台，进行消息流转；制定了系统整合规范。在整合规范下，对各业务系统的软件架构进行系统优化，梳理业务逻辑关系，实现业务系统的内部聚合。各业务系统就像可插拔的功能模块，嵌入业务平台，实现整体信息化的灵活部署和发展（图5）。

图5　业务中心截图

2.6　数据共享和分析展现

当企业的数据积累到一定程度时，数据共享将会给企业带来减少重复劳动、提高信息一致性及辅助决策的功效。四航局通过对数据接口开发，实现部分系统的数据共享，比如，人力资源系统的账号、人事、薪资等数据在不同业务系统中的共享；项目信息门户依托分包商管理系统、产值管理系统、采购管理系统、成本管理系统、船机管理系统、人力资源系统的数据共享，以项目为维度，实时抓取显示当前的业务数据。

随着业务系统应用的不断深入，数据不断积累起来。通过数据的标准化和数据仓库设计，建立不同维度和视角的数据模型来对这些数据进行分析，形成一系列横向和纵向的数据展现，以图、表等丰富的表达形式展现出来。

通过数据的分析展现，以数据和图表说话，可以全面掌握企业整体信息，也能深挖到某一种物资、某一个分项的实时状况，对企业的管理起到辅助决策的支持作用（图6）。

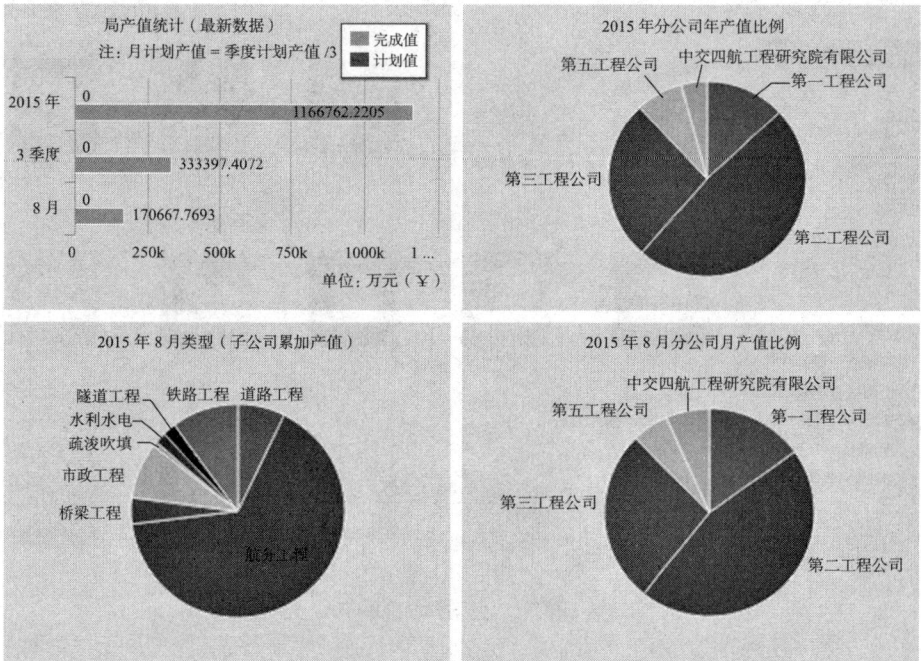

图6 公司产值完成情况分析

2.7 复合型人才队伍

信息化离不开高素质人才队伍的建设。在多年的信息化实践中，四航局不断规划和完善自身的人才队伍结构，逐渐发展成为理解业务、掌握技术、懂得沟通、擅长协调的复合型人才队伍，积极参与到与各业务部门的需求沟通当中，能很好地掌握业务部门的需求和信息化的发展方向，掌握信息化建设的需求分析和技术方案，有效调动外部的各技术团队的力量，使公司信息化稳步快速向前发展。同时，具备了对外咨询和系统实施能力。

2.8　信息化建设成效

经过近几年稳步、快速发展，公司信息化认识水平有明显的提高，已形成了良好的信息化文化氛围。计算机、网络已成为管理中的一个必备工具和手段，管理人员对信息化、网络环境下的协同办公、流程化管理有了感性认识。公司董事会及主要领导对信息化建设高度重视，信息化建设纳入公司发展战略及年度工作报告，信息化应用纳入公司年度绩效考核指标。加快信息化进程，通过管理信息化提升管理效率、增加效益，改进对核心业务的管理手段和方式，已经成为公司上下的共识。

（1）总体成效：

提升了整体工作效率；实现了信息共享；初步实现了对业务过程管控；对管理决策提供初级支持；夯实了信息化基础，形成了良好的信息化氛围，信息化进入快速良性发展阶段。

（2）具体应用效果：

截至 2015 年中期：公司开通网络用户数 7875 个，信息数据总容量增至13.5Tb。平均每天并发在线用户数超过 800 个，高峰时段在线用户数超过 1000 个。

OA 系统累计处理收文 78093 份，发文 32053 份，签报 14000 份，协同项目 1639 个，快讯 8561 份。各级管理人员可在任何时间、任何地点利用各种上网方式处理公文，大大提高了办公协同效率。

合同管理系统覆盖率达到 100%，20952 份合同在系统上运行，合同总额超过 4100 亿元。各类合同均通过信息系统会签、审核、报批，缓解了企业法律和合同管理人员人力不足的实际问题，提高了合同管理效率和合同质量，有效规避了合同管理风险，优化了合同管理工作。

人力资源管理系统共录入 11675 条人员信息，8000 余名职工通过系统发放工资、奖金。通过系统实时掌握人员变动情况，人员结构信息，公司薪酬情况。该系统结合公司管理特点，解决了施工企业复杂的人事调动和"多次、多处"发薪的难题。

综合项目管理系统目前在线工程项目总数 178 个，通过系统预警项目实施过程中质量、安全、进度、产值等异常问题，实时掌握项目综合情况，一定程度上实现对项目部的综合管控。

分包商管理系统建立了 348 家合格分包商资质档案，项目部对分包商合同履约进行 18089 次月度评价，实现了对分包商准入、动态、履约过程等流程化管理。

采购管理系统建立了 1220 家物资供应商资质档案，150 余万条基础材料编码，完成 2481 份主要物资采购合同，实现物资采购过程流程化管理。

营销系统共建立客户档案 989 条，执行投标申请流程 600 余条，建立营销合同台账信息 407 条。

产值管理系统实现产值计划统计无纸化、流程化、一体化。公司各项目部通过产值系统共上报产值数据 2828 条，计划数据 1945 条。

形象进度管理系统上线不足一年时间，已有 102 个项目通过系统实现进度管理，取代原来电子表格等方式，各级相关管理部门通过系统实时掌握项目进度情况。

新物资收发存系统已有 90 余个项目使用，实时掌握物资收发存动态，掌握采购价格变化情况，在提高基层工作效率的同时，促进实现阳光采购。

项目实时视频监控系统在部分重点项目部部署。通过该系统加强公司重点工程现场生产管理，丰富公司重点工程履约过程管理监控手段。该系统与协同办公平台集成，授权用户可在任何普通宽带网络接入点察看远程视频监控图像，业务部门通过该系统实时发现现场问题，及时提出整改意见。该系统也受到业主、监理等合作方的关注。

外部网站总访问量 1257 万人次，日均约 5000 人。

资料检索系统建立 128 个资料库，收集文献资料 9800 份，累计被访问检索 23000 人次。该系统作为公司知识共享平台，为经营（投标）、生产（施工方案的设计、优化）提供技术参考和支持，也为提高技术人员个人业务水平提供帮助，实现知识共享。

视频会议常态化，还实现与非洲安哥拉、斯里兰卡等海外地区的视频会议。对海外项目远程网络管理积累了经验。

3　信息化实施思路与方法

总体思路：把握规律、循序渐进、打好基础、抓住源头、效率优先、长期坚持、水到渠成。

3.1　稳步推进，持续改进

信息化是一个系统工程，也是一个发展的过程，难以跨越式发展。必须从实际出发，稳步推进信息化建设，并持续改进业务系统。企业的管理具有阶段性和文化的特征，信息化作为企业管理的有力手段，也必须与企业管理环境相适应。鉴于目前的建筑施工行业企业的信息化实际，在企业管理的很多环节上都缺少信息化的支持，信息化必须配合管理来推进，务必要从实际做起，特别要防止好大喜功、急于求成。从一个"点"做起，一步一步将核心的业务功能做好，不追求系统大而全、华而不实，务求系统实用、好用，能给业务人员带来良好体验，能给企业带来实用价值。再将核心的功能点通过系统架构串联起来，形成一条"线"，以一种持续改进的方式，通过不断拓展和延伸，形成企业管理信息化在"面"上的全覆盖。

3.2　六个统一，整体布局

坚持"六统一原则"，即"统一领导、统一规划、统一标准、统一实施、统一投入、统一管理"。建立公司有力的信息化领导小组，以统一的信息化标准，建立以公司本部为中心的统一信息化基础平台，实施面向全公司的数据中心、网络中心，实现业务数据和管理系统的大集中。通过整体的布局，对整个架构进行思考和设计，形成一个"可持续、可扩展、可整合"的架构体系，整合信息资源，通过数据共享，避免低水平重复建设和信息孤岛，发挥信息化整体最大效益。

3.3　管理创新，互促互进

在信息化建设中，除了涉及技术上的问题，还要面对大量管理上的问题：如流程的变更、管理制度的调整。由于历史的原因，过去没有信息化、互联网等概念。在管理流程和模式与信息化的融合过程中，难免有不一致甚至有冲突的地方，要逐步调整优化，慎用强力手段。管理与信息化相互促进，信息化促进管理创新，管理水平提高后，对信息化提出更高的要求，促进信息化再提高。

3.4 内外合作，优势互补

信息化强调的是一种开放和共享的精神。闭门造车不可能带来好的信息化系统，也无法使信息化的成果得以延续。采用内外合作模式进行信息化建设，融合外部多种优势资源，优势互补。企业内部保持一支精干的信息化队伍，负责制定信息化发展目标战略，不断收集业务部门的需求。在企业信息化发展蓝图的布局下，将各种业务需求进行整理，通过技术论证和市场调研，形成详细业务需求、设计方案。通过与外部合作，外包部分功能和模块，并在外包的过程中参与质量、进度的控制，做好系统功能、性能上的测试，保证系统按照需求来进行，减少实施风险。

3.5 充分调研，认真思考

由于管理系统存在不确定性及信息技术的高度复杂性，信息化建设中存在各类风险。信息化建设绝不能靠拍脑袋决策，要多调研、多学习、多思考，更不能用行政的强力来干预系统的实施，应当用积极、理性的精神规避各种认识上的误区，避免决策失误。

4 信息化建设过程中的经验与思考

4.1 从技术到应用的跨越

在施工企业信息化建设过程中，可以借鉴的成功案例不多，而且整个行业长期以来粗放式发展的文化不可能在短时间内改变，企业面临自身独特的信息化需要。面对发展步伐越来越快的信息化技术，各种新技术、新词汇层出不穷，该如何选择，如何判断哪种技术才能解决信息化面临的困境？技术是通用的，需求是独特的，不要片面追求新技术，要从企业实际需求出发，把握业务流程和信息化需要，做好整体的信息化规划，做好整个系统的框架设计，有目的和有针对性地选择能解决当前问题的技术，切实应用到实际业务中。

4.2 从需求到实现的转化

需求是信息化的源泉，信息化是建立在对需求进行提炼和分析的基础上的，所以，信息化不能脱离了业务部门使用的实际情况，不同的操作人、审批人、管理者，都要从中得到独特的视角，获得相应的帮助，提高人员的工作效率。业务部门提出的需求，往往与系统使用上的真实想法存在差异，是理想化的，也是善变的。信息化从设想到实现的过程中，必须牢牢把握业务的核心，理清事务逻辑，并对逻辑进行合理精简和优化，避免被需求拖着走，忙于应付；也要避免设计脱离实际。要从实际出发，设计一个具有一定柔性的信息化系统，做好从需求到实现的转化，以应对管理的需求和发展的需要。

4.3 从无到有，再到持续的发展

信息化建设是一个长期过程，首先缓慢经历了从无到有的建设过程。现实中的许多脱离实际的、夸大求全的，或者固步自封的建设方法都没能使一个企业的信息化得到健康的发展。扎根于企业实际，注意投入产出比，一步一步做扎实了，使企业的信息化从无到有，营造起信息化的氛围。

从有到优是一个持续的深化发展过程。当企业解决了从无到有，建立起了一些业务系统后，必须考虑如何让信息化走得更好、更远。这就要重视系统的开放性、可继承性问题，用户要防止在专业技术上被套牢、被绑架，要做好自身信息化规划，做好架构上的设计，做好开发模式的选择，以一种柔性的架构，来负担未来一段时期内的信息化发展。

主要执笔人：

邓和平　中交第四航务工程局有限公司信息中心主任

案例 4

信息化助力企业集团化战略

中建八局第一建设有限公司

1 企业概况

中建八局第一建设有限公司（以下简称"八局一公司"）始建于 1949 年，系世界 500 强企业排名第 23、全球最大的投资建设集团——中国建筑集团有限公司下属三级独立法人单位。公司总部位于山东省济南市。公司注册资本金 10 亿元，具有"双特三甲"：房建特级、市政特级资质，建筑设计甲级，人防工程甲级，市政设计甲级资质，具备机电工程施工总承包壹级、消防设施工程专业承包壹级等 13 项专业承包资质。八局一公司连续七年进入中建号码公司前五强，其中 2015 至今连续四年进入中建三强。2016 年合同额 350 亿元，营业收入约 180 亿元；2017 年合同额约 450 亿元，营业收入约 240 亿元，2018 年合同额约 650 亿元，营业收入约 300 亿元；近三年的平均利润增长率约 3%。公司现有员工 3800 余人，是国家科技部认证的"国家高新技术企业"，是国家发展改革委认定的"国家级企业技术中心"。

公司实行公司总部、二级单位、项目部三级管理，总部机关共设有 19 个部门（办公室与企划管理部、人力资源部、市场部、投标部、工程管理部、安全生产监督部、信息化管理部、商务管理部、合约法务部、招采管理部、科技部、设计研究院与技术中心、财务资金部、投资发展部、基础设施部、审计部、党委工作部、工会工作部、纪检监察部）；国内下设八个区域分公司（济南、青岛、华中、中原、华东、华北、华南、厦门）；四个专业公司（安装、装饰、基础设施、绿色建筑发展分公司）；海外事业部以及 2 家控股单位（无锡设计院、山东中建八局投资建设有限公司）；1 家参股单位（中诚租赁公司）。

为适应公司"十三五"发展规划及当前发展趋势，围绕公司既定的集团化发展战略，公司多次进行了内部组织结构变革，建立了"公司总部—二级单位—三级单位—项目部"四级组织架构（表1）。加快产业结构调整，实现了产业的相关多元。扩大国内外市场版图，实现了规模跨越发展。

职能定位　　　　　　　　　　　　　　　　　　　　　　　　　表1

层级	"集团化"职能定位
公司总部	顶层设计、战略指引、资源平台、文化建设
二级单位	战略实施、市场开拓、运营管控、资源培育与配置
三级单位	市场营销、项目管控、资源维护
项目部	履约、创效、客户维护

2　企业信息化建设历程

八局一公司的信息化建设大致分为以下三个阶段：

第一阶段：协同化应用阶段（2002 ~ 2010 年）。这个阶段我们主要做好以下工作：一是做好顶层设计；二是统一了流程标准、机构岗位、职责分工、考核评价；三是应用局业务财务一体化 ERP 系统的基础上实现了标准化全覆盖应用。

第二阶段：核心业务初级应用阶段（2011 ~ 2015 年）。信息化与标准化深度融合。2012 年 3 月，成立信息化管理部，项目管理系统全面上线，标准化手册通过信息系统落地。公司信息化建设思路为建设一个平台，十个系统，十五个主模块，内容涵盖企业的八大体系的工作内容。信息化手段固化标准化成果，信息化推动管理标准化。

第三阶段：创新发展阶段（2016 ~ 2018 年）。首先，引入互联网思维，建立生态圈平台（分/供商，客户），推行轻量化移动应用；其次，发掘数据价值，应用大数据建设智慧工地；同时应用新技术梳理系统框架，建立自主产权的集成开发平台。

3 企业信息化建设思路

公司的信息化，总体以"成本核心、进度主线、项目全生命周期管理"为建设总体规划。

2017年4月，在公司十三五规划的基础上，提出了信息化发展构架（图1）。以工程项目为主线，以核心业务的集约化管控为重点，运用信息化和BIM技术，完成一个中心两个平台四个系统建设，以实现可持续发展。

一个中心：指建立一个服务全公司的云数据中心，实时汇总全部业务数据，形成统一、高效、共享、安全的数据资源。

两个平台：指企业层级集约化运营平台、项目层级精益化管控平台。

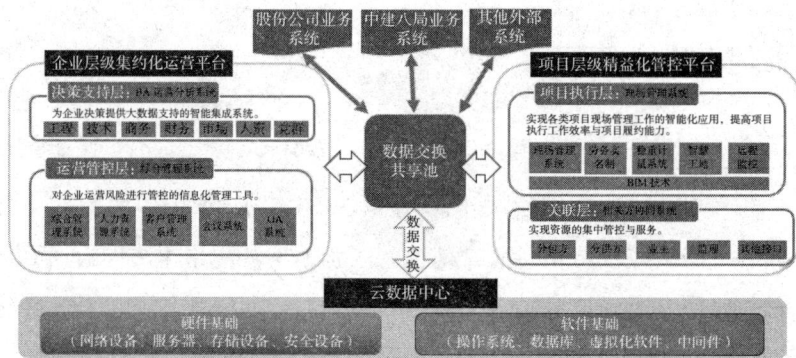

图1 "十三五"规划信息化架构

四个系统：指以大数据集成为中心的BA运营分析系统，以成本管控为中心的综合管理系统，以现场管控"智能化"为中心的现场管理系统和以资源集中管控与服务为中心的相关方协同系统。

四个系统功能实现"PC端+APP"的形式，满足各级管理人员轻量化、移动化的需求。同时，各系统匹配多语言模式，满足国际化项目管理需要。

面向决策支持层的BA运营分析平台，主要是通过各类大数据的集成，实现总部后台全面、及时、真实掌握整个公司的运营状态，这一系统主要是为决策判断提供支撑服务。对原有"项目管理系统"进行重新梳理和归类，拆分后的"综合管理系统"主要侧重于两级机关对项目的运营管控，"现场管理系统"主要侧重于现场基础管理资料的手机，通过移动互联网、物联网等技术手段，逐步实现核心业务活动的"无纸化"管理。相关方协同系统包含对业主服务系统、分包商、材料供应商的管理系统，计划利用 1～2 年时间逐步完善覆盖，打造各相关方协同工作的总承包管理平台。

信息化发展思路同企业发展思路一脉相承，经过十多年的摸索、应用，形成了以总公司项目管理手册为本，融入八局铁军文化而且传承了一公司强化基础管理、坚持质量效益型道路、精细化、集约化管理理念适合一公司发展的企业集约化运营和项目精益化管控平台。

4　信息化建设概述

公司使用的信息系统由公司总部统一研发、统一采购、统一管理、统一推广。招采、财务系统按照股份公司和八局要求使用云筑网和局 ERP 系统，其他主要业务系统自主开发，部分系统外部采购。公司总部设立信息化管理部，负责公司信息化建设规划、系统设计、开发管理、管理与信息化融合等。

建筑行业特点：管理标准化程度低、业务对象复杂多变、业务流程难以固化，人员变化频繁。

企业特点：总部位于济南，下设 15 家二级单位，安装公司独立核算。在建项目超过 200 个，地域分布广，遍布国内和国外六个国家和地区。管理高度集中，所有项目的总包合同签订和变更评审都要经过公司总部，项目现场没有财务人员，所有项目的材料、劳务、机械合同的用印都要经过公司的复核。

基于上述特点的信息化需求：一是实现各项业务活动的横向互动，各项审批处理的异地协同；二是资源管理的系统集成；三是项目管理的及时受控，关键业务活动通过信息化实现"过程管控、审批流转、监控预警"；四是减少手工填报，提高工作效率，提高数据的准确性和及时性；五是信息系统紧密贴合标准化手册，信息化促进标准化落地；六是信息化建设促进企业的转型升级，成为企业的核心竞争力。

5　企业信息系统的功能和特点

八局一公司信息系统主要包含五个部分：分别是对外门户、综合管理系统、现场管理系统、相关方系统、运营分析系统（图2）。

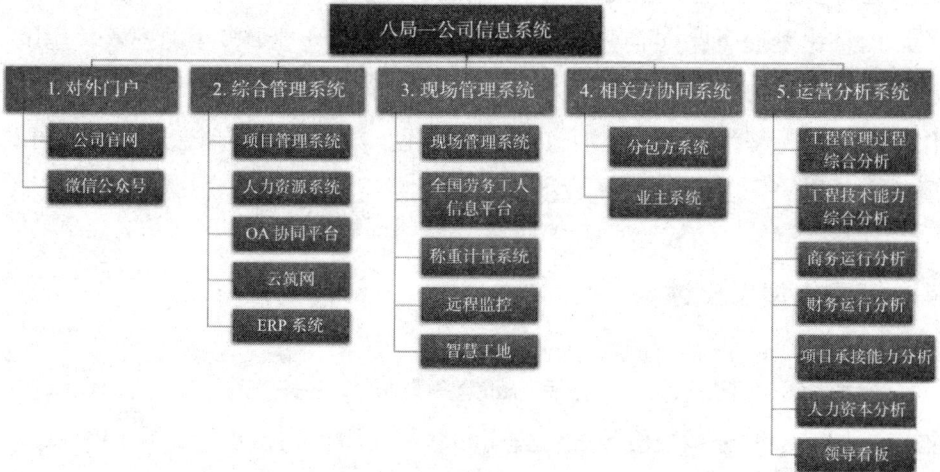

图2　信息系统

5.1　对外门户

对外门户主要包括公司官网和微信公众号，按照公司外网管理办法，划分板块责任部门，及时更新网站信息。公司的微信公众号做了部分集成开发，可以直接登录人资 HCM Cloud，通过微信直接找同事、查询工资、各二级单位、项目部人员构成。也可以直接登录移动信息化，进行项目系统的流程审批、填写工作周报。

5.2　综合管理系统

涵盖市场营销、施工生产管理、商务和财务等经济类活动、人力资源管理、行政办公、党群、审计等企业管理的各项内容。含自主开发的项目管理系统、人力资源系统、中建集团的云筑网、中建八局 ERP 系统和 OA 协同办公平台。

项目管理系统是公司整个信息化中的重要组成部分。该系统目前包含 17 个模块，其中有三个综合类模块（检查考核、知识管理、绩效管理）和 14 个业务模块，内容涵盖市场营销、施工、技术质量、安全、物资、商务、合约、财务、人力、行政办公、党群、审计等项目管理的全生命周期管理。

以下对项目管理信息系统包含的功能进行介绍，篇幅有限，仅对成熟功能作整体介绍。

5.2.1　市场营销管理模块

市场营销管理包括信息与上报、项目立项、营销策划、招标文件评审、投标组织、招标文件评审、投标总结、客户管理等功能。

按制度要求从项目信息跟踪到项目中标，根据评审情况，信息系统逐步生成各阶段评审表，将营销系统制定为前后贯通的一条主线。

项目立项后，系统会向相关部门及人员发送项目成立通知，这样施工管理部可以将 ERP 编号录入系统，人力资源部可以往项目中调拨人员，办公室可以发出项目部成立公文，所有工作顺畅进行，各部门及时得到信息，保障系统内后续工作顺利进行。

项目全过程动态管理：一是数据集成功能，实现启动、投标、策划、施工过程、竣工交付、保修回访全过程的动态数据通过项目管理系统自动获取，将全过程动态管理表作为项目管理的索引，数据源头在项目层面日常工作中更新，便于各相关业务系统快速查阅、实时了解项目层面的运行情况。二是预警体系，五大预警体现了项目资金、成本、工期、质量、安全五个体系的数据阈值情况，若管理出现了问题，则此表中相应预警就会用不同的颜色显示，在预警的基础上设置提醒功能，在触发预警前进行工作提醒，使项目层面更为主动、积极地进行工作安排与管控，避免预警的产生，提高项目管理的效率和精细程度。

5.2.2　技术质量管理模块

该模块包括科技、标准规范、施组方案、双优化、试验、质量、图纸和设计变更、计量、预警、资料等方面内容等模块，实现了无纸化办公，所有相关资料系统存档实时可查。

如项目技术方案管理，项目总工制定项目技术方案总体计划，公司层面审批后按计划进行方案报审，根据方案类型进行逐级审核，最后系统按分配给各业务部门的权重自动生成评分。在施工过程中可进行方案计划补充，最终形成所有方案台账，系统可通过统计和预警，提醒项目总工其项目应完成的施组和相关技术方案及其要求。

5.2.3　施工管理模块

施工管理模块包括项目基本信息、项目策划、工期管理、重点工程管理、总承包管理、相关方管理、回访保修管理、施工现场门禁劳务管理、总承包管理等功能。

项目经理月度报告创新：在按时上报基础上，每月5日前完成月报评价，针对月报内容，由主管部门进行填报评审，重点项目直接由上级业务部门经理评审，一般项目由各分公司业务部门进行评审，为及时了解项目状况提供了可靠依据和渠道。

工期管理创新：运用开竣工模块，可掌控项目在建、停工、复工、竣工状态。

运用过程管控管理模块可适时查阅《项目每日情况报告》；评审《项目经理月度报告》《监理例会纪要》。

5.2.4　分包商管理模块

分包商管理模块包括分包商选择、分包商管理、分包商考评和分包商数据统计四方面。

从分包商择优推荐、考察开始，通过分包合同评审，完成分包商选择。项目层面按分包商选择情况进行分包商进场申请，分包商进场后结合劳务人员情况，进行每日劳务人员进出场登记，项目层面从进场日开始每月进行一次分包商考核，公司层面随时对考核情况进行监督并进行定级管理。对未通过考核的分包商辞退并自动进入"不合格分包商库"，全局范围内不得再推荐此分包商；形成"合格分包商库"，反馈到分包商的推荐与考察，形式分包资源的良性循环。

5.2.5　安全管理模块

安全模块包括安全人员台账、风险管控、教育交底、安全检查、安全会议、应急管理、项目经理安全积分等几方面内容。通过信息系统实现安全管理信息自动汇总、形成台账。对项目施工中的安全隐患及时预警，对于安全人员、安全隐患实施统计分析。

过程检查与整改创新：针对安全管理与质量管理，专门对过程检查与整改工作进行业务分析和统计，形成专项检查模块。项目层面通

过日检、周检，可针对某项内容发出整改通知，指定"接收人""自检人""验证人"和"完成期限"，若整改工作未落实或超出"完成期限"，就会形成预警报告，由公司层面进行监督，这一设定使整改内容逐一落实，形成闭合管理。

5.2.6　成本管理模块

成本管理模块包括目标管理、成本过程管控、预结算管理、成本管理总结与还原等几方面内容。

三算对比表创新："三算对比表"是项目成本分析最基础的数据信息库，通过信息系统实现了《实际成本台账》《项目盈亏预测汇总表》《成本管理报表》《商务月度报告曲线》的自动获取功能。

5.2.7　合约管理模块

合约管理模块包括合同管理、函件管理、用印、海外分供招标管理几方面内容。通过信息系统实现了总包合同评审、总包合同变更评审的网上办公，各业务部门同时评审，大大缩短了评审花费的时间。分包招议标管理、分包合同的评审与签订也都通过信息化实现了职责分清、各部门协同高效工作。

5.2.8　财务管理模块

目前财务管理模块包括：资金分配、财务审批、现金流管理、资金策划、融资管理、发票管理等几方面内容。通过功能的不断完善，完成应收未收和应付未付预警通道，实现一数一源，业务财务的不断融合，在集约管理同时提升了效率。

5.2.9　人力资源管理系统

该系统具备人员管理、人员变动、人员合同、薪资管理、绩效管理、福利管理、培训管理、招聘管理、时间管理等功能，实现了员工从应聘到离职、

退休全过程动态管理。同时，该系统与其他系统的组织、人员数据通过搭建"中间表"的方式进行数据交互推送，根据需求实现数据共享。

5.3　现场管理系统

包含项目管理的全过程管控、智慧工地数据自动采集和预警、远程视频监控平台、劳务实名制管理、物资称重计量系统等内容。

现场管理系统主要是以综合计划管理模块为主线，将施工现场的各项工作串联起来，提高项目工期履约能力，加强各部门间联动，提高总承包管理能力。配合以当下流行的移动互联网＋技术：有微信和中建八一云＋APP两个入口，施工现场完成危险源识别、整改单下发、工期进度确认、施工图纸查看等工作，提高了各岗位管理人员的工作效率。

5.3.1　综合计划模块介绍

公司计划实行三级节点（一、二、三级节点）、四级计划（总、年、月、周计划）三级管控（公司、二级单位、项目）的计划管理体系。目标是为提高项目工期履约能力，加强各部门间联动，提高总承包管理能力。主要功能含计划编制、计划考核、计划提醒、计划预警等。

根据工程总承包项目特点，结合工程中标至竣工备案全过程业务事项管控要点总结的一套成熟的计划管理体系，它将工程全过程相关的计划节点划分为五类（施工准备类、工程类、设计类、招采类、验收取证类），每项节点中明确了各项工作的业务事项、完成标准、责任人、复核人和审批人，在项目执行过程中，公司各部门及项目部按照计划模块规定的时限和标准完成各自工作。

综合计划模块的特点：一是各级进度计划软关联；二是自动推送工作任务到责任人；三是移动端进行完工确认。利用手机端APP，可以在现场拍照确认完成情况，使用便捷；四是集成工期影响因素：对工期影响因素进行分析，统计分析每时段、每区域公司、每施工阶段影响履约的主次要原因，各级单位有针对性地采取措施，推动工期履约；五是预警平面化展示。通过一张图，展示不同公司、不同预警级别数据。更加醒目、直观。

5.3.2 智慧工地体系

公司对智慧工地建设总结了 13 项体系性建设内容,形成了自主解决方案,建立了智慧工地集成平台,部分体系性建设内容已经实施运行,过程申请了多项软件著作权及国家专利。

公司层级平台在 WEBGIS、地图 API、LBS 搭建的"一张图"平台下看到所有项目的终端集成数据;用多个专题地图可进行项目数据穿透;设置项目点亮机制,项目只要有满足几项菜单的智慧应用,地图就会亮起该项目。

项目层级智慧工地集成平台含平面交互、三维交互、智慧交互三部分(图 3)。

将现场多源性硬件数据采集、分析、预警,将分散的数据子平台进行集中;平台嵌入 BIM 应用,将 BIM 模型轻体量化在线浏览、交互。平台的预警推送消息可多终端接收。

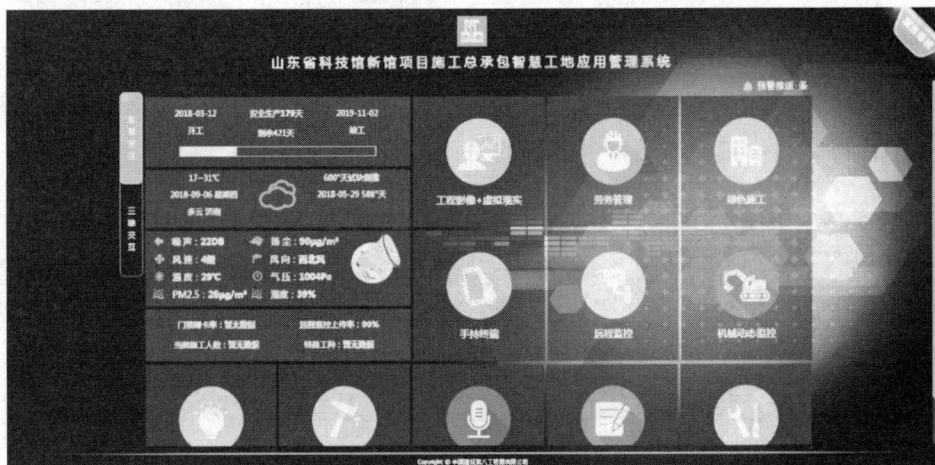

图 3　智慧工地应用管理系统

项目看板包含综合看板(图 4)、审批大厅、监控看板、实名制看板、技术质量、过程管控、分包看板、安全看板八个部分。利于大数据技术将各系统中的数据抽取出来,经过清洗和整理,形成项目日常管控所需的看板内容,方便项目人员的风险管控。

图4 项目看板—综合看板

智领未来，慧启世界——智慧图纸

2018年公司自行研发的"智慧图纸"科技成果在公司总部正式对外发布，引起了业内的广泛关注。

"智慧图纸"APP融入了二维码、BIM、VR、AR等新兴技术，我们用实际的科技创新引领建筑图纸走向智能时代（图5）。

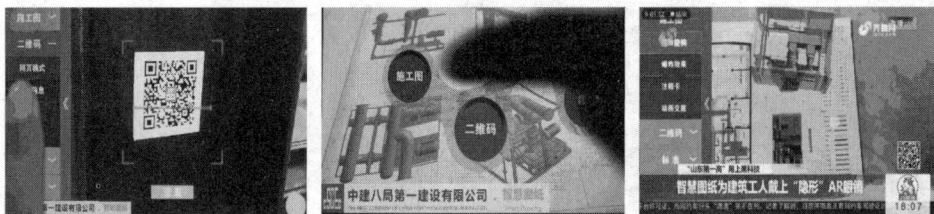

图5 智慧图纸

"BIDA一体化"工程技术体系——助推产业化发展

公司自主研发的"BIDA一体化"工程技术体系经历了1.0、2.0、3.0时代（图6），逐步实现机电安装工程由传统施工模式向BIM+智慧图纸+产业化装配式施工模式的转变，培养了装配式施工的专业队伍。

公司范围未施工的大型设备机房将全部采用预制化装配式施工。

BIDA 3.0　BIM+ 模块化装配式施工技术
驱动因素：提高装配率，缩短整体工期
关注重点：误差消除；多专业一体化施工
主要目标：绿色施工；提升品质
实施应用：BIM+ 模块化装配式施工技术
应用效果：40 小时装配完成 578m^2 制冷机房，装配率达 100%

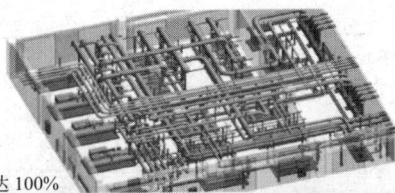

图 6　BIDA 3.0 示意

5.3.3　远程监控系统

通过此系统对项目进行可视化管理，实时监控项目质量、安全、工期、材料等。

5.3.4　劳务管理门禁系统

通过此系统能适时掌握通行人员信息，便于分析人工成本，监督分包合法用工，减少了劳务纠纷。

5.3.5　物资称重计量系统

通过应用物资称重计量系统，可以在企业层面实现物资数量质量验收、数据智能统计汇总、物资验收过程的监管监控，防止称重过程作弊，减少损失。

5.4　相关方系统

以资源的集中管控与服务为中心，逐步建设成为集业主、设计、监理、分包、供应商等相关方协同工作的总承包管理平台。

<table>
<tr><td colspan="4" align="center">总承包管理平台</td><td align="right">表 2</td></tr>
<tr><td align="center">模块</td><td align="center">功能</td><td align="center">相关方</td><td align="center">公司用户</td></tr>
<tr><td rowspan="2" align="center">施工管理模块</td><td align="center">班组长信息维护</td><td align="center">分包填报</td><td align="center">项目用户查看</td></tr>
<tr><td align="center">月 / 周施工计划报审</td><td align="center">分包填报</td><td align="center">项目用户审批考核</td></tr>
</table>

模块	功能	相关方	公司用户
施工管理模块	分包商考核情况	分包查看	—
	班组长诚信评价	—	项目用户评价
	往来函件	分包	项目用户
质量管理模块	施组方案查看	分包查看	—
	专业分包方案	分包填报	项目用户审批
	质量整改单	在手持终端中完成填报审核	
	质量周例会/周检查	分包查看	
安全管理模块	安全整改单	在手持终端中完成填报审核	
	安全周例会/周检查	分包查看	—
业主管理	业主投诉	业主用户应用	公司用户接收处理
	满意度调查	业主填报	公司用户查看
	业主账号维护		项目用户
物资管理	物资验收管理	供应商发货	下单、验收

5.5 BA 运营分析系统

共梳理六大体系 49 个模型，每个体系按"九宫格"页面进行排列。数据全部从源头自动提取，并且具有数据穿透功能，从 BA 系统一直可以追溯到项目填报、审批的详细页面。BA 系统建设实施效果见图 7。

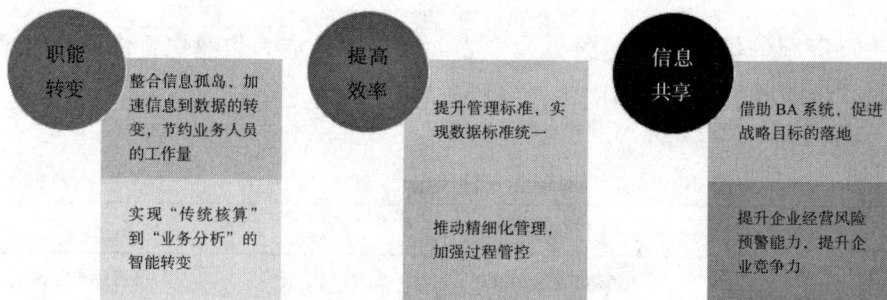

职能转变：整合信息孤岛，加速信息到数据的转变，节约业务人员的工作量

实现"传统核算"到"业务分析"的智能转变

提高效率：提升管理标准，实现数据标准统一

推动精细化管理，加强过程管控

信息共享：借助 BA 系统，促进战略目标的落地

提升企业经营风险预警能力，提升企业竞争力

图 7　BA 系统建设实施效果

同时，把 16 个数据模型集成到中建八一云 +APP 中动态呈现，高层领导可随时掌握企业运营数据。

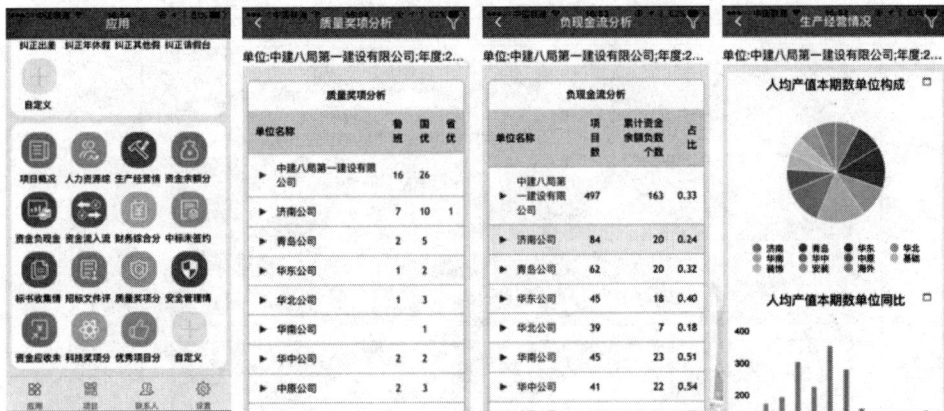

图 8　数据模型示意

5.6　公司信息系统的特点

5.6.1　自主开发的中建八一集成平台

这是公司所有系统的核心技术架构，也是企业核心竞争力之一（图 9）。

底层是数据层：主备两台数据库服务器，同时运行，实现主备双活，发生故障时，数据库可自动切换。

中间层：常用中间件层，权限管控模块，可细化到按钮操作权限的控制。CA 正式电子签名的使用，具有与纸质签名、盖章同等法力效力。审批流管理引擎，图形化界面配置，可按岗位、角色、审批组、区域、上次审批历史等不同维度定义审批流程，适应公司各业务模块不同的审批流程要求。

应用层：近 60 种业务分类，涉及公司所有业务口管理。

展示层：分电脑端和手机端两部分。

单点登录：实现各系统间的统一身份识别，一次登录可单点登录到各个业务系统。

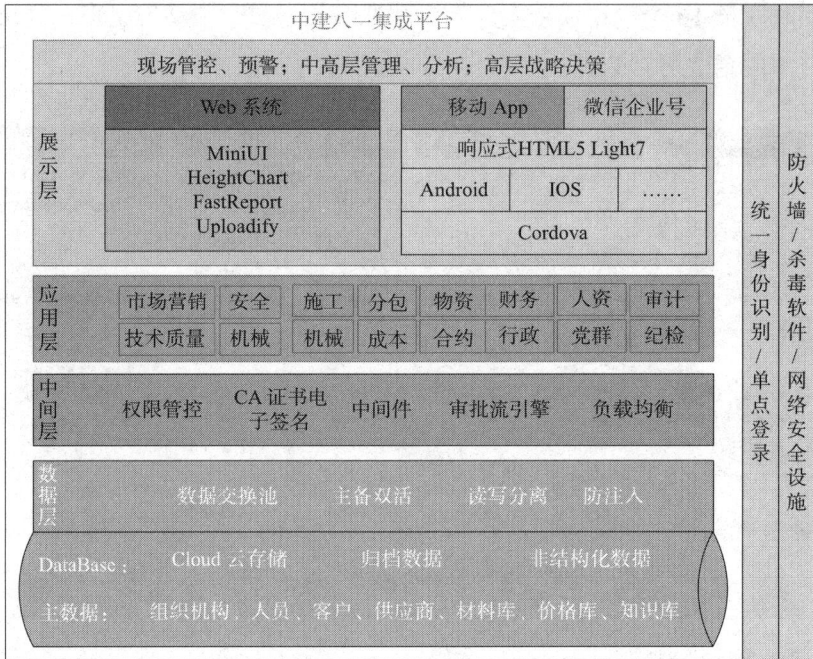

图9　中建八一集成平台

5.6.2　信息系统业务流程与管理手册的高度匹配

信息系统中的业务流程保持与标准化管理手册内容一致，成为公司制度落地的抓手。

例如：公司 2017 版《市场与客户管理手册》所涉及的基础管理工作标准化表单共计 30 个，新版信息化系统中涉及 24 个，基础管理工作信息化程度达到 80%。成本管理篇模板 14 份，目前已实现 9 份模板上线，上线率 64%。

5.6.3　业务体系联动，增强横向联动

商务财务预警、应付未付功能：分供报量（含分包签证月清月结）、实际收入成本台账即商务财务预警、应付未付功能，通过分包商、合同额、分包报量、分包付款系统间相互链接，通过工程、合约、商务、物资、财务联动，最终形成实际成本台账、应付未付台账，达到数据共享。具体见图 10。

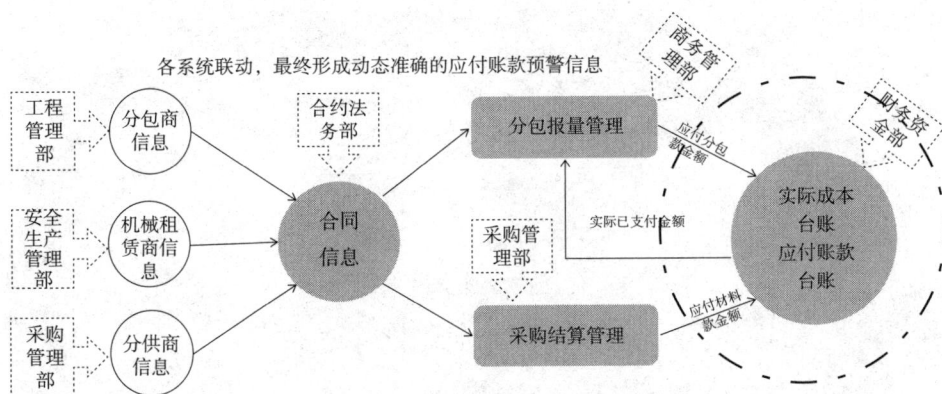

图10　体系联动，形成预警信息

5.6.4　形象化图表分析功能

根据财务人员录入的每日收入支出情况，系统自动计算出本日余额、每月余额和本年余额，图表的方式方便进行历年情况对比。

根据审批通过的四算对比表，系统自动在商务月度报告中形成初始预测总收入、累计预算收入、累计计划成本、累计实际成本四条曲线，直观了解项目成本情况。

通过数据分析，直观发现管理中存在的问题，为查找管理漏洞提供了强有力的支持。

5.6.5　各信息系统间数据自动集成

以人资系统的组织机构、职务、职位、人员信息为基础，实现各系统的单点登录。现场管理系统、相关方系统、智慧工地平台，是数据的采集端和接收端，兼有一定的管理、预警功能。通过数据交换池，可将数据共享给综合管理系统和BA系统，实现中高层对项目的管理，辅助高层做决策支持（图11）。

5.6.6　丰富的移动端功能

为了提高现场管理作业的信息化水平，拓展信息化应用手段，提升各级各岗位人员信息化操作效率，采用当下流行的移动互联网+技术，以实现管理效率的提升和管理方式的创新（图12）。

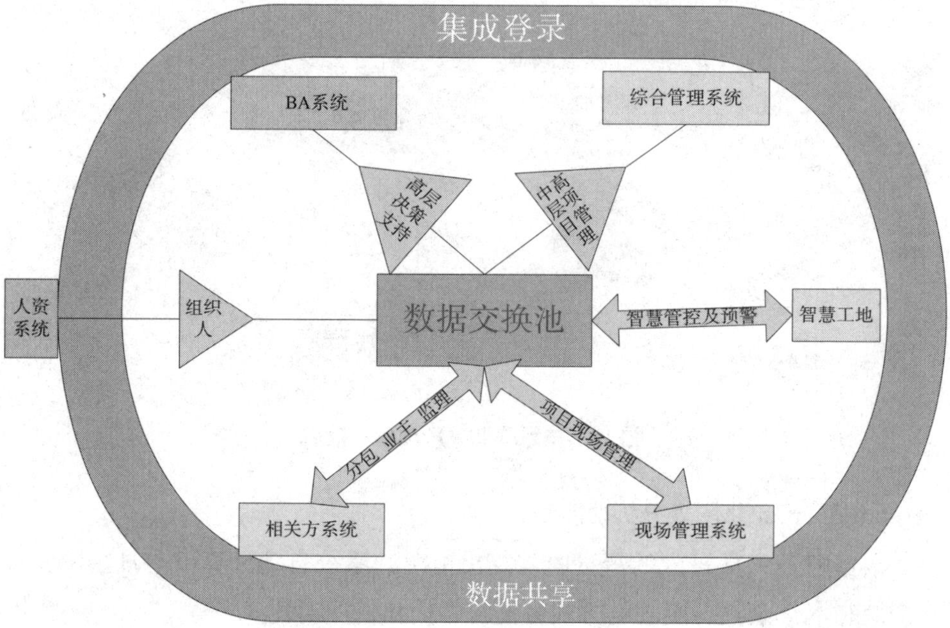

图11 数据交换池

图12 移动端

APP主要功能包括:移动办公:移动审批、工作协同、工作计划、"八一"知道;绩效管理:工作周报;工期管理:周计划考核;安全管理:领导带班检查、安全整改单、重大危险源、安全记分、行为安全之星;技术质量管理:质量整改单、实测实量;物资管理:物资验收;出差请假:出差、各种请假;BA运营分析:项目概况、人力资源综合分析、生产经营情况、资金余额等 15 个统计模型。

积极贯彻落实施工现场"行为安全之星"评选活动，在中建八一云＋中开发上线与标准化管理流程相符的信息化管控工具（图 13），安全之星评选和劳务实名制系统打通，高效、快捷、准确识别人员，实现了安全管理全员参与、信息保障安全透明的效果。

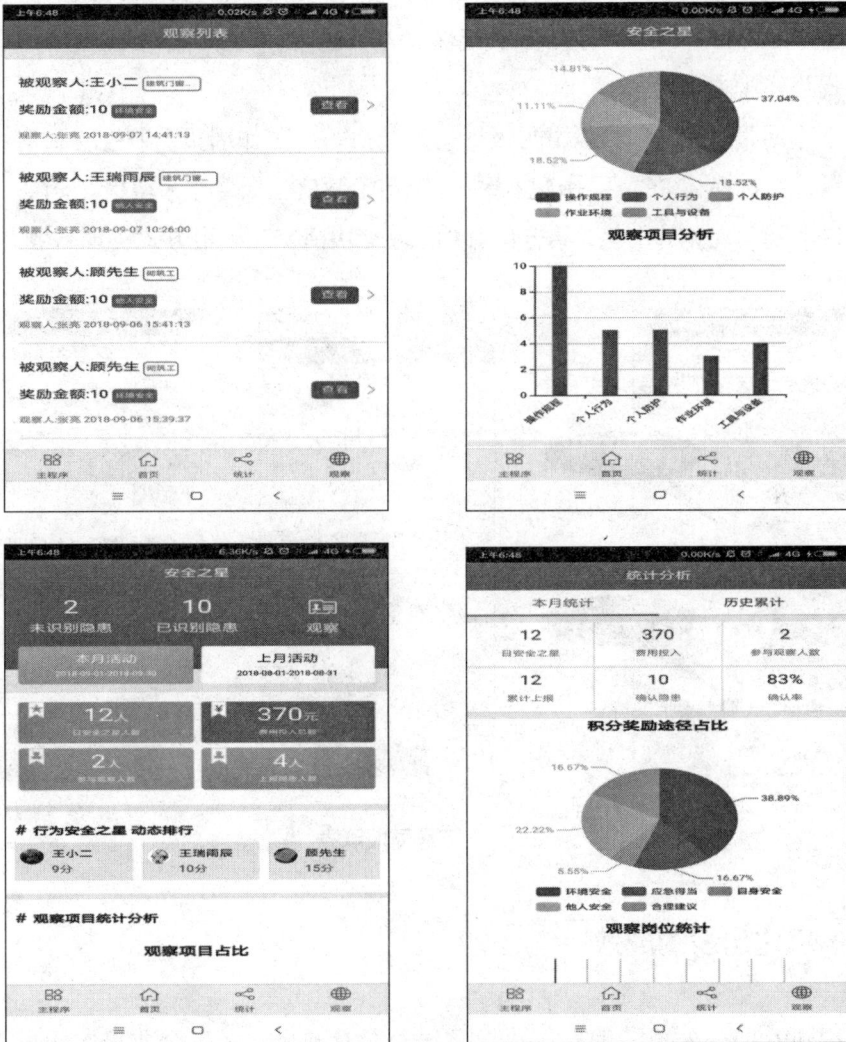

图 13 "安全之星"评选示意

领导带班、项目联系点。作为公司"六型"两级机关建设的重要一部分，"中建八一云+"和微信端均上线"领导带班"和"项目联系点"功能，推动中层以上管理人员积极采用移动检查记录的方式，让制度切实落地执行，提升了管理效率。两项功能均能强制调用手机的 GPS 定位功能。

项目经理安全生产记分。2018 年公司出台"项目经理安全生产记分管理办法"，中建八一云+同步上线配套功能，每位项目经理均设置 12 分的扣减总分上线，使项目的安全生产保持高压态势，也为各级安全生产管理部门提供了监督抓手。

工作周报（图 14）。公司两级机关人员执行"工作周报"制度，所有人员均可以自由选择在 PC 端、中建八一云+APP、微信公众号作为填报、确认入口，各端口功能实现无缝衔接，结合语音输入法、快捷交互填报方式实现高效办公。

图 14　工作周报示意

6　信息化建设的成效

中建八局一公司的信息化建设已覆盖所有项目。对于企业整体而言，信息化的实施使得管理水平和工作效率得到显著提高，同时带来了巨大的经济效益和不可估量的社会效益，实现了管理变革的核心目标。在实现企业跨越式发展的过程中，信息化建设是管理升级的重要抓手，是提高企业管理效能的重要工具。信息化建设给公司带来的转变：从依赖于人转变为依赖系统；从关注内部员工转变为关注利益相关方；从面向职能的部门管理转变为面向目标的流程管理；从静态的岗位管理转变为动态的角色管理；将属于员工个人的经验转变为属于公司可复用的知识；从事后的考核激励转变为全过程的预防与驱动。

（1）信息系统集成了标准化成果，同时也加快了管理进程及反馈速度，提高了标准化管理的效率、深度、成效。

注重过程管理，实现数据可追溯，确保业务活动透明可视；注重信息收集，实现过程自动预警，利于公司监控，便于项目部及时发现问题进行纠偏；注重资料积累，加速知识在公司内传播的速度，实现企业知识库；注重数据分析，直观发现管理中存在的问题，为提高企业的决策水平提供了强有力的支持；注重考核评价，实现考核过程公开透明、考核结果实时查看。

"两化"联动可复制的管理模式，促使企业管控到位、项目执行到位，在项目点多面广、规模大幅扩张的情况下，两化融合联动，促使项目管理更加均衡有序、履约水平不断提高、创优能力显著增强。

（2）商务财务一体化建设基本完成，解决了因数据口径不一致，造成的应收、应付账款无法及时、准确管控和预警的问题，每季度应收账款推进会直接应用信息化统计结果，精益化管理水平得到极大提升。

（3）延伸了管理的宽度和深度。2017年将海外项目纳入信息化范畴，视频接入监控室、日常管理应用信息系统。

（4）两化融合工作不断推进，信息化推动标准化工作在逐步完善，将合同数据、项目数据、机构数据、人员数据、物资数据等多个系统都会使用的基础"元数据"进行归纳，建立了主题数据库，并对所有系统都开放，实现不同系统间的数据共享、数据同源。不同系统各司其职，对所负责的数据进行操作和更新。实现各系统数据流跨系统有序流动。

（5）信息化带来的管理效果不断彰显：实现了线上线下工作的有机结合；

企业的执行力得到有效管控；结合企业整体情况，建立了刚柔并行的控制方法，减少了管理风险发生的概率。

柔性控制：项目启动令正在审批中，也允许发起财务的支付保证金流程，但是必须经过总经理审批。还比如项目超工期、超成本等均进行预警提示，可以继续业务操作。

刚性控制：签订合同的劳务、机械、材料各种分供商必须是经过考察进入合格分包、分供商名录的企业。必须有合同才能进行月报量，支付金额不能超过累计报量等，环环相扣，把风险降到最低。

刚柔并济：如预算管理、合同总量的管控均实行刚柔结合的控制方式，过程中是刚性的，总量是柔性的，经过一定权限流程审批后，总量可以调整。

7 实践中遇到的问题和解决措施

（1）中建八局一公司在信息化建设中，遇到的主要问题包括：

1）开发的速度赶不上业务需求变化的速度。

2）人员在公司的岗位与系统中权限无法完全对应，岗位与工作职责不是完全对应，人员调动后可能出现权限不匹配，需要手动调整。

3）核心业务间数据同源，一旦出现审批通过的正式数据错误，如何设置容错机制，还没有统一的解决办法。

4）吸引 IT 行业高端人才进入建筑企业，存在较大困难。

5）多个系统间集成的问题：不同厂家的系统，数据结构不一致，导致数据打通复杂；管理维度不同，导致数据不可直接使用，甚至不能用；不同系统间，数据同步不及时；多个系统，登录需要记忆很多登录地址，记忆很多账号密码；不同系统间，需要重新登录，操作麻烦。

6）标准化产品，适应性差，不能完全适应业务需求。要求厂商修改，过程复杂，很多时候无法完全按照业务要求实现。

7）多系统兼容，Web 系统，安卓系统，苹果系统，微信公众号等多系统的支持，增加了程序的复杂性，增加了开发、维护的时间和成本。

（2）通过信息化的实践中，我们采取了以下措施，逐步解决信息化实施中遇到的问题：

1）系统集成，选择成熟稳定的框架，提高系统的兼容性及跨平台性；做好系统规划与架构，提高代码的可重用性，尽量做到一次编码，多处运行；可通过中间表、数据接口、定时任务等，实现不同系统间数据的匹配与打通；建立集成登录平台，实现一次登录，多系统跳转。

2）业务需求，要求提出需求的业务部门，必须经过实践检验，相对成熟的流程再进行系统开发，保证流程与实际是基本相符的；系统研发过程中，尽量多考虑对特殊情况的处理，以及通过系统配置的方式，实现特殊情况的处理，而不是所有情况都需要修改程序。

3）人才培养，制定人才培养计划，内部培养与外部招聘成熟人才并重；制定有吸引力的信息化人员职业生涯规划，打通人才发展通道；制定有竞争力的信息化人员薪酬福利体系。

4）选择产品，标准产品与自主开发相结合；根据管理、业务流程相对标准化的业务，可选择成熟的标准产品，通过部分功能的调整或定制，实现系统与业务的良好结合；对于不是很规范的业务流程，则可能需要完全定制开发。

（3）下一步重点工作：

企业云数据中心建设和云桌面的使用；加强各系统的数据集成；智慧工地的推广；手持终端 APP 功能的不断完善；以综合计划管理为主线的现场管理系统开发；信息化管理与考核；信息化人才队伍建设。

8　趣味小故事

任何新兴事物的出现都伴随着质疑和阻力，标准化和信息化也不例外。"这么多年形成的老习惯、老做法好改吗？我看难。""标准是不错，但公司这么大的面，能执行到位吗？标准落不了地就是纸上谈兵！""公司是不是在搞'形象工程'啊？""会不会增加我们的工作负担？"各种声音不绝于耳，大家怀抱观望态度，固守于习惯做法、不想改变也不愿改变。

为解决上述问题，公司从制度上明确了标准化和信息化是"一把手"工程，从公司董事长到项目经理必须亲自组织，将标准化、信息化写入各层级负责人的目标责任书中，展示了强力推行的决心。"当你拿到公司制度时，首先要想到的就是执行而不是质疑，我们可以在执行过程中共同去探讨，以便于持续改进，但过程改进的条件是先要保证执行。八局的铁军文化就是'令行禁止、使命必达'，这是我们必须遵循和服从的主流文化"。时任公司董事长徐爱杰强力推行的坚定意志，影响并统一了全员思想，"让习惯符合标准，让标准成为习惯"逐渐成为全员共识。

思想的转变、认识的统一，为企业全面启动标准化、信息化建设打下了良好基础。在多次集中研讨后，公司按照 PDCA 管理循环理念，制定了"顶层设计、实施推进、检查考核、持续改进"的"四步骤"方案。

公司历任一把手对信息化建设工作都非常重视以及支持，在 2011 年推行信息化之初，每月亲自组织召开信息化推进会，过问信息化建设进度及对于落实不到位的地方制定责任人和完成时间，按时间进行落实和考核。公司所有部门经理和二级单位总经理都必须参加月度信息化推进会。到 2014 年信息系统基本全面上线后，推进会改为 2 个月召开一次。2016 年开始信息化推进会改为每季度召开一次，虽然召开频次比之前少，但是每次公司总经理或者董事长之一都会参加会议。并且公司从 2014 年起制定了信息化考核办法，根据本年重点推进应用的功能，按月对系统功能应用情况进行考核和通报。促进系统应用的落地，保证录入数据的及时性和准确性。为了提高二级单位推进信息化的积极性，我们还将信息系统应用月度考核成绩与二级单位分管信息化领导的 KPI 挂钩，二级单位信息化分管领导又将工作进行了细化分解，这样信息化建设体系逐步建立起来，责任分解到二级单位各部门各岗位以及项目部。

在标准化、信息化的践行中，我们深深体会到，只有"一把手"亲自学、亲自抓，才能使标准化、信息化真正融入企业管理中，起到规范管理行为、提升管理品质的目的，否则必定会失去"抓手"，形成"两张皮""夹生饭"。

　　标准化和信息化的推行没有终点，只有起点，没有最好，只有更好。标准化、信息化的建设任重而道远，要有"十年磨一剑"的恒心。

主要执笔人：

张　军　中建八局第一建设有限公司首席信息官

宁文忠　中建八局第一建设有限公司副总经理

康丽贞　中建八局第一建设有限公司信息化管理部业务经理

案例 5

以我为主建设用得起、用得起来的信息化

苏中建设集团有限公司

民营建筑施工企业要不要建信息化，能不能建信息化，如何建信息化，花多大代价建信息化，有没有可能不花太多投入，建一个有用、能用、好用的信息化？答案是肯定的，苏中建设的信息化历程也许能为我们提供一个可供借鉴的案例。

1 企业概况

江苏省苏中建设集团股份有限公司成立于 1949 年 2 月，1998 年 12 月成立了规范的股份公司，2005 年 6 月改制成为自主经营、自负盈亏的民营企业。

公司是全国首批房屋建筑工程施工总承包特级资质企业，拥有对外签约权，以工业与民用建筑为主，集建筑设计、设备安装、装饰装潢、市政公用工程、消防工程及海外工程业务于一体，具备承建城市综合建设、大型公用设施、超高层、大型工业厂房等工程的总承包能力。

公司注册资本金 4.23 亿元，2016 年，合同额 353.7 亿元，营业额 300.17 亿元，利润 6.01 亿元；2017 年，合同额 397.9 亿元，营业额 316.2 亿元，利润 7.84 亿元；2018 年，合同额 498.7 亿元，营业额 341.8 亿元，利润 8.99 亿元。

公司是全国知名的"南通铁军"主力之一，江苏省著名建筑施工企业。先后荣获"全国五一劳动奖状""创鲁班奖工程突出贡献奖""全国守合同重信用企业""江苏省文明单位""南通市市长质量奖""全国优秀施工企业""全国工程建设质量管理优秀企业""江苏省建筑业最佳企业""江苏省知名建设承包商"等称号，是"江苏省 AAA 级资信企业"，中国建设银行"总行级重

点客户"。连续 17 年跻身中国企业 500 强，连年跻身中国建筑业企业竞争力百强。2018 年 ENR 中国承包商 80 强第 15 位。

公司业务遍及全国 26 个省、市、自治区，所到之处，以质量赢市场，以诚信赢客户，充分展示了建筑"铁军"精锐之师的风采。先后承建了无锡海澜财富中心、新疆特变电工科技研发中心、上海世博会英国馆、中国台湾馆、爱尔兰馆、内蒙古博物馆、沈阳宏运大厦、北京国航总部大厦、南京中环国际、七台河党政办公中心、临沂铂尔曼大酒店、东台市文化艺术中心等一批大体量、高难度、影响大的标志性工程。累计创鲁班奖 26 项，国家优质工程 21 项，创扬子杯、白玉兰杯、草原杯、黄山杯、泰山杯、世纪杯、长城杯、天山杯、龙江杯、浦江杯等省级优质工程 1000 多项。

2　企业信息化历程

1990 年，公司采购并使用 IBM286 台式计算机。

1997 年，公司采购服务器并组建机房网络。

1999 年，建立公司局域网。

2005 年，公司选用了浪潮网络版财务（资金）管理系统。

2008 年，公司成立了"公司信息化领导组"，同年根据"特级资质的信息化考评标准"，通过招投标选定了"北京梦龙公司"实施公司的信息化系统。

2011 年，首批通过了住房城乡建设部"信息化考评验收"。

2012 年，由于"梦龙公司"被"广联达公司"收购，使得"与财务系统的集成"的设想无法实现。我们将信息化系统分成了经济类和其他两类。

2014 年，对于非经济类模块，我们选用了广联达的 G7 系统进行了升级。

2015 ~ 2016 年，我们自主（外包）开发了：内部审计系统、印章管理系统、法务管理系统、集中采购系统。

2017 年，我们自主（外包）开发了：营改增系统、劳务用工管理系统、CRM 等系统，实现了"财务业务审核支付一体化"。同时开发了在线教育系统，购买了海康的 8700 项目监控平台并与 G7 平台做了集成，将公司的所有应用系统搬迁到"华云数据公司"的公有云上。

2018年，我们建成了自己的"数据中心"，实现了多维度组织构架、分层分权的统一管控模式。开发了实测实量系统、在线考试系统、智慧工地管理平台。

2019年，我们将建设企业信息化门户，加大移动端应用的开发；并将开发"非经济模块"逐渐替换G7中功能；采购并集成电子签章系统；开发进度管理系统，推进BIM与信息化集成应用；开发移动端的在线教育系统并制作完善学习课件；建设定额库和预决算管理系统；深化智慧工地应用和推广；深化数据挖掘和应用。

3 实践中的五大系统

3.1 基础平台

基础平台包括私有云、数据中心等，是为应用系统提供支撑平台。实现所有系统共用组织结构、集中授权、统一流程设置，提高效率。

（1）私有云：建设花费少、效果好、效率高、速度快的苏中私有云，优化现有的IT基础资源，实现灵活扩展，同时简化IT运维工作，实现对IT资源的全面监管，快速弹性支撑集团业务增长需求，应对企业的各种资源和运维挑战。

（2）数据中心：采用多维度组织构架，解决集团组织结构混乱、组织及岗位边界不清的问题，提供灵活、方便的用户权限管理功能；采用分层分权的统一管控模式，实现集团总部依据多维度结构，逐级向下授权管理（图1）。通过部门岗位、岗位、角色、资源间的复杂关系，确定人员在系统中对组织资源、功能资源、数据资源控制范围；采取"数据集中、应用分布"的方式，把各个系统的编码配置管理及运行安全管理，保证信息系统基础数据编码的一致性，提供统一的数据交换平台。实现各类系统无缝集成并与业务运营融合在一起，实时的互动，是企业业务支撑平台；整合各类系统，统一地、实时地建设供应商库、客户库、项目库、市场库、定额库等各类数据库，规范数据采集源头，提高信息资源利用价值。

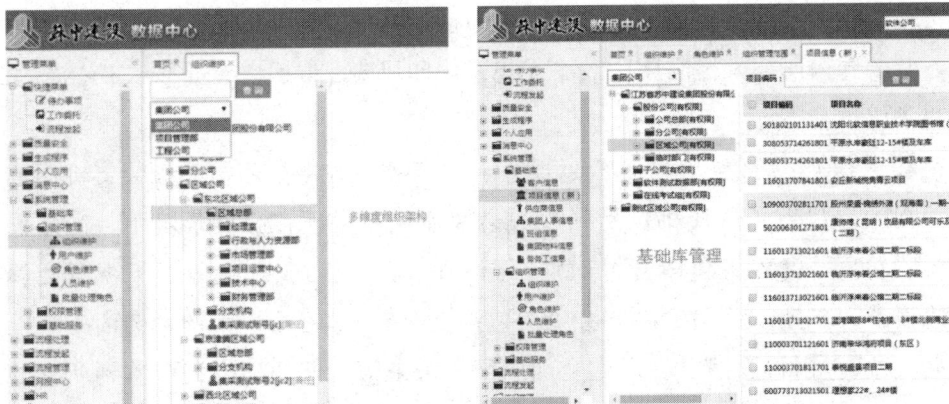

图 1　苏中建设数据中心

3.2　行政管理系统

行政管理系统包括 HR、OA、印章管理、法务管理、档案管理、在线教育、视频会议、知识库、公司网站、企业微信等组成的闭环管控过程。

（1）电子签章（图 2）：为解决印章流转过程管理成本巨大；分支机构存在滥用印章的风险，风险不可控；跨地区跨部门用印耗时长，效率低下等问题，引进了电子签章系统，该系统与公司的审批流程关联，在审批完成后直

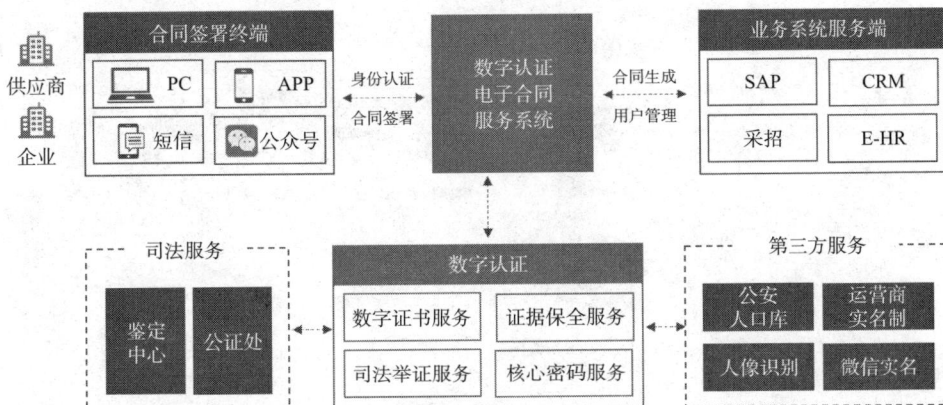

图 2　电子签章

接由用印人员网上使用电子印章，同时通过对电子印章的合法性和多种解决方案的深入研究，提高用印效率，规避用印风险。同时实现重要文档档案的电子化。

（2）视频会议：为降低沟通成本、提高决策效率，公司在各分支机构建立视频会议室，选择小鱼易联视频会议系统，保证在公网环境下，30%丢包不花屏，80%丢包声音可识别，提高视频会议质量。目前处于视频会议建设的第二期，公司的内部会议（包括例会）、学习培训、沟通会商（与恒大）、远程招聘面试等已得到全面应用，未来第三期的建设将覆盖到所有的项目管理部。依托视频会议系统实现平台化经营，扁平化管理，构建公司的指挥中心。

（3）在线教育（图3）：通过策划调研，制定企业学习计划，建立针对不同管理层级、岗位人员的知识体系，为不同的知识体系设置不同课程体系，建立内外结合的讲师授课体系、考试评价体系，建立相适应的学习监控体系，包含入职教育等。通过PC和手机移动端的应用，提供便捷的学习途径。通过将公司的文件、管理办法及经验制作成可视化、数字化的课件，形成数字化资产，建立公司知识库，把一个项目部的能力变为一个公司的能力。

图3 在线学习平台

3.3　客户关系管理系统

主要以市场分析为逻辑起点，进行市场分析、判断、准入和市场信息共享（图4）。

图4　客户关系管理系统

从潜在客户信息开始到项目跟踪，经营人员管理与考核，到投标管理、中标管理和合同管理，形成项目库；对潜在及已有客户的评价和分类管理，对战略客户的情况形成客户库，定期形成评估报告；建立主动的回访和拜访，满意度调查机制，建立被动的快速反应系统应对客户投诉，对"谁处理、多长时间、处理结果、客户反馈"等进行规范；通过与战略客户和重点客户的系统集成，实现互联互通，把甲方乙方的关系变成合作伙伴关系；对新项目管理部的评价与准入，对已有项目管理部的评价与分类，对撤离项目管理部的评价与批准，形成项目管理部的数据库。未来将通过二维码与客户的各个部门形成快速有效沟通的通道。

3.4　财务、业务、审核、支付一体化信息系统

以浪潮的财务资金系统为基础，自主开发，结合公司一体化管理，分布

共享管理的要求，包括核算系统、资金管理系统、税务系统、票据管理系统、综合管理系统、影像系统、财务档案电子化系统以及劳务用工管理系统、在线采购平台、审计系统、物资成本管理系统等，极大提高了业务人员的工作效率，整合资源，基本实现了财务、业务、审核、支付一体化（图5）。

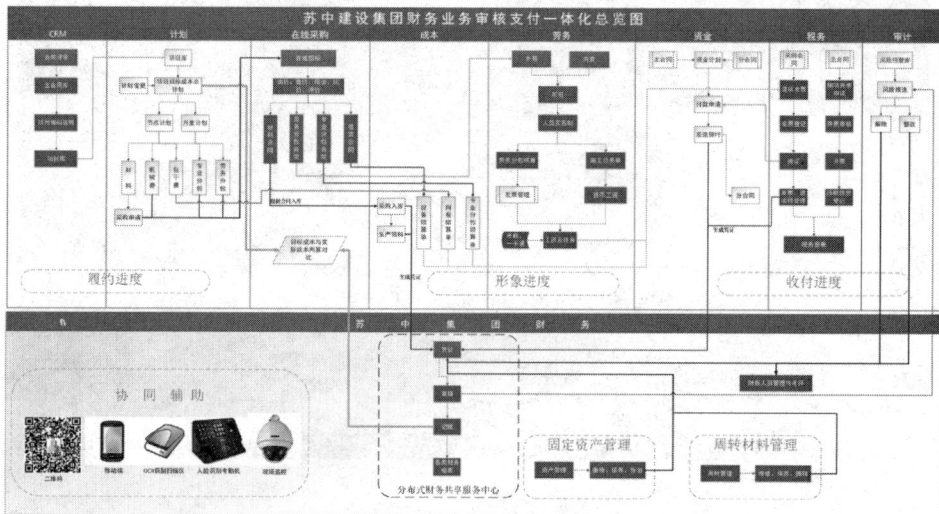

图5　财务、业务、审核、支付一体化总览图

（1）劳务用工管理系统（图6）：对劳务公司、施工班组及劳务人员，全员入场实名制建档，实现日常考核电子化、施工任务章分解及货币工货的测算、日常工人的往来记录、工人工资的支付通过银企直连平台批量代发。同时建立劳务人员的评价体系并规范人员撤场行为。

（2）财务综合管理系统（图7）：以浪潮的财务资金系统为基础，自主开发，结合公司一体化管理，分布式共享管理的需求，开发了财务档案电子化、财务人员管理考核、税务管理、内转单、外经证、贷款管理、保函、票据综合管理、资金计划、付款申请、会计凭证自动化接口等系统模块，极大地提高了财务人员的工作效率，为财务业务一体化创造了基础。

（3）在线采购平台（图8）：为建立透明化、规模化、现金化采购体系，降低采购成本，提升项目管理部的核心竞争能力，以询价、竞价、比价、限价、

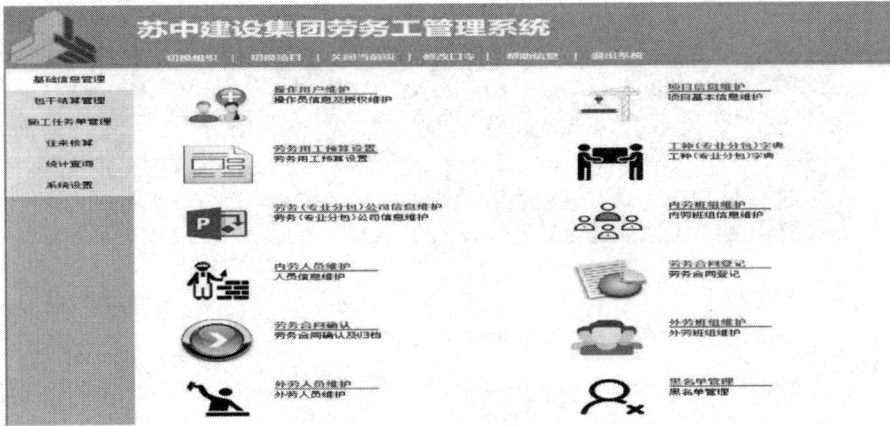

图6 劳务用工管理系统

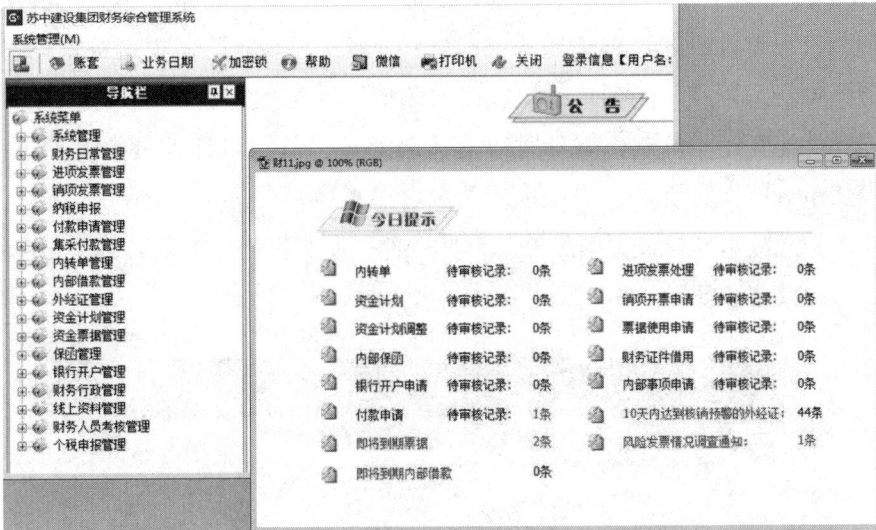

图7 财务综合管理系统

评价为要素,建立在线采购平台。建立供应商的准入和评价与分类管理体系,形成供应商库。与优秀供应商、第三方采购平台进行系统集成。整合优秀供应商的采购资源,扩大采购范围,降低采购成本。与金融机构集成,开展供应链融资,实现现金化采购。

图8　在线采购平台

（4）内部审计平台（图9）：基于财务档案电子化，将事后审计变成事前把关、过程管控，通过推送风险实时监控；通过风险评价，根据被审计对象风险评价结果确定不同项目的风险防范阈值，针对性地重点防范重点项目的风险；通过审计专员制，审计底稿的逐级复核，监控审计人员的审计过程，让责任审计有审计责任，提高审计质量。未来我们要建立审计平台，向外部审计人员开放审计接口，引入外部审计软件，进一步提高审计的自动化水平，提高审计效率和质量。

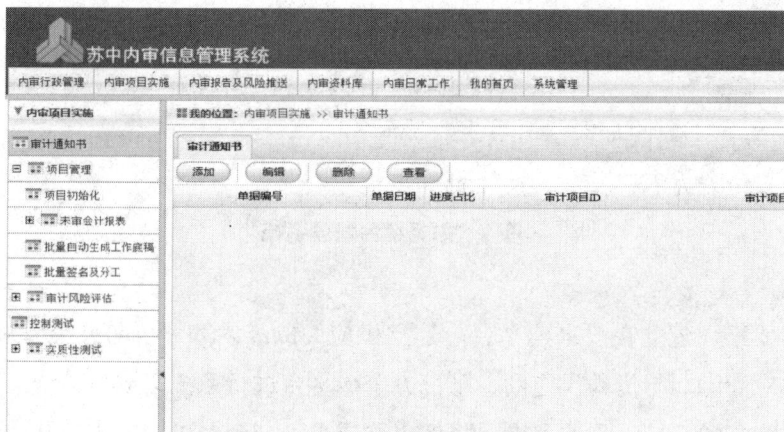

图9　内部审计平台

（5）物资成本管理系统（图10）：成本管理是项目管理的核心，材料费、人工费、机械设备费等成本占施工项目成本较大的部分，而物资管理又是施工项目成本管理的重中之重。施工项目中的成本管理应该来源于项目初期的项目考核责任成本（总计划），根据总计划分解月度成本计划，然后分别执行对应的材料、人工等五大费用，主要包含总计划、月度计划编制及变更、采购管理、库存管理、设备费用管理、费用结算及其他相关查询报表。目前对系统进行标准化、精细化、一体化、自动化的改造，确定300多个标准子目，增加两级明细的核算，确保数据的可比性、真实性。同时还将财务行为标准化、字段化、模板化，实现了财务凭证自动生成，实际耗用成本与目标的自动对比和预警，极大地提高了工作效率。真实的数据在积累到一定阶段还将形成多地区、多层级的企业定额库。

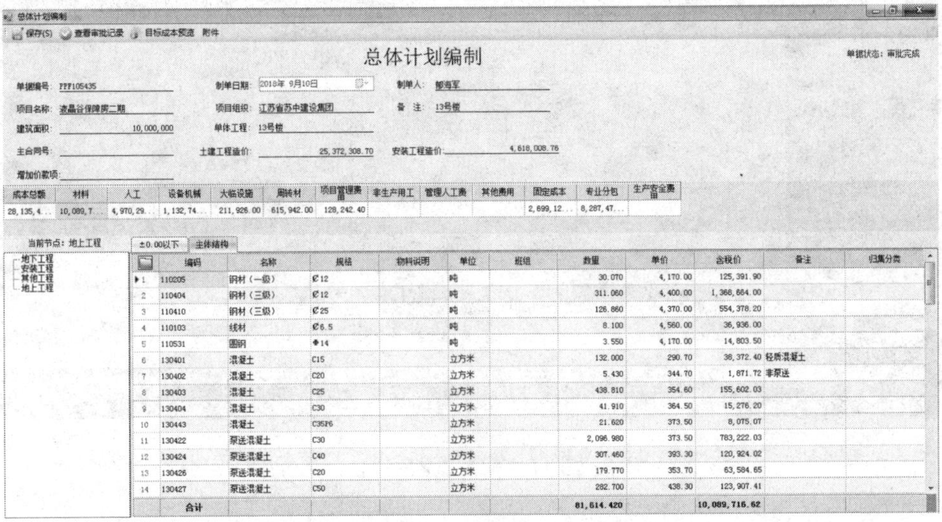

图10　成本管理系统

（6）项目管理系统：结合云、大数据、物联网、移动互联网，运用现代项目管理思想，借用先进实用的信息技术和完备的实施交付能力，面向施工项目建造全过程，分别满足项目部、分公司、集团管理项目的需求，通过标准化的管理流程，复制公司的项目管理能力。

3.5 智慧工地

包括劳务管理、质量管理（实测实量）、安全管理（移动巡检）、技术管理、物料管理、BIM应用、进度管理、视频监控、环境监测、设备监控、节能节水、智能定位、无人机应用、VR体验等内容。实时反映项目的运行状态，将采集的数据形象化、直观化、具体化。通过一系列量化指标使项目高层管理人员能及时、准确地把握和调整项目的运行方向。

（1）智慧工地平台（图11）：以公司数据中心为依托，完成了前端UI的设计，将现场传感设备数据以及管理中所关注的数据进行提取展示。同时完成后台硬件的配置，确定相关硬件设备品牌型号的目录，监测数据直接上传至公司数据中心，实现检查结果实时公布。

图11 智慧工地平台

（2）BIM模型轻量化：通过轻量化，扩大BIM运用的范围，避免大而全的重量级应用，增加BIM运用的场景，降低BIM成本投入，提高BIM使用价值，最终实现精细化管理。

（3）实测实量（图12）：通过在BIM模型中自主开发的插件，打通BIM与数据中心的交互，实现BIM模型自动编码，将检查结果直观显示并快速定位。按"公司标准、第三方检测标准"建立不同的质量检测指标，将系统与

图 12　实测实量

管理相结合，与质检员绩效挂钩，与劳务班组考核挂钩。移动端测量时注明测量方法与测量标准，达到数据格式标准化、测量动作标准化。并通过拍摄教学视频，绘制图册等方式接入系统进行辅助教学。

4　信息化建设的思考和认识

如何让物联网、互联网＋在企业信息化中得到进一步应用，是我们研究和思考的方向。公司信息化建设十年来，取得了一些成绩，也发现了一些问题。下面简要进行回顾和梳理：

4.1　我们为什么要做信息化？

说到底就是信息化对我们有哪些作用：通过管理内容标准化、内部控制流程化、重复劳动机器化，最终实现层级管理扁平化、企业监管过程化、企业积累数据化、资源整合网络化、风险防范智能化、企业组织平台化。

4.2　我们要做什么样的信息化？

信息化的目标就是做"有用、能用、好用"的信息化，切实能为提升企业管理水平服务，为我们管理理念与方式的革新提供重要的推动力。把一个人的能力变成一群人的能力，把一个人的管理变成全员全面管理；把一个项目的能力变成一个公司的能力；把整合一个企业范围的资源变成整合全球范围的资源；把企业管理信息化提升到信息化的企业管理。一是作为民营企业，信息化的投入不能过高，苏中公司近几年每年的信息化投入也就 100 多万元。二是不能靠行政命令强行要求推广。民营企业主要是追求更高的利润，不能因推广信息化影响企业的生产经营活动。三是要做有用的信息化。我们做的每项信息化系统都经过可行性研究与分析，从需求中来，方便岗位操作，确保系统"大家用，愿意用"。

4.3 我们的信息化怎么做？

也就是信息化的路径，首先，要有组织保障：设立以公司一把手牵头负责的信息化领导小组，聘用顾问团队，包括管理及规划顾问、安全顾问、系统架构顾问等，让企业的信息化部发挥纽带作用，联系相关方；其次，寻找能长期合作的，有实力、有经验的软件开发外包团队；再次，挖掘企业内部一线的各级组织的优秀人才；最后通过制定科学的信息化规划和有效的信息化建设来实现企业的战略目标。

4.4 信息化规划

信息化做得好的企业都有一个明确的信息化建设规划，苏中建设以公司的十年发展战略规划为指导，以业务需求为依据，定义组织信息化的目标、使命和远景，为信息化建设与发展提供一个完整的蓝图，在规划过程中我们遵循了以下原则：

（1）信息化的目标要明确可行，有前瞻性的规划。

（2）信息化要坚持以我为主，一体化的规划：不被软件公司绑架是我们信息化建设的立足点，目标是建设一套自主开放的开发平台；要有可整合的核心力量；保证主要数据及主要业务的集成通畅。

（3）要以专业化为补充：采用安全等级高的信息化解决方案及专业化程度高的优秀方案；要可以集成，避免信息孤岛；对末端应用，可以适当放低集成要求。

4.5　多元化

在数据一体化的基础上，根据管理部的不同管理水平和习惯，可以提供多种解决方案，统一数据但不提统一要求，按需选择方案。比如劳务用工系统中，就工资总额，可以根据不同的管理水平和管理模式，提供货币工资、包干工资等多种方式。

（1）多维度的组织架构：根据我们企业的具体状况，我们以不同的角色，实现多维度的组织架构体系和角色体系。

（2）硬件基础设施的配置及容灾备份的策略：目前采用自建机房加云端托管的模式。私有云的托管用于系统的日常运行，自建机房用于容灾和备份，根据不同的业务系统制定相应的即时备份和定时备份策略。

（3）网络化的互联互通：围绕着我们做信息化的企业管理这个目标，我们必须实行网络式的信息化。企业在信息化网络上面就是一个点，我们必须与互联网进行互联互通。做好相应的系统集成工作：与银行集成；与业主客户集成；与瑞达恒等专业客户信息平台集成；与供应商集成（包括与各种采购平台集成）；与政府管理部门集成；与税务系统集成；与外部审计系统集成；未来与 BIM 系统立体化的集成；通过物联网技术与大型设备的集成。

（4）安全策略：在保工业化安全与效率均衡的情况下，我们按照不同系统的安全等级设置不同的安全策略。比如我们把资金系统设置最高等级的安全策略，把安全放在效率之前，系统分析安全隐患，从物理上进行隔离，在管理上订立制度，通过三人间的相互牵制，分段保管密码和加密锁。

（5）信息化功能模块建设的顺序：先基础，后展现，确保数据的真实、有效、及时。保证领导决策的高效准确。

4.6　信息化建设

企业的信息化建设是一个持续改进的过程，要形成一个持续的信息化管理机制，支撑企业战略目标和业务的持续发展，必须关注四个方面：

（1）实用性：主要从我们生产管理的现实需求出发，把管理生产场景方案化，来自于实践，应用于实践。

（2）有效率：全面推行移动端的应用，把移动端作为管理者主要的应用平台。通过二维码的应用，减少重复劳动，提高工作效率；通过二维码建立快速通道；通过二维码建立系统间的快速集成；建立项目管理安全技术质量单兵巡检系统，改变以往为了应付考核进行事后补录、重复劳动的情况；对于标准合同的评审，进行字段化采集，提高评审效率，增加重点客户和战略客户的非标准合同字段化采集的模板，把合同中的特殊事项进行解析和电子化交底。

（3）标杆性：对照标杆企业信息化建设的经验，吸取公司先进项目部、工程公司的管理经验，进行系统开发。

（4）统一性和系统性：以数据中心为基础，整合各类系统，统一、实时地建设供应商库、客户库、项目库、市场库、定额库等各类数据库，规范数据采集源头，提高信息资源利用价值。

4.7 信息化推行过程中遇到的问题和对策

（1）对信息化的作用及建设，认识比较混乱。有的认为可有可无，有的认为增加工作量，有的认为只是个工具，造成了思想上不统一和行动上的不积极。其中确实有思想认识的原因，他们有的看不到，有的瞧不起、有的搞不懂。其中也有"装睡"者，害怕信息透明、信息通畅、信息共享。对第一种人靠加强宣传，提高认识；对第二种人，必要的时候需要采用强制性措施。

（2）主体责任不清。信息化建设变成了信息化部的事情，职能部门不主动，不关心，导致推动不力。应该是信息化部组织协调，硬件网络保障，部门牵头负责需求把控，推广督查。

（3）考核力度不够。目前仅考核了分公司和项目部层级，未对各部门提出切实可行的目标和要求，也没有完成目标要求的保证措施和奖惩办法。

（4）行业总体信息化水平不高、共享不够。很多好的企业都在做信息化，都在投入，都在摸索，有的也取得了一些局部的成果，但是总体上行业资源的整合不够。在信息化建设的道路上，我们愿意从我做起，共享方案、共享资源、共享标准，与所有建筑企业携手前行，少走弯路，多出成效。

5　事例

5.1　一张发票的故事

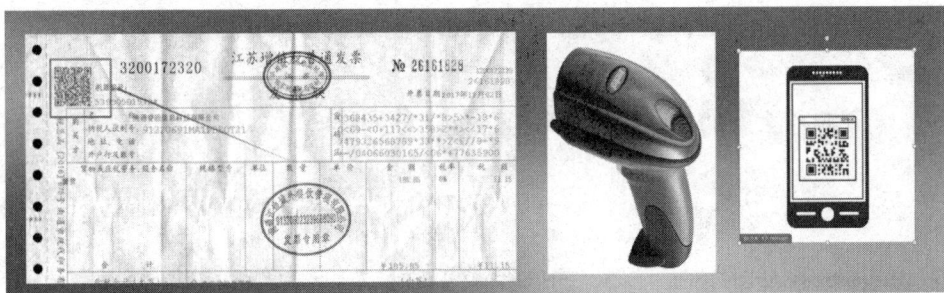

图 13　发票处理的信息

2016 年建筑行业实行营改增，集团开始推行税务管理系统。每月的专票数量在 45000 张左右，由财务人员在系统中手工登记每一张发票，每张发票耗时约 10 分钟。

为了提高发票数据采集的效率，我们在系统中嵌入了 OCR 图文识别技术。公司在建项目数量众多，我们与 OCR 识别厂商进行了多轮的谈判，一台带 OCR 识别的扫描仪要 2800 元，还需要每年交一定的服务费，计划第一批采购 300 台。通过我们创新性思维，将 OCR 识别系统架设到公司私有云端进行云识别，只需 800 元一台的普通设备也能进行 OCR 识别，一次性为公司采购扫描仪节省了 60 万元。

采用云端 OCR 技术极大地提高了登记发票的效率，但是票面的清晰度，平整度都会影响 OCR 图文识别的效果，同时获取的票面信息并不是十分完整，但识别率仍达到 90% 左右，每张发票的登记经常需要人工进行补充。

2017 年，公司税务系统打通了与国家税务总局发票认证平台，现在我们只需要用二维码扫描枪或手机，扫描发票左上角的二维码，就能通过国家税务总局发票认证平台，获得发票的所有票面信息，同时能够辨别发票的真伪。单张发票的数据采集时间由原来 OCR 识别 5 分钟缩短到不到 5 秒。票面的数据准确率为 100%。

今后我们将这样提升发票处理的效率：通过 OA 申请，经领导同意后，在集成后的互联网系统中进行火车票、机票、酒店、餐饮的预定，并完成与公司财务系统的自动对账，公司在支付完毕这些费用后，商旅平台按月给公司提供发票。大大提高公司的差旅费报销流程，大幅度减少发票量，大幅度的提高公司的办公效率。

大家有什么新的想法呢？互联网、物联网的社会，一切皆有可能！

5.2 实测实量系统

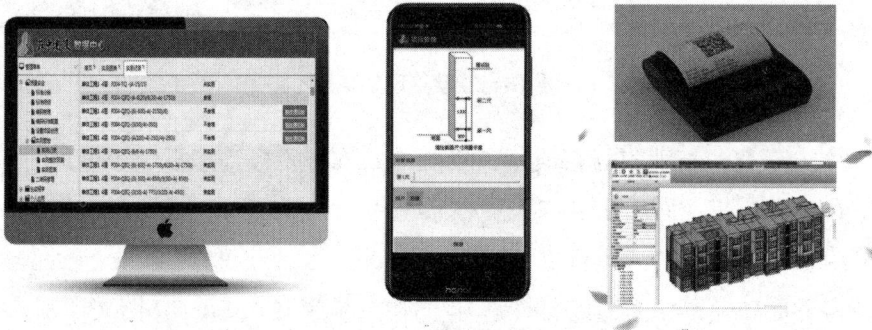

图 14 实测实量系统

BIM 模型是信息的几何体，含有大量数据，数据将成为未来企业的重要资产，目前各大 BIM 软件平台均在封闭地做数据的收集，以占据行业数据的高点，进行大数据的应用。因此，信息化部牵头自主开发插件，对构件进行编码，并将其附属信息上传到数据中心，解决了 BIM 模型和企业数据的对接问题，使集团的管理能具体到项目构件级别。进而可以将管理数据与基础数据统一进行应用，多维度分析。

开发与 BIM 相集成的编码体系：通过 BIM 模型生成各个构件的编码（无

BIM 模型支持 Excel 手动编码导入系统），通过移动端获取编码信息，并将检测数据录入数据库，在平台中运算得出各种结果，反馈给各个层级管理人员，通过 BIM 模型、PC 页面、智慧工地管理平台等方式进行呈现，从而保证数据的真实性、可靠性、流通性、实现了 PC 端、移动端、BIM 模型的互联互通。

由于开发商不同而采用的第三方检测标准不同，实测实量系统（图 14）中可以配置不同公司的标准、不同检查项目内容以适应需求。

移动端测量时注明测量方法与测量标准，达到数据格式标准化，测量动作标准化。

展示与实用相结合：通过拍摄教学视频、绘制图册等方式接入系统进行辅助教学。这不仅能起到在工作中培训人员的目的，而且也能形成知识库，是集团宝贵的资产。

主要执笔人：

朱晓强　江苏省苏中建设集团股份有限公司副总裁

梅　华　江苏省苏中建设集团股份有限公司信息化部副经理

张延龙　江苏省苏中建设集团股份有限公司信息化部副经理

案例 6

不断探索，持续推进企业管理信息化

金螳螂装饰集团有限公司

1 企业概况

金螳螂成立于 1993 年，总部设在中国苏州，经过二十多年的发展，形成了以"装饰产业为主体、电子商务与科技产业为两翼"的现代化企业集团，集团拥有海内外控股子公司 100 余家，公司员工 20000 多人，是绿色、环保、健康的公共与家庭装饰产业的集团。

集团旗下的金螳螂装饰是中国装饰行业上市公司，已连续 16 年被中装协评为中国装饰百强第一名，金螳螂集团已获得鲁班奖 104 项，全国装饰奖 358 项，是中国民营企业 500 强、中国服务业企业 500 强、ENR 中国承包商 80 强、中国工程设计企业 60 强，被评选为中国受尊敬上市公司 10 强和中国企业公民商德奖，连续三年被美国福布斯杂志授予亚太地区上市公司 50 强，连续多年被评为中小板上市公司 50 强管理团队。公司 2016 ~ 2018 年，公司总营业收入 196 亿元、210 亿元、251 亿元，实现净利润 17 亿元、14 亿元、22 亿元。

经过二十多年的发展，金螳螂积淀了自己的企业文化，坚持"以客户为中心、以奋斗者为本、长期坚持艰苦奋斗、批评与自我批评、终身学习"的价值观，以及"致力于改善人居环境"的企业使命。金螳螂坚持"只有客户成功，我们才能成功"的经营理念，以专业技术、专业服务为客户实现价值增值，努力把公司打造成为"客户首选、员工自豪、同行尊重、社会认可"的公司。

2　企业信息化应用情况

2.1　企业信息化建设历程

1999 年引进金蝶 K3 财务管理系统，对金螳螂的财务核算进行全面的管理，2015 年全面切换为浪潮 GS 系统。

2003 年引进 IBM 的 Lotus 系统，一个行政办公用的初级 OA 系统，并集成 Email 功能，2008 年停用。

2005 ~ 2006 年引进某软件厂商 ERP 系统，因软件与实际业务模式差异较大，失败告终。

2007 年建设团队自主研发 ERP 系统。

2012 年引进单兵视频监控系统，因通信技术更新很快，目前已经淘汰。引进某国内知名软件商生产制造系统用于幕墙生产制造物流管理，效果一般。引进 SAP 商业智能 BO 系统，已上线运行。

2013 年引进 MES 条码系统、质量管理系统，因操作过于复杂，给现场管理带来太大的工作量，使用艰难。引进 BIM 系统、三维扫描、3D 打印技术，在南京青奥中心、上海中心、上海迪士尼、苏州中心等重点难点项目上使用，效果较好。

2014 年引进某国内知名软件商 EHR 系统，一期基本完成，运用情况不佳，后期自主开发。引进设计管理协同平台，目前已上线运行。引进拜特资金系统，目前已上线运行。

2015 年引进浪潮财务共享系统，目前已上线运行。引进网络采购平台，目前一期、二期已经完成并上线运行。

2016 年自主研发家装电商 O2O 平台，目前已上线运行。研发 QU+ 云设计平台，VR 系统，打造项目管理指挥中心系统。

2017 年对自身信息化系统进行升级及逐步重构，更加贴近行业发展与金螳螂的发展。同时将已有丰富、完善的数据进行了更加合理的输出，用于企业、项目的管理。

2016～2018年建设项目管理指挥中心、企业管理驾驶舱。

2.2 信息化建设模式

金螳螂的信息化建设采取集团统一研发、统一采购、统一管理、统一推广的模式。

目前集团IT条线共有员工260人，其中研发人员200人，运维服务人员60人。在人才培养方面，金螳螂，根据岗位、能力、贡献等每年对IT骨干人员进行综合评估，对于优秀的IT人员发展成为集团的股东，共享公司成长与发展的利益。

此外，除了针对IT系统的研发建设外，集团也投入了大量的人力资源负责信息化建设的规划、流程与管理体系的梳理、信息化建设项目的评估、管理与信息化的融合等工作。

2.3 金螳螂的管理特点

金螳螂所处的建筑装饰行业的特点：单个项目的体量、工期差异大，项目数量多，材料品种多、规格多。金螳螂每年开工项目1000多个，平均单体2000万元左右，工期3～6个月，全国所有省份都有金螳螂的项目，省外项目比例占80%，每年采购的材料上万种。

金螳螂奉行不转包、不挂靠的原则，不搞项目经理承包制，所有项目的采购、资金、成本、工期、质量、客户满意度等由公司进行管控。

在管理上实行总部高度集权，强调扁平化管理、条线化管理。所有项目的对外投标、合同签订，由公司总部直接负责。项目现场无财务人员，所有的收付款业务、会计核算，统一在公司总部进行。所有项目的材料、劳务合同，授权分公司签订，但必须经过总公司复核。目前正在推进总部集中采购，以获得质量、价格和订单执行上的保障。

企业的信息化建设必须符合自身的管理特点，基于上述特点，金螳螂的信息化目标：建立管理平台，项目的管控通过信息化手段来实现。所有业务流程化、标准化、自动化，做到快速反应，管理简单、高效。公司基于市场环境、战略的变化，对组织架构、管理模式进行调整时，信息化系统建设要具备快速的反应与跟进能力。信息化建设，要从技术上对公司的发展起到推动作用，在管理上起到牵引作用。

金螳螂很早就认识到信息化将是建筑装饰企业做强做大的必由之路。在2006年上市时，就有专门的2600万元信息化建设募投项目。这么多年来，也一直在加大信息化建设的投入，一直在追随信息化建设的潮流，不断进行信息化建设的探索。

2.4　信息化建设在集团管理中的作用

2.4.1　对管理规范化、标准化、流程化的推动

以金螳螂特有的20/80管理体系为指导，自主设计与研发了金螳螂的核心信息管理系统——金螳螂ERP管理系统，并已实现如下功能，行政办公模块：制度发文、流程申请与审批、邮件、资产办公用品申请等；财务成本模块：实现项目的资金管理、成本管理、税务管理，通过接口实现银企互联；营销模块：营销项目的登记、过程跟踪、投标报备、投标保证金管理；投标模块：招标文件评审、投标过程管理、决策定标、中标交底，资料归档管理；设计模块：设计项目信息管理、资金管理、进度管理、报表管理；工程模块：项目立项、项目基本信息管理、入库与核量管理、项目与业主结算管理、资料管理、客户满意度管理、安全管理、质量管理、工期管理；法务模块：合同管理、诉讼管理、函件管理、印章管理；供应链模块：集采及战略采购收发存管理、与项目部结算管理、班组考勤管理、材料编码管理、合格供应商管理；人力资源模块：人员入、离、转、调管理，合同管理，考勤、薪资、社保、福利管理，人员考评管理，培训管理、云学堂。

通过ERP系统的建设，金螳螂建立了统一的项目管理平台，经营管理中所有业务均在系统中进行，所有的工程、设计项目均实现了系统的管控，做到了标准化、规范化管理。所有业务实现了流程化、自动化，目前ERP系统中每月的流程达到6万多条，全面实现了无纸化。为提升公司运行效率，还专门开发了流程监控系统，有专人对流程进行监控，对超时流程的责任人进

行督促和处罚，既做到了总部集权管理，又不降低运营效率，目前合同签订流程平均 4 天内完成。

2.4.2 对财务业务一体化的推动

为打通业务系统与财务系统的关联，在学习世界 500 强及国内先进企业财务管理经验的基础上，金螳螂于 2014 年开始进行财务共享中心建设的探索，启用了拜特的资金系统，各类付款在业务系统中审批后，自动推送到资金系统进行付款，无需线下再操作各银行的网银系统，减少了出纳人员的工作量。2015 年与浪潮软件合作，开发金螳螂的财务共享系统，并与金螳螂 ERP 系统、资金系统等进行集成。2016 年 5 月已上线的模块有会计核算系统、网上报账平台、电子影像系统、资金系统、增值税发票统一认证，财务共享运营管理平台。待上线的模块有员工信用管理系统、预算系统，基本实现了财务业务一体化。通过财务共享中心的建设，实现了会计凭证的自动生成，付款业务从申请到支付不落地运行，大大提升工作效率，在支付业务全部集中在总部进行支付的情况下，供应商付款业务从发起申请到支付完成平均控制在 4 天以内，员工报销业务从申请到付款完成控制在 7 天以内。通过财务共享中心的建设，也有力地推动了金螳螂的财务转型，通过核算财务、业务财务、战略财务体系的建设，促进了金螳螂财务管理能力的提升。金螳螂目前财务人员 270 人，占全部员工人数的比例为 2%，在行业内处于领先的水平。

2.4.3 对降低采购成本，提升企业成本优势的推动

为加强采购管理，降低采购成本，2015 年金螳螂开始建设网络采购平台，旨在打造公正、公平、公开的采购环境，将采购变得快速、高效和阳光。目前网络采购平台上线的模块有：内外门户、供应商寻源、供应商评价、招投标管理、询报价管理、价格管理、采购协同等模块。平台已招募供应商 1.2 万多家，招标 400 多次，相比于原有线下招标，参与招标的供应商明显增多，价格有所降低，招标的效率明显提高。通过与供应商的战略谈判、采购实施过程中采购单价的输入，价格库数据不断积累，自动生成系统的最低采购价，指导采购人员采购和审核人员进行审核。通过供应商寻源管理，规范了公司合格供应商体系，共享了公司的资源，项目部可通过找供应商、找价格等功能，

快速、准确、经济地找到其所需的资源，加强了资源调动的能力，有力地保障了项目的工期。

2.4.4　对转型发展及服务领域开拓的推动

金螳螂并不满足公装领域已经取得的成功，持续关注家装行业发展，2015 年 8 月，金螳螂投资 2.7 亿元打造金螳螂·家，全力进入互联网家装行业，凭借自身强大的品牌实力、资源优势和管理能力，依托公装领域多年累积的经验，共享全球顶尖设计团队资源、成熟施工项目管理经验及供应链集采整合优势，通过与互联网的结合，打造以"家"为核心的深度垂直、服务闭环的一站式家居服务平台。通过建设天猫店铺、官网、门店运营系统、3D 换材系统、APP、运营监控平台等家装电商 O2O 平台的建设，打造让消费者省心、放心、舒心的家装电商品牌。目前已开门店 52 家，力争在明年成为中国最大的家装公司，三年后打造一个与金螳螂公装同等规模的家装电商公司，届时家装电商 O2O 平台需要有年管控 10 万套家装的能力，对系统的建设提出了新的要求。

2.4.5　对风险管理与决策支持的推动

通过多年的信息化建设，系统已形成了庞大的数据，如何有效地利用这些信息，为管理服务，金螳螂一直在探索。在 2012 年金螳螂引进 SAP 的 BO 系统，建设了管理驾驶舱。2016 年金螳螂决定升级原有的管理驾驶舱，打造金螳螂管理指挥中心，并确立了三大平台的建设："一线呼唤炮火的平台、信息采集风险监控的平台、指标预警领导决策的平台"。

"一线呼唤炮火的平台"，主要涵盖了流程监控系统、一键呼叫系统、工作任务流系统、合理化建议系统，通过这些系统的使用，公司的流程审批效率有了明显的提升，职能部门的服务效率、服务意识、服务态度以及服务能力也有了长足的进步，提升了客户满意度。

"信息采集风险监控的平台"，主要涵盖了风险监控系统、视频会议系统。通过对工期、质量、客户满意度、安全、采购、资金、结算、业主资信、法务九大类风险的自动采集，项目管理指挥中心的工作人员通过微信、电话、视频会议等多种形式，将风险推送相关责任人进行解决，并跟踪解决的进展，同时调动公司的供应商、工人资源，研发中心的技术力量，全力支撑项目部服务好业主，满足业主对工期、质量、造价的要求，提升客户满意度。另外，对监控到的风险进行判断，采取相关措施，防止风险的扩大。

"指标预警领导决策的平台"，主要系统是对原建设的管理驾驶舱的优化。管理驾驶舱是一个为公司管理层提供的"一站式"决策支持的管理信息系统。它以驾驶舱的形式，通过各种常见的图表（速度表、音量柱、预警雷达）形象标示企业运行的关键指标，直观地监测企业运营情况，并可以对异常关键指标进行预警和挖掘分析。

3 新技术和新平台的运用

3.1 慧筑 BIM 平台

慧筑信息科技有限公司是一家专注于 BIM 软件系统的研发和创新的企业，可以为客户提供贯穿于建筑装饰工程全生命周期（从规划、设计、出图、施工到运维）的基于系统云平台的解决方案。

慧筑公司成立近一年来，开发的 BIM 平台在逸林商务广场、柏悦酒店、昆山东部医疗中心等多个大型项目中应用，对项目实现了精细化的管理，收到了很好的反馈。

已先后获得多项国内外奖项：2017 年第八届创新杯 BIM 大赛，最佳装饰 BIM 应用奖；2017 年全球 AEC 行业卓越 BIM 大奖，施工组 8 强；2017 年第三届国际 BIM 大奖赛，最佳精装应用大奖；2018 年科创杯，二等奖；2018 年龙图杯，三等奖。

3.2 趣加 BIM 云设计平台及 VR 平台

为更好地支持金螳螂互联网家装的业务发展，形成有别于传统家装的核心竞争能力，金螳螂成立三维软件公司，自主研发了趣加 BIM 云设计平台，设计师无需下载客户端，在线即可完成设计方案，之前几天才能完成的设计图纸，通过云设计平台 30 分钟即可完成，并能做到"快速创建户型，一键布局样板间，一键渲染高清效果图，一键生成报价、材料清单，一键导出施工图，一键打造沉浸式 VR 场景"，解放设计师双手和大脑，让设计变得有趣起来！同时，水电一键布线、顶地墙 DIY 设计、定制品参数化设计、效果图全新升级等最新进展将源源不断地用技术助力设计师。

三维软件公司的 VR 平台与云设计平台互通，快速导出 VR 场景，让设计与营销展示无缝结合。另外，专为地产商定制开发的趣加虚拟售楼系统，结合系统化的技术解决方案与深厚的装饰行业实力，深度赋能地产商整合营销；趣加营销展示系统结合品牌形象、产品介绍、VR 体验、工艺工法、优秀案例、合作厂商等为金螳螂·家全国近 200 家门店量身打造移动场景化行销利器。

截至目前，趣加 BIM 云平台已为国内大型地产公司推出精装修业务系统，趣加 VR 平台承接北京中国尊大楼、金砖国家峰会、舟山观音圣坛等地标性项目。未来，趣加更将奋发向前，用科技引领行业向新而生。

3.3　金螳螂·家全信息化管控平台

电商信息化建设为金螳螂互联网家装在残酷的市场竞争中，能立于不败之地。金螳螂电商 IT 中心自主研发客户关系管理系统，对不同类型客户进行精准营销与跟踪，通过门店管理系统来集中管理遍布全国各地将近 200 家装修门店的正常运营，通过工程管理系统来保证各个装修项目的有序进行，通过供应链管理系统来提高产品价格竞争力，通过平台管理系统对整个装修全生命周期进行实时把控，通过电商管理驾驶舱分析经营状况，预测未来趋势，为经营提供战略方向；客户通过金螳螂营销管理系统，即可实时查看经典案例、装修攻略，通过家装贷系统解决客户资金烦恼，通过营销 APP 可实时掌控项目进度，通过工地视频系统了解装修状况，遇到问题可及时反馈，查看跟进状态，让客户足不出户即可全面了解整个装修过程的实时动态。金螳螂 IT 中心的系统研发为公司的经营提供了强有力的支撑，为客户提供了方便、节省了时间，一切化繁为简，让装修变得更轻松！

3.4 设计管理协同平台

金螳螂拥有全球最大的装饰设计团队,设计师4700人,年设计产值18亿元。为更好地打造设计的核心竞争能力,金螳螂2014年开始研发设计管理协同平台,并于2015年上线运行,设计管理平台的建设目的:建立统一的协同设计绘图环境,通过标准的制定和应用,提升设计的规范化、标准化程度,提高设计图纸的质量。通过建立基于外部参照的图层级协同应用模式,提高设计效率。导入统一的设计文件管理和共享模式,实现项目文件整个生命周期的管理。建立设计资料数据库(设计情报库、材料库和图库),便于设计师在设计过程中查询和调用,实现设计资源共享。通过近一年的实施,在设计费收费普遍下降、设计周期被业主普遍拉长的情况下,金螳螂设计师的人均产值反而提升了18%。

4 公司信息化平台及主要功能介绍

4.1 金螳螂信息化业务架构

具体见图1。

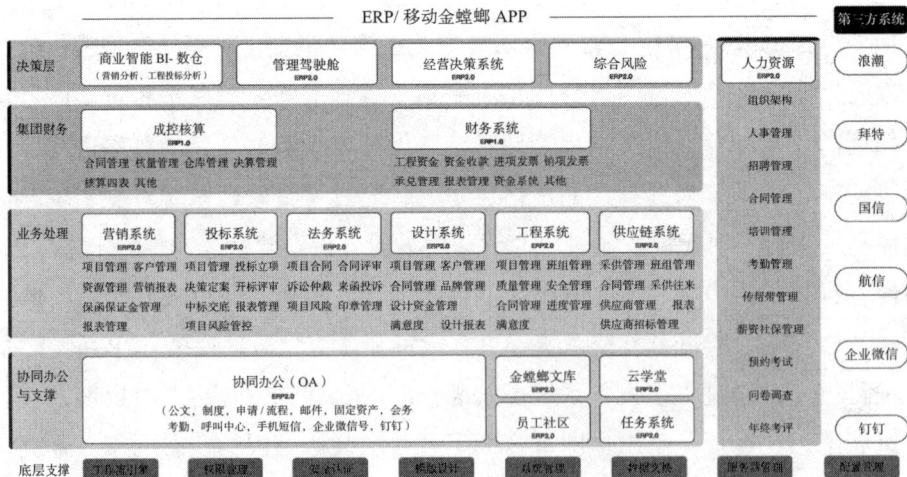

图1 移动金螳螂APP

4.2　营销投标管理

具体见图 2。

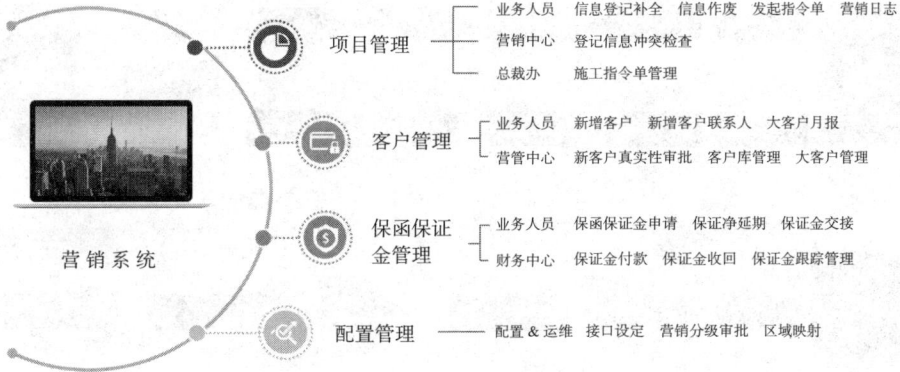

图 2　营销系统示意

4.3　工程项目管理

具体见图 3。

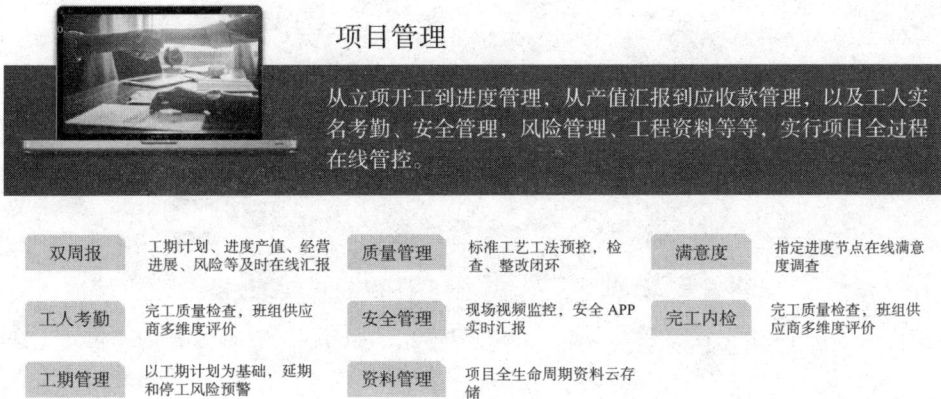

图 3　工程项目管理系统示意

4.4 供应链管理

具体见图4。

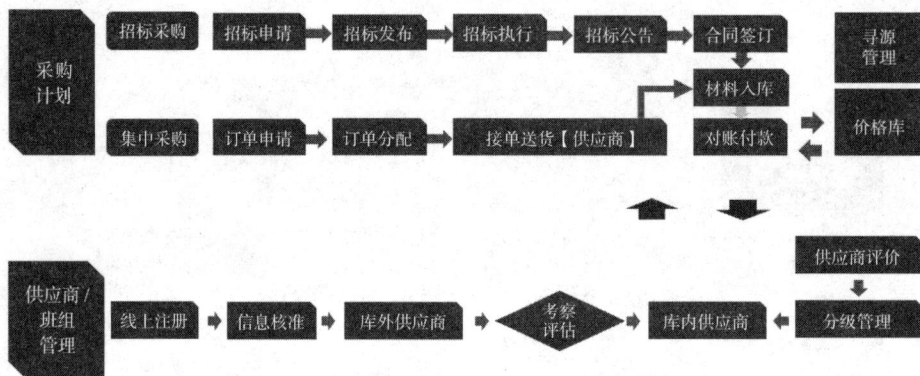

图4 供应链管理系统

4.5 财务管理

具体见图5。

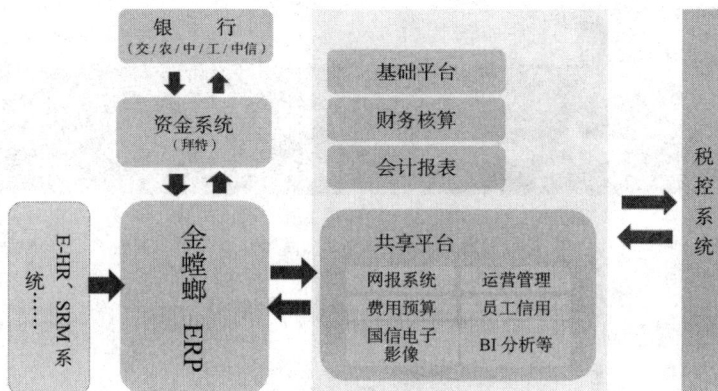

图5 财务共享平台信息系统示意图

4.6 综合风险管理

具体见图6。

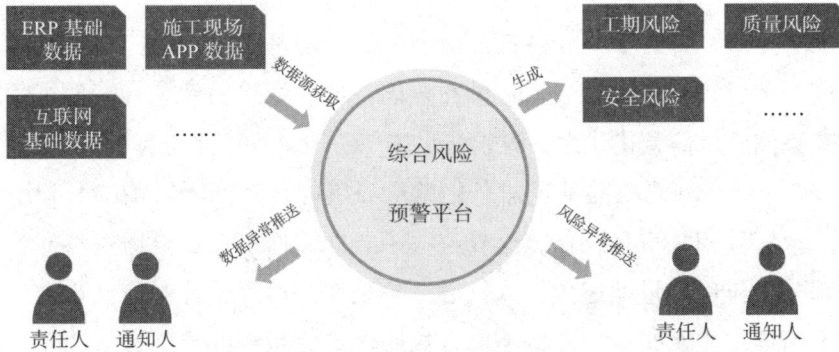

图6 综合风险预警平台示意

4.7 经营管理

具体见图7。

图7 经营管理系统

5 建设经验总结、问题和措施

5.1 经验总结

由于建筑装饰行业本身特性的原因，人员的基本信息化能力是相对较弱的，同时项目区域性比较强，分散在全国各地，很难做到统一管理，所以金螳螂在整体进行信息化建设的时候，是按照阶段性推广来进行的。

日常办公：首先内部推进信息化是从简单的日常办公开始的，利用工作流系统来解决相关审批操作，这样解决了异地文件审核需要通过邮寄等，同时这部分工作也尽量地避免介入核心业务数据。过程中针对信息化推进，公司也不断地宣传及执行，一些不愿意接受信息化系统的员工进行调岗，这样就造就了整体金螳螂信息化推进的先决条件。

管理业务：在完成公司整体信息化推进的基础环境之后，则开始了以条线、部门维度的流程管理梳理工作，开始进行业务管理系统的开发和推广工作。但是当初由于信息化人员较少、能力较弱，导致后续产生了很多的问题，核心问题是产生了信息化的数据孤岛，各个条线、部门的数据相对独立，整体的项目数据缺少整体性。

核心业务：金螳螂信息化建设的第三阶段是围绕金螳螂核心业务，梳理、整合，将金螳螂项目围绕的数据全部打通，解决数据孤岛问题。形成以项目管理作为整体 ERP 核心业务运转及管理的唯一维度。

数据管理：在核心业务数据收集完整健全之后，开始了针对业务数据的分析处理，为金螳螂提供了针对装饰业务的预警分析系统，通过金螳螂 ERP 可以自动跟踪业务数据问题，并能够通过一系列的算法提供预警功能。

数据仓库：随着 ERP 收集数据越来越庞大，原先的数据计算框架在性能上已经无法支撑大数据量、过于复杂的业务逻辑运算了，所以启动了数据仓库的建设，并形成了 BI 管理驾驶舱、项目指挥中心两大管理性项目。

金螳螂是中国建筑装饰业的龙头企业，信息化的建设没有可参考的对象，从金螳螂的信息化建设的过程来看，整体的策略和方向还是正确的，以明确的阶段性迭代的方式，在不断提升内部人员信息化水平的同时逐步实现完善的信息化建设，最终真正能够通过信息化系统来支持公司的业务运转以及持续发展的支撑。

5.2　遇到的问题和解决措施

虽然金螳螂的信息化建设已经经历了很多年，但是在竞争激烈的实际环境下，企业级信息化系统已经不是一成不变的，在市场变化的引导下，系统是需要不断的快速跟进变化的，才能给公司提供坚强的支撑。实践的过程中我们也遇到了很多问题：一是信息化系统的可持续发展，缺乏系统架构层面的顶层设计，数据孤岛问题严重；二是信息化系统的操作复杂度及使用成本太高；三是信息化系统的安全性风险问题。

通过信息化不断的实践，我们也不断地优化解决这些问题及风险：一是顶层设计、架构人员的培养，能够对信息化系统架构、业务层面进行强拓展能力的设计，逐步进行重构。从系统架构层面进行更清晰的业务架构分层，当需要进行调整时，能够快速地进行，将调整成本及难度控制到最低化。二是在系统建设过程中无法避免独立需求的建立，但是这些新的需求功能、业务数据在整体业务数据架构内是存在关联的，所以首先必须通过顶层的设计模式，建立业务数据间的关联关系，避免后续产生数据孤岛。同时围绕大数据计算方面也需要提前进行介入。三是培养内部设计人员，针对行业内信息化水平相对偏低的实际情况，对系统的使用体验进行功能设计和优化，做到好懂、好用、不出错，对新人能够做到快速熟悉使用系统平台的能力。四是在信息化系统的建设过程中，安全是一个无法避免的问题。金螳螂这些年对公司内部的网络安全方面也进行了巨大的投入，保证公司内部网路的安全。同时在系统层面，我们也建立了强大的安全验证机制，对于用户账户登录验证、登录控制做了很多的安全性方案。对所有的账户进行一岗一角色配置，严控各角色所能够查看的功能及数据等。

主要执笔人：

居群龙　金螳螂装饰集团有限公司信息化管理中心副总监

案例 7

统筹信息化建设，加快数字化转型

浙江省建工集团有限责任公司

1 企业概况

浙江省建工集团有限责任公司是一家以设计研发为引领，集房屋建筑、钢结构、幕墙装饰、轨道交通、机电安装、地基基础、市政工程、水利水电、地下空间、特种结构施工及投融资为一体的大型国有企业，注册资本 10 亿元；是全国首批房屋建筑工程施工总承包特级企业，同时拥有建筑工程设计甲级、风景园林工程设计乙级、市政公用工程施工总承包一级和建筑装饰、钢结构、建筑幕墙、地基基础、建筑机电安装、电子与智能化工程及消防设施工程专业承包一级资质，水利水电工程施工总承包二级资质。

集团下设工程公司、专业公司、投资企业等分支机构 30 余家，有工程技术、经济专业人员 8000 余名，高、中级技术人员 4000 余名（其中教授级高级工程师 20 余名），项目经理（建造师）800 余人。企业年总产值 400 亿元、年施工面积 4000 万 m² 以上，施工辐射 32 个省市以及阿尔及利亚等国，在国内形成了西北、中南、北方等十大区域市场。集团创出国家和省部级优质工程 500 余项、安全文明标化工地 600 多个，有 60 多项科技成果获省级以上表彰，有省级、国家级工法 70 多项，有发明专利、实用新型专利 100 多项。集团荣获全国文明单位、全国五一劳动奖状、全国建筑业先进企业、全国优秀施工企业、全国建筑业企业工程总承包先进企业、全国建筑业诚信企业、全国建筑业文化建设示范企业、浙江省建筑强企、浙江省"三名"企业等荣誉。

近年来，集团通过信息化的建设，促进了企业的快速发展。集团 2013 年度新签合同额 220 亿元，同比增长 22%；2014 年度新签合同额 285 亿元，同比增长 29%；2015 年度新签合同额 306 亿元，同比增长 7%。2016 年度新签合同额 332 亿元，同比增长 8%。2017 年度新签合同额 401 亿元，同比增长 21%，2018 年新签合同额 431 亿元，同比增长 7%。项目遍布全国各地。

2 信息化建设目标、思路、原则

当住房城乡建设部提出将信息化纳入施工总承包企业资质考核项时，对于大多数施工企业来说，正式开启了信息化建设的新征程。企业或者主动，或者被动，或者积极，或者消极，既要考虑过关，又要考虑实用，以建设一个全方位的企业级信息化平台。

浙江建工着力于打造一个覆盖集团总部、二级单位、项目部三级管控体系的信息化管理平台。在三级管控体系中，每个层级的管控内容、管理方法、管理职责都不一样。集团总部是战略管理中心、资源管理中心、资本运作中心、管理输出中心、风险管理中心，主要负责经营监控、业务监控、管理服务，战略的层次去研究商业模式、相关政策等；进行集团的整体发展规划，对过程重大节点和重要事项进行监控；同时承担业务和人才的培育职责。二级单位是经营利润中心、项目管理中心，主要负责市场开发、经营管理、业务指导；对项目进行运营型管理。项目经理部是成本中心、执行中心，主要依据集团对项目管理的要求，负责项目的具体实施，同时对项目成本负责。信息化建设的首要任务是确定整体信息化建设的目标、思路、原则，然后是信息化的实施和应用。

2.1 信息化建设目标

以信息化应用来促进管理水平的提高：以业务电算化、工作流程化、数据规范化为技术手段，以提高企业的经济效益和管理效率为目的，服务于集团公司和分子公司发展战略的实施，建立快速的市场反应机制，全面提高企业的核心竞争力。集团领导也提出了"建立统一的数据库和信息中心，统一整个网络系统，建成协同工作平台，实现各机构的资源共享"的指导方针，确定企业的信息化战略为：统一标准规范，加快信息化建设步伐，集成应用系统，共享信息资源，以信息化推动管理变革和流程优化，促进"改革、创新、调整、发展"工作方针的贯彻落实，保障集团发展战略的顺利实施。简称为：统一、加快、集成、共享，围绕这个目标制定信息化建设规划。

2.2 信息化建设思路

要本着"整体规划、分步实施、急用先上、易用先上、应用为主"的原则，利用科学的方法结合企业实际管理环境与战略发展目标，有步骤地实施。通过信息化建设优化企业管理模型，梳理业务流程，抓住项目管理的主线路和科学的管理理念，逐步利用信息化手段提高企业管理水平，使企业逐步实现"标准化""精细化""精益化"的管理升级，围绕这个思路制定信息化建设计划。

2.3 信息化建设原则

根据业务的不同及实现的难易程度，划分为不同的模块、子系统，分阶段实施，分子公司要发挥主观能动性。在企业信息化建设过程中，要充分调动和发挥集团公司与分子公司两级的积极性，遵循"统一规划、分步实施、资源共享、流程优化、安全可靠、建章立制"的指导原则。一是统一规划，按照集团公司制定的企业信息化体系架构，统一规划，统一制定规范、标准和策略，避免重复建设；二是分步实施，信息化建设是一个庞大的系统工程，要立足于集团的现实需求，按照规划和计划分阶段实施，重点突破，先试点，逐步推进，务求注重实效；三是资源共享，在信息化建设推进过程中，重点在网络基础设施、软硬件平台、数据、信息、资源、应用集成、IT 人力资源等方面实现高度共享；四是流程优化，利用 IT 手段对优化了的业务和管理流程进行固化，以达到规范管理的目的。要避免让先进的管理软件去适应落后的管理流程与模式；五是安全可靠，要健全和完善网络、信息安全措施，基础设施的建设要依据信息化发展规划来筹划；六是建章立制，再好的工具还要靠人去使用才能发挥系统的效能，要健全 IT 机构和人员配备，建立和健全信息化规章制度，围绕这个原则制定建设和实施方案。

3 信息化建设情况

3.1 信息化组织架构

作为企业信息化建设的主导部门，信息中心重新定位，一是要站在企业的利益和立场上思考；二是要以全球化的视角动态掌握信息化的趋势和创新领域；三是要清晰认识企业战略实施面临的问题和挑战；四是要具有将信息化策略实施落地的协同组织能力。成立信息化建设工作小组、信息化建设推进小组，信息化建设执行小组等多个信息化小组协同信息中心从集团总部、二级单位、项目部各层级落实各项信息化工作，建成自上而下的信息化组织体系，从组织措施上保障信息化建设工作的有序开展和持续推进（图1）。

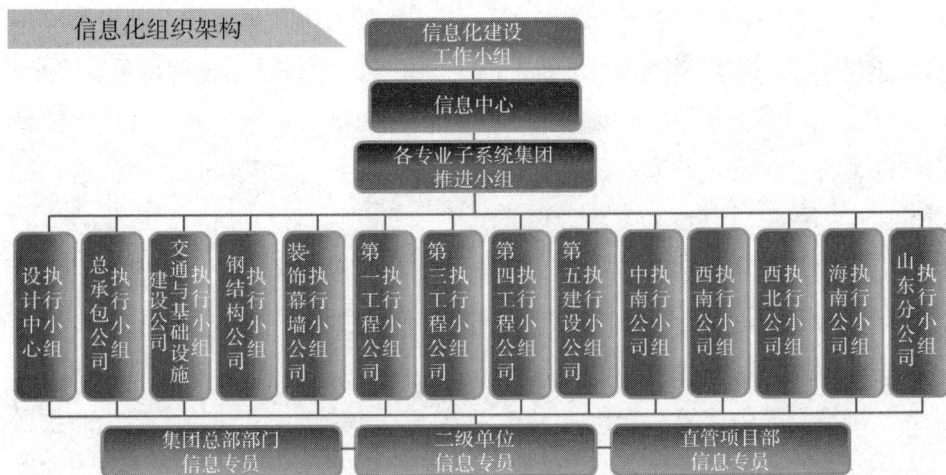

信息化组织架构

信息化建设工作小组 → 信息中心 → 各专业子系统集团推进小组

设计执行中心小组 | 总承包执行小组公司 | 交通与基础设施建设公司 | 钢结构公司 | 装饰幕墙执行小组公司 | 第一执行工程小公司 | 第三执行工程小公司 | 第四执行工程小公司 | 第五执行建设小公司 | 中执南行公司小组 | 西执南行公司小组 | 西执北行公司小组 | 海执南行公司小组 | 山东执行分公司小组

集团总部部门信息专员 | 二级单位信息专员 | 直管项目部信息专员

图1 信息化组织架构图

3.2 信息化建设历程

集团从2009年开始全面推进信息化建设工作，本着"整体规划、分步实施、急用先上、易用先上、应用为主"的原则，强调"一把手"亲自推行，重视信息化顶层设计，围绕集团战略规划，先后修订了《信息化建设十一五规划》，编制了《2013 ~ 2018 年信息化战略规划》，编写了《信息化建设实施方案》，编写了标准化的信息系统操作手册，制定了全面的培训计划。先后上线实施了协同办公管理（OA）系统、综合项目管理（PM）系统、人力资源管理（HR）系统、财务管理系统、档案管理系统、企业信息门户、工地可视化远程管理系统、工程实体检测系统、企业电子签章系统、施工软件集成系统、视频会议系统、企业邮件系统、装配式建筑管理平台、工业化建筑项目管理平台、统一身份管理系统、移动终端平台、短信平台、即时通讯平台等。经过多年的建设，企业所有业务基本实现了信息化管理，信息化管理覆盖了企业所有项目，项目管理实现了从招投标阶段、立项及准备阶段、项目实施阶段到竣工交付阶段全生命周期的动态管理。各个系统高度集成，业务关联度高，系统统一按岗授权，全员应用，为达到"统一身份、集中管理、简化应用、保障安全"的目的，打破各系统独自进行认证和账号管理的格局，以建立统一的认证和账号权限管理体系，上线了统一身份管理系统，实现用户单点登录，以及对各应用系统账号、认证、授权和用户行为审计的统一入口管理，信息化的体系逐步建立了起来，随着知识、数据的积累，信息化的应用价值也得到了初步的体现，以数据驱动管理、决策、分析使得企业在向数字化转型的道路上迈出了坚实的步伐，随着未来新技术的不断引入，BIM、建筑工业化研究成果的应用，又进一步推动企业不断提升管理水平和核心竞争力。

信息化建设包括硬件平台和软件平台，保证平台的先进性是信息化建设稳定、持续推进的保障。2017 年建成了基于 VMware 虚拟化技术架构的数据中心和灾备中心，数据中心具备了先进的智能化管理能力、资源动态管理能力和数据安全管理能力，建立了多种安全防范措施和应急响应预案，有效保障业务系统可用性和数据安全。灾备中心建成后，实现了"同城双中心"数据实时备份，在系统和数据安全等方面得到了更高的保障。软件平台从系统上线运行以来，从底层平台到应用平台，一直在进行开发、升级和优化，以持续保障信息化的建设和实施。

在信息化建设初期，也许每个企业都会思考这样的问题。企业的信息化建设应该从哪里入手？落脚点在哪里？企业领导、信息化建设者应该分别充当怎样的角色？应该站在怎样的角度思考？如何将各项信息化工作落实到各个层级？我们首先要认识到信息化解决的是管理问题，而不是技术问题，也许很多人都认同这个说法，但是在实际执行过程中却总是按照技术问题来处理，或者是在外部环境的影响下，或者是在实际操作过程中被所遇到的困难引导地偏离了方向，最终的结果是在信息化的建设过程中会慢慢地走到进退两难的困局。是信息化建设者的权利不够大，技术水平不够强，还是管理能力不够强，也许这个问题很难做定论，但最终的结果是企业信息化程度无法达到企业领导的要求，不能满足业务部门的需要，信息化水平也始终没有达到预期的效果。

信息化建设工作是一项长期的工程，永远在路上。我们认为信息化顶层设计是信息化建设过程中最重要的一步，需要由企业所有领导成员参与制定，它就像一篇文章的中心思想，起到纲领性的作用，整体信息化建设工作将会围绕顶层设计展开。有了顶层设计再通过制定一系列的建设规划和实施计划来保障各项工作有序开展。

信息化建设首先涉及信息系统的建设，信息系统的选型是信息化建设的一个重要开端，信息系统的选型要从顶层设计出发来考虑。企业信息化的建设可以采用与软件公司合作的模式，也可以由企业自主开发，还可以采用软件公司和自主开发相结合的模式，根据信息化建设的不同阶段进行调整，我们认为信息化建设以与软件公司合作和自主开发相结合的方式是常被采用的一种模式，尤其是在信息化建设初期。合作的软件公司要具备掌握较强的技术优势和信息技术发展前沿方向优势，要具备可持续性的发展和服务保障，作为一种战略合作模式，产品的定位不能脱离企业实际管理，要符合企业战略发展规划，同时企业要有一定规模的开发和实施人员，技术和管理的结合是保障信息化建设成功的关键。

信息化的规划和建设始终是服务于企业管理，是通过现代化的技术和手段改变和辅助于现有的管理方式，不是完全取代，是融合，是渗透，是一个循序渐进的过程，最后达到提升管理效率、管理能力、管理水平，从而实现提升企业核心竞争力的目的。在信息化建设的初期，一个重要的问题是如何改变企业管理人员的思维意识，让他们用一种信息化的思维方式思考管理，改变原有的管理模式，紧跟信息化建设的节奏和步伐。信息中心在这个过程中要起到一个非常重要的引导作用和全局把控作用，再加上全员的积极配合将为信息化的成功建设奠定重要的基础。信息中心如果站在一个高高的顶层规划塔上而没有业务的支持是绝对难以立足的。信息化建设的过程是将企业整个业务体系建立在一个紧密的协同工作平台上。通过信息化思维模式思考如何落实信息化顶层设计为成功的信息化建设又迈出了重要的一步。

信息化建设的成功绝非一招必胜，切忌急于求成，需要建设者树立长期工作的决心和信心，需要精心的策划和规划。由易到难，由简到繁始终是信息化建设者需要遵从的原则。由点到面，打通各个业务环节点的脉络，最后建立紧密的业务关联和数据关联。排兵布阵，调动各个岗位人员的职责，让全体员工都能参与到信息化建设中，充分发挥各个岗位的作用。在信息化建设和实施过程中我们首先从协同办公管理（OA）系统、综合项目管理（PM）系统、人力资源管理（HR）系统和档案管理系统入手，这些系统的上线将企业的基本业务都纳入了信息化建设的范畴中，初期的信息化建设可以从单一系统的应用，或单个系统的单一业务模块或遵从业务的先后顺序来进行，信息中心要做好标准化和信息化编码体系的建设，标准化是信息化建设的关键，它对于信息化的生命力起到了至关重要的作用，在信息化建设过程中必须要重视标准化的建设，业务流程的梳理和优化工作实时启动。信息化的建设是一个体系建设的过程，需要根据企业的管理层级来建设，必须得到自上而下的延伸，信息化的应用更应如此，只有这样才能使全体员工逐步形成对信息化的认识、认知和认同，从而形成一种习惯，形成一种企业文化，将信息化的思维传递给每位员工。众所周知，建筑施工企业人员参差不齐、电脑水平相对落后，经过初期信息化的普及和应用，员工对于信息化建设有了初步的认知，形成一种信息化应用的氛围，为未来资金成本信息化的实施奠定一定的基础。资金成本信息化的实施在信息化建设过程中的重要性毋庸置疑，实施难度也是可想而知，它的成功具有一定的里程碑性质。资金成本关系到每个项目的经济命脉，资金成本的建设对于业务和数据的关联度相对较高，业务层级较多，只有打通经济数据各个环节的要素，才能使资金成本信息化真正应用起来。信息化的建设必须针对企业实际情况制订合理的方法才能有效，盲目的建设不仅不能带来成果，只会带来失败的挫折，更会带来许多负面的因素，挫伤员工的信心。资金成本的信息化需要深思熟虑，不仅要在业务方面做好充足的准备，还要做好打长久战的心理准备，尤其是高层管理者要有坚定的信心和决心，要由企业组建的实施团队来负责各项工作的开展和后援团队实时解决实施过程中出现的技术和管理问题，定期召开实施会议，保证实施的成功。信息化的建设重在应用，没有实际应用的信息化形同虚设，信息化必须保持强健的生命力。集团在信息化建设过程中非常重视应用，我们在信息化的建设中保证每一块业务得到应用，集团信息中心在此发挥着重要的作用。信息化应用评估是集团每个季度做的一项工作，用系统中的真实数据来反映应用成效，通过分析业务数据将信息化应用情况反馈给使用者，针对应用较差的业务进行总结和分析，制定解决措施。

当信息化建设达到一定的规模和程度时，决策中心的建设在现阶段也有了一定的数据基础，企业的信息化体系呈现出了基本的规模。项目管理是施工企业的核心，项目管理信息化的程度决定了企业信息化的水平，集团的项目管理信息化思路是从非经济类业务到经济类业务进行过渡，比如：项目分供商管理、物料管理、招标管理、集采管理、合同管理、成本管理、资金管理，逐步形成业务财务一体化的模式。

随着企业信息化程度的不断提升，信息技术的日新月异，企业信息化平台的成熟度越来越高，系统的集成和信息技术的应用点也越来越多。信息系统集成是信息化体系建立的基础，系统集成也是将多方资源有效汲取及扩展信息化应用方面不可或缺的重要体现，也是信息化得到成功应用的重要因素，只有将各个系统融合起来，打通各方管理的壁垒，才能真正发挥信息化的价值，同时员工在操作系统方面有更好地体验。企业电子签章系统、工地可视化远程管理系统、工程实体检测系统等单一硬件和软件应用的系统与企业信息系统进行了有机的融合，不仅加强了企业的业务管理，同时也创新了业务管理模式，降低了管理风险，对增强项目管理能力，提升市场适应能力发挥了重要作用。随着互联网应用的普及，大平台、大数据发展极其迅速，如何汲取大平台的资源，将大平台的资源为企业所用，集团将互联网采购平台与综合项目管理系统进行了融合，综合项目管理系统通过银企直联与银行系统建立了方便、便捷的通道，形成了业务财务一体化的模式。互联网采购平台的接入不仅丰富了企业的信息化平台，也使得信息系统得到了更深入的应用，为项目管理提供了更多的便利。系统集成及应用情况如下：综合项目管理系统实现了以合同管理为基础，成本控制为主线，基于项目施工阶段全生命周期进行管理，同时创新了生产、安全、进度、质量、技术等管理，设置了风险预警机制，业务提醒机制，有效实施项目管理，提升项目运营能力。

PM 系统项目全生命周期管理见图 2。

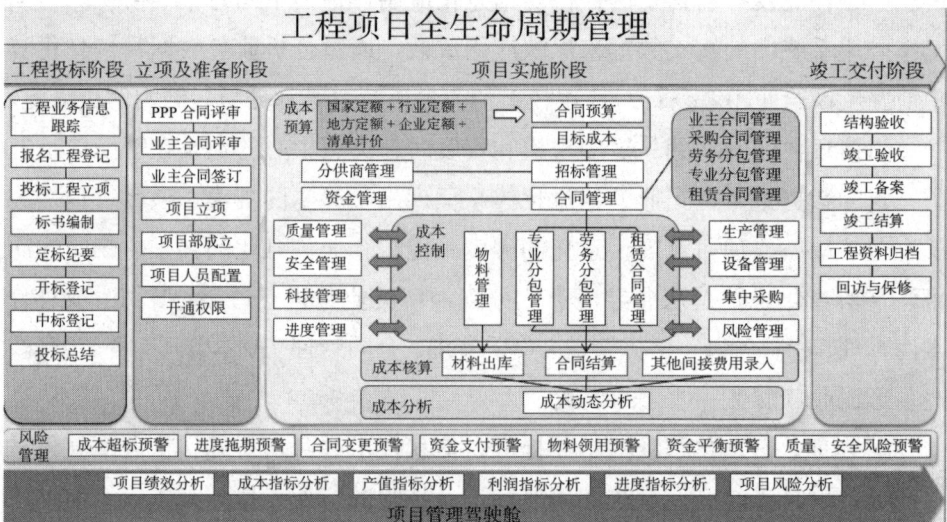

图 2　PM 系统项目全生命周期管理图

3.3　信息化建设的主要特点

（1）工地可视化远程管理系统和综合项目管理系统进行了集成，可以在项目管理系统中实时查看项目视频监控，发现问题和隐患开具视频检查整改单，项目部整改完成后通过系统进行整改回复，未按期完成整改的整改单可以设置预警机制进行提醒等完整业务流程，同时业务流程与手机短信实现了集成，可以实时接收整改单短信通知，做到在项目安全生产管理过程中能及时发现问题，及时将问题反馈给管理人员，及时解决问题，大大提高了安全管理的工作效率和覆盖面。同时在项目管理系统中建立了安全、技术、质量等隐患数据库，通过过程管理的数据形成一系列的知识积累，对于企业管理的决策提供数据支持，如图3、图4所示。

图 3　PM 系统项目视频监控截图

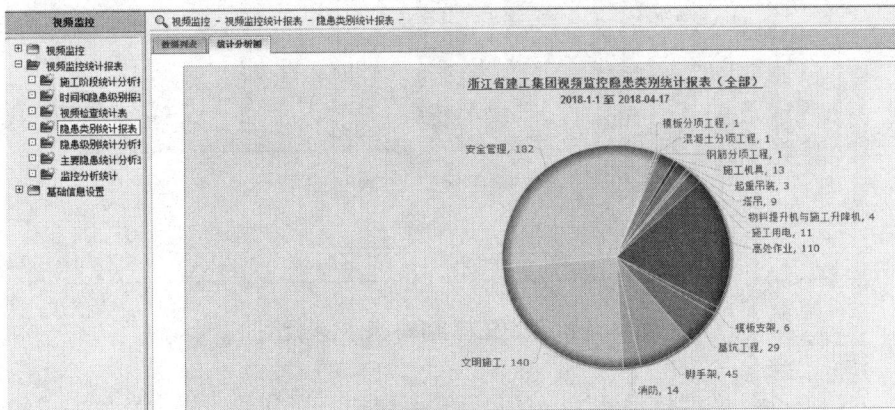

图 4　PM 系统视频监控报表截图

（2）工程实体检测系统和综合项目管理系统进行了集成，项目现场用于检测建筑结构强度的回弹仪数据可以通过移动终端实时推送到 PM 系统并进行数据分析，保证了回弹数据的真实性，可以及时发现过程中的质量问题，不仅提升和保证了工程项目混凝土质量，同时改变了传统的现场施工管理方式，在工程实体检测管理方面取得了突破，如图 5、图 6 所示。

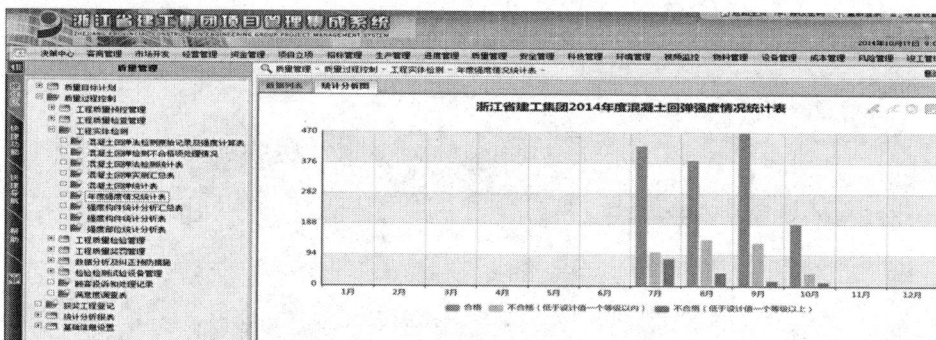

图 5　PM 系统工程实体检测报表截图 1

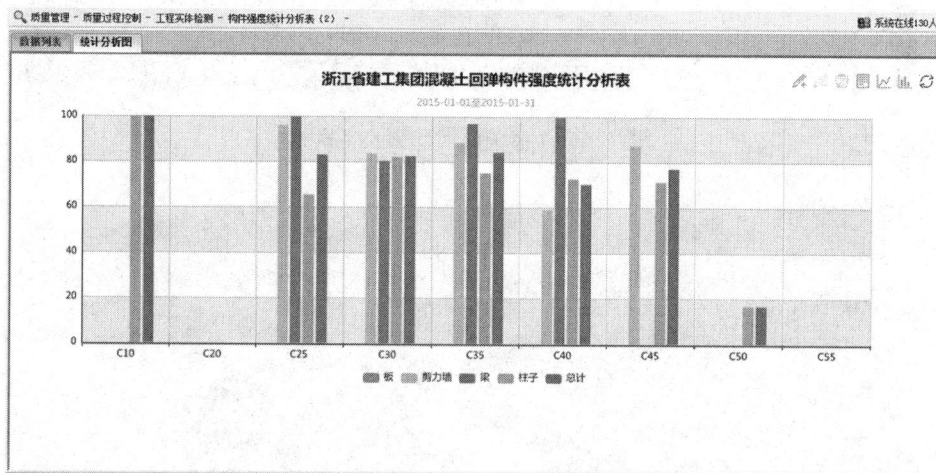

图 6　PM 系统工程实体检测报表截图 2

（3）Project 进度软件和综合项目管理系统进行了集成，进度软件完成的进度计划可以直接导入项目管理系统，满足生产部门进度管理的需要，如图 7 所示。

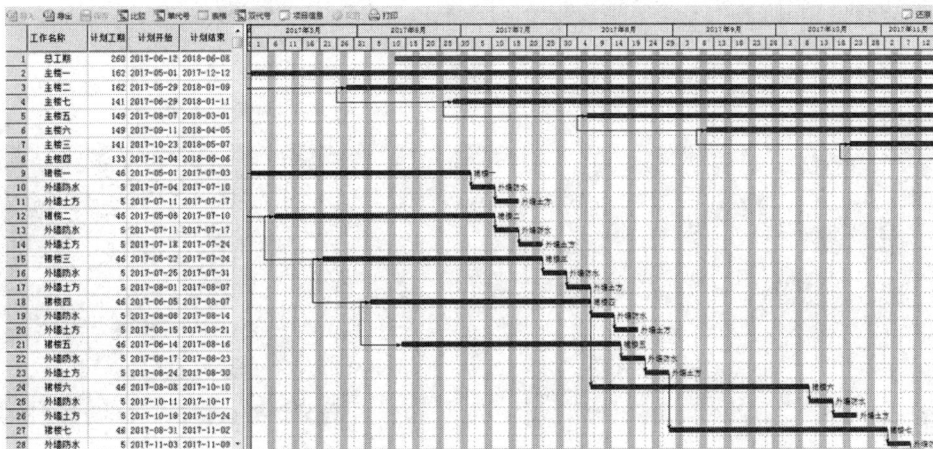

图7　PM系统进度管理截图

（4）广联达、品茗等预算软件和综合项目管理系统进行了集成，合同预算可以通过 XML 文件或 Excel 文件直接导入项目管理系统中方便快速地进行预算成本、目标成本的编制，以满足项目成本管理的要求，如图8所示。

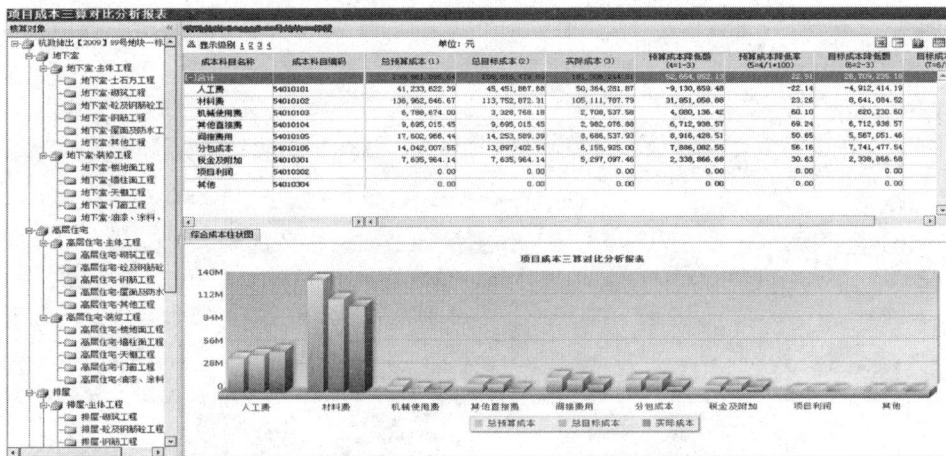

图8　PM系统成本三算对比截图

（5）互联网采购平台与综合项目管理系统进行了集成，实现了物资库、分供商等资源的共享，吸聚了更多优质分供商资源，形成了多样化的合作模式，为集团开展供应链金融奠定基础，如图 9 所示。

图 9　阿里网采平台截图

（6）综合项目管理系统与财务管理系统进行了集成，打通了业务管理系统与财务管理系统的数据屏障，实现了业务流与资金流的有机结合，如图 10 所示。

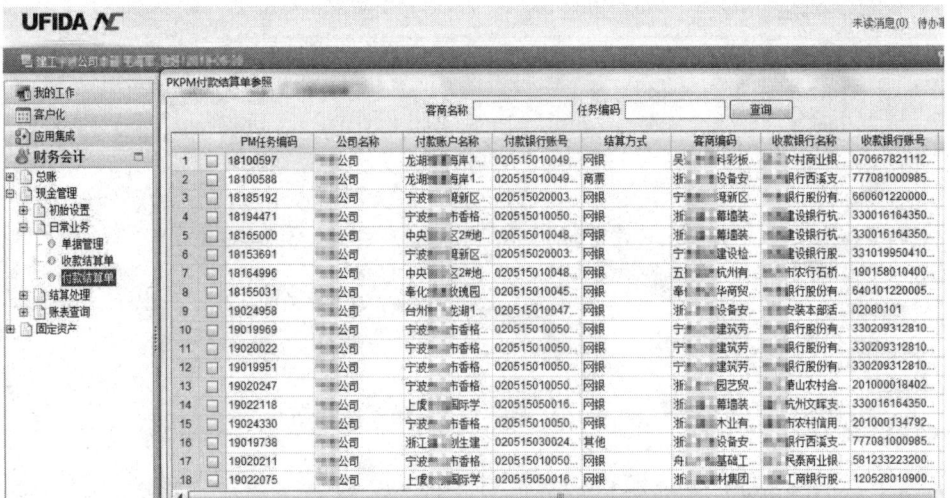

图 10　PM 系统与财务 NC 系统集成截图

（7）协同办公管理系统、综合项目管理系统和档案管理系统进行了集成，协同办公管理系统中行政文书电子档案和项目管理系统中工程电子档案自动推送到档案管理系统，如图11、图12所示。

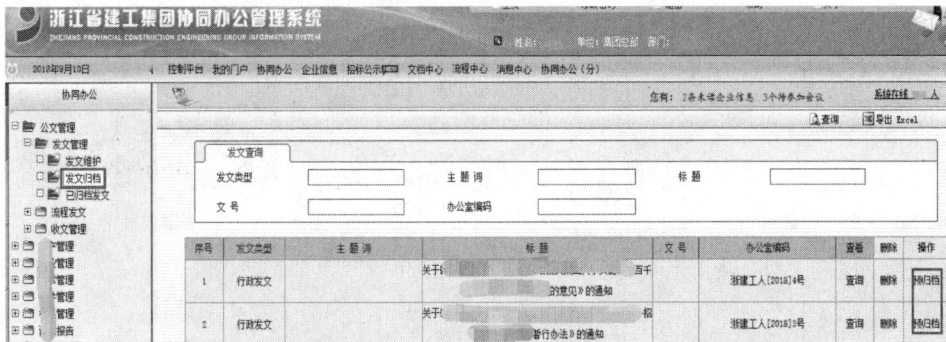

图11　OA系统电子档案归档截图

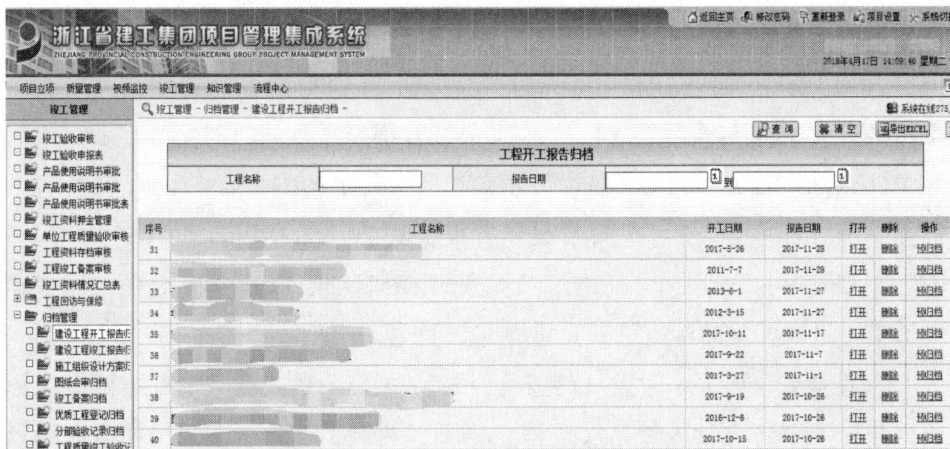

图12　PM系统电子档案归档截图

（8）企业电子签章系统和协同办公管理系统、综合项目管理系统进行了集成，将电子签章的使用管理集成到各业务审批流程环节中并进行固化，达到印章刻制、印章登记、用印审批、印章回收销毁的全过程管理。对有效管理企业印章、控制印章使用风险、提高工作效率、降低办公成本等具有重要作用，如图 13 所示。

图 13　电子签章系统应用截图

3.4　信息化创新应用

3.4.1　BIM 技术研究、应用

集团自 2007 年开始进行 BIM 应用和研究，成立了 BIM 实验室，建立了三级 BIM 团队，拥有 BIM 团队成员数百人，覆盖行业各个专业。完成了国家十一五和十二五课题各 1 项，在研十三五国家重点研发计划 1 项；完成省部级课题 26 项，验收国家和省级示范工程 40 项，主持和参与制定的国家、行业、地方标准 16 项，获国家级和省级工法 74 项；授权专利 105 项，其中国际专利 1 项，发明专利 28 项；获国家级 BIM 大奖 12 项，荣获住房城乡建设部第一批"国家装配式建筑产业基地"称号。

为适应新形势下企业发展的需要，2017 年集团正式成立浙江省建工工程研究院，主要研究领域包括建筑信息模型、建筑工业化、建筑机器人和绿色施工等。旗下设 BIM 技术服务中心，负责 BIM 技术的研究、应用和对外咨询服务。在全过程的咨询服务中，集团可提供 17 项分类 41 个应用点的项目服务，涵盖建设全过程。利用 BIM 技术可实现设计优化、虚拟建造、方案模拟、VR 样板间等诸多创新性技术服务，为项目保驾护航，提质增效，如图14 ~ 图 17 所示。

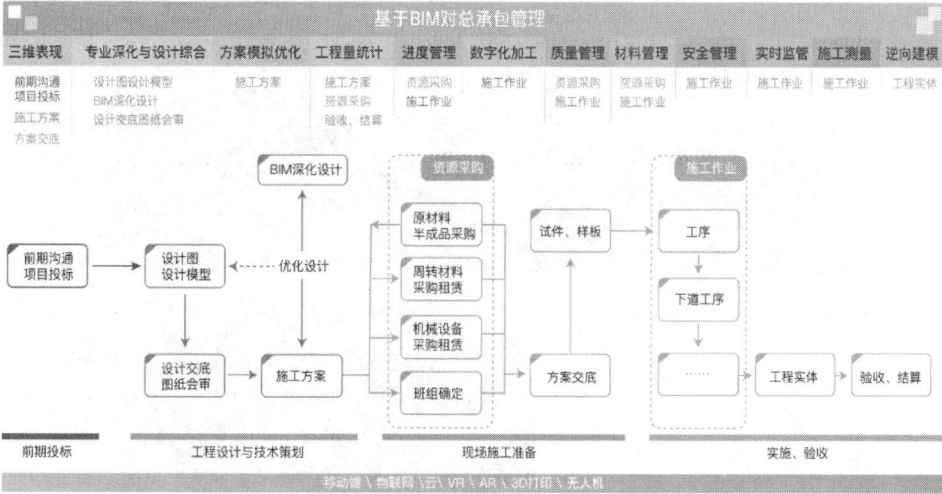

图14　BIM 服务清单截图 1

Phase 1
前期投标阶段

☐ 咨询考察配合	技术汇报
☐ 技术标	BIM策划方案
	数字化周边环境调研
	投标阶段场地布置策划
	施工流程策划
	关键节点模型
	投标方案动画

Phase 4
竣工交付、结算阶段

☐ BIM竣工模型	维护和更新施工阶段模型
	竣工图制作辅助
☐ 辅助工程结算	量审核配合

Phase 2
施工准备阶段

☐ 施工组织策划	施工总体部署
	场地布置策划
	施工模拟
	创优节点策划
	虚拟样板区策划
☐ 图纸会审	三维图纸会审
☐ 技术交底	复杂节点三维可视化交底
☐ 土建专业	结构模型搭建
	建筑模型搭建
	土方平衡
	钢筋断料优化
☐ 安装专业	安装模型搭建
	管线综合优化
	机房布置优化
☐ 精装修专业	虚拟样板间
☐ 多专业集成应用	碰撞检查
	净高分析
	综合漫游

Phase 3
项目实施阶段

☐ 施工方案	方案模拟
	高支模区域筛选
	专家论证方案
	其他特殊方案
	BIM实施方案
☐ 模型维护	设计变更调整
☐ 材料管理	材料计划
	材料用量分析比对
☐ 无人机航拍	720°全景
☐ 质量管理	BIM放样
	点云技术辅助精装修施工
	点云技术校核施工质量

Addition
培训服务

| ☐ 应用指导 | 培训及指导 |

图15　BIM 服务清单截图 2

图 16　BIM 应用案例截图 1

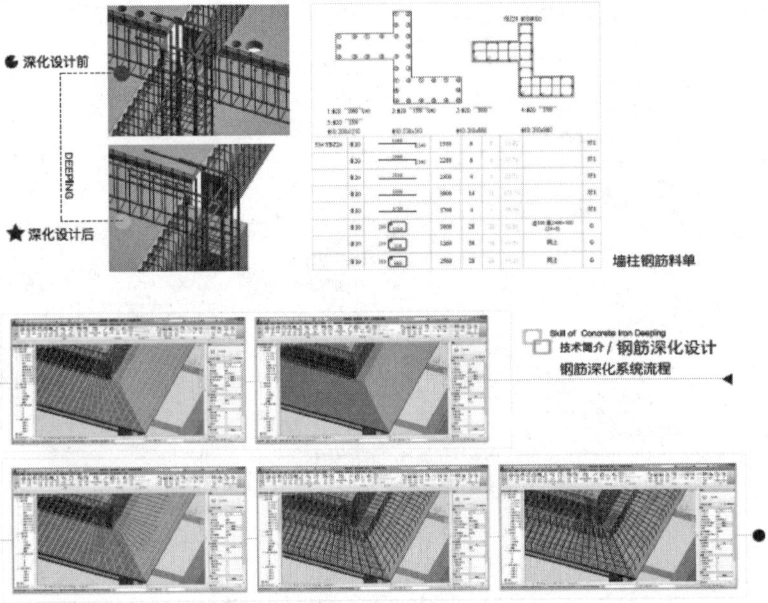

图 17　BIM 应用案例截图 2

3.4.2 建筑工业化研究、应用

建筑工业化是通过设计标准化、生产工厂化、施工装配化、结构机电装修一体化、全生命周期信息化为标志的现代化、绿色化、集成化、智能信息化的设计、制造、运输、施工和科学管理生产方式，是代替传统建筑业粗放式、分散的、低水平的、低效率的生产方式。

随着国家对建筑工业化的大力推广，集团公司积极探索，取得了一定的成果。在设计端，进行了标准户型的设计；在生产和施工端，对 PC 构件、钢构件、门窗幕墙等构件的命名规则进行研究，建立了统一的编码标准（中国建筑业协会的第一批团体标准）。以承担"十三五"国家重点研发计划课题"基于 BIM和物联网的装配式建筑建造过程关键技术研究与示范"为契机，研发了预制装配式建筑施工现场信息管理平台。实现了：一是对预制装配式建筑构件的动态空间定位、动态监控及信息实时管理；二是 BIM 模型及实体构件信息通过云端、物联网及移动端在生产、运输及安装各参与方之间的有效传递；三是各参与方高效的信息交流和协同工作，以优化施工现场布置，指导施工现场管理。

工业化建筑项目管理平台已在集团的 12 个工业化建筑项目中得到示范应用。作为一项科技成果，该平台的应用已经在杭州市范围的部分装配式项目得到推广，应用效果良好，如图 18 ~ 图 20 所示。

图 18 建筑工业化管理平台截图

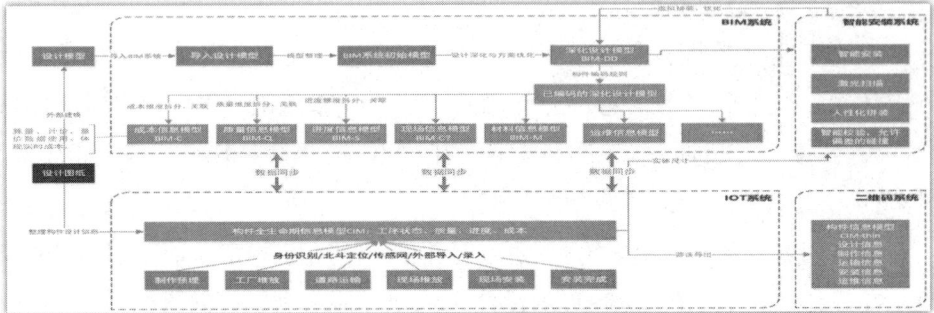

图 19　建筑工业化平台设计截图

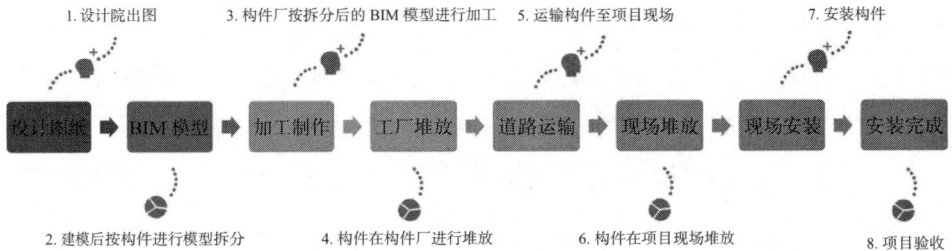

图 20　装配式建筑建造业务流设计截图

3.5　数字化转型应用

随着企业信息化建设程度的不断提升，数据和知识的不断积累，数据的分析应用才能真正发挥信息化的价值。

人力资源管理（HR）系统重在打造人的全生命周期的管理，系统在实现组织管理、岗位管理、人员管理、薪酬管理等常规人力资源管理功能的同时，为进一步满足建筑行业的生产实践，开发了证照管理模块，将人员与各类证书进行有机的关联，为合理分配和优化集团、二级单位、项目人力资源提供了数据支撑和管理依据。基于多年来的数据积累，开发了人力资源管理驾驶舱，从人员基本信息、学历结构、职称结构、条线分布、在职情况等多个维度实时展示人力资源状况，为人力资源的决策提供有力支持。例如，通过大数据分析三年来大学生的入职和离职情况，为人力资源部提供有效的数据参考，辅助业务部门制定针对性的招聘策略和培养方案，保证了人才梯队建设。

综合项目管理系统实现了项目全生命周期的管理，通过打通业务、财务数据之间的壁垒，例如：综合项目管理系统与财务管理系统的集成，阿里网采平台与综合项目管理系统的集成，财务管理系统通过银企直联与银行系统建立关联，实现了业务财务一体化模式。通过多年来资金成本信息化的实施，不断优化管理环节，细化管理过程，完善业务体系，从分供商的统一管理到互联网采购平台的接入，不仅通过大数据平台引入了大量优质资源，使得资源得到了充分共享，同时构建了项目管理系统决策平台，从项目管理层面实现了单个项目全过程的管理和多项预警机制，从管理层面实现了资金、成本等多个维度的监管和预警。从决策者层面建设了不同业务类型的报表和数据分析模型，以促进企业管理能力和管理水平的提升，增强数据的应用能力。

4 信息化建设成效

4.1 提升了企业管理水平

信息化的实施促进了企业内部流程的优化，促进了企业精细化管理的进程，从而建立了企业迅捷的信息化反应和高效的内部沟通协作和监控机制，提升了风险防范能力，增强了核心竞争能力。实现了"信息可视化、操作透明化、流程标准化、管理精细化"。

集团信息中心通过对三级管控层面在信息化管理能力和应用效果方面进行评估，不断促进整个业务管理模式转变、管控能力提升。通过近年来的信息化应用评估使得信息化应用在 PDCA 模式下呈现出螺旋上升的趋势，提升了企业管理水平。

4.2 优化了企业资源配置

通过信息化手段整合了企业各类资源统一调配，优化资源配置，提高资源的利用率，实现企业利益最大化。分供商资源统一准入和评价、招标过程有效监管、主材集中采购、辅材互联网采购、资金集控管理等均通过信息化平台得到了有效落实，如图 21 ～图 23 所示。

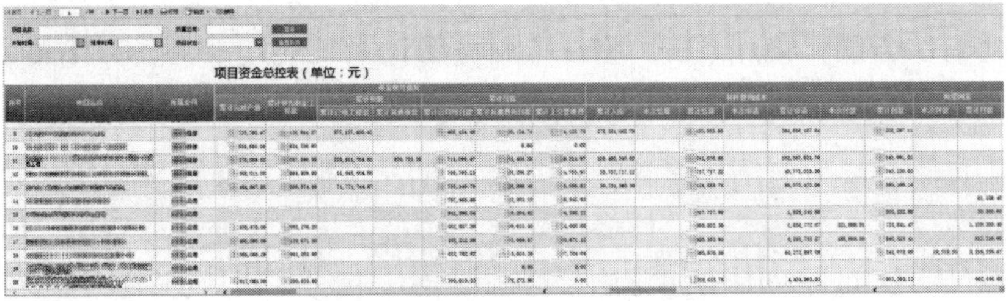

图 21　项目资金总控表截图

图 22　阿里网采平台报表截图

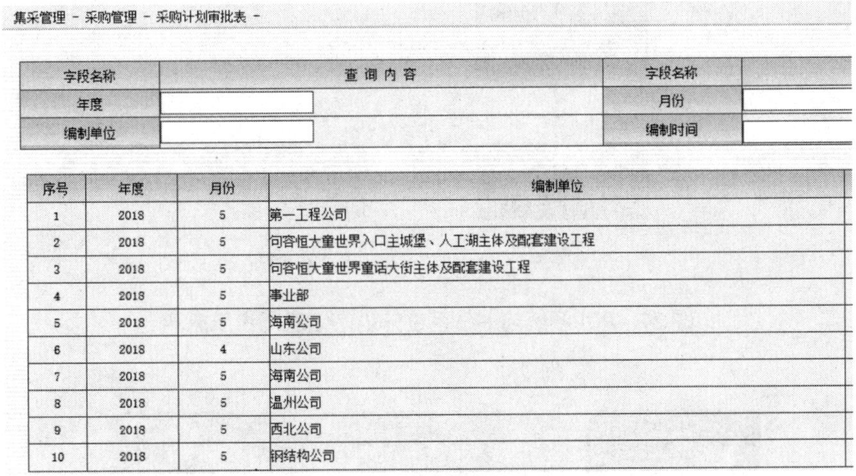

集采管理－采购管理－采购计划审批表－

字段名称	查询内容		字段名称	
年度			月份	
编制单位			编制时间	

序号	年度	月份	编制单位
1	2018	5	第一工程公司
2	2018	5	句容恒大童世界入口主城堡、人工湖主体及配套建设工程
3	2018	5	句容恒大童世界童话大街主体及配套建设工程
4	2018	5	事业部
5	2018	5	海南公司
6	2018	4	山东公司
7	2018	5	海南公司
8	2018	5	温州公司
9	2018	5	西北公司
10	2018	5	钢结构公司

图 23　钢材集中采购计划截图

4.3　规范了管理业务流程

通过将业务处理流程化和工程管理标准化，建立动态管理系统，实现了各部门以及部门与下属单位之间的联动，消除了信息孤岛，实现了企业操作层、运营管理层、决策层在统一的信息平台上协同工作及分层次应用，有效提高了风险监控能力。

4.4　打通信息孤岛，实现资源共享

经过多年的努力和实践，我们制定出一整套的数据共享方案和原则，根据不同的业务需求梳理数据源头，一切数据从源头抓起，纲举目张。针对普遍存在的异构系统的现状，我们首先进行基础信息同步，然后进行业务数据共享，打通各个系统的经络，使数据在多个系统中能够顺畅地流转。减少重复填单，提高工作效率，见图 24、图 25。

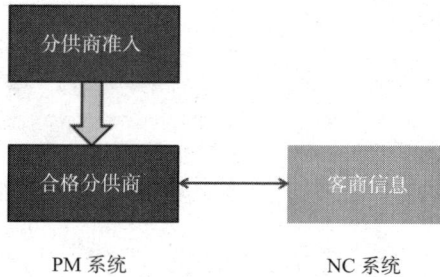

图 24 PM 系统与 NC 系统分供商信息同步示意图

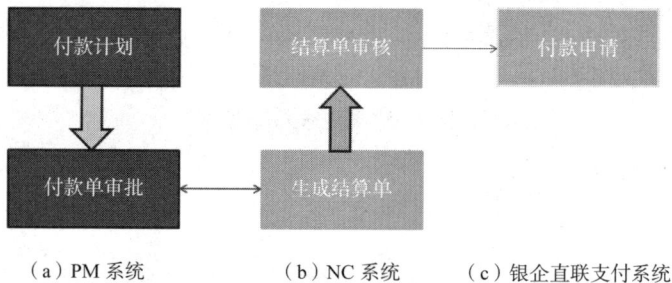

（a）PM 系统　　　　　（b）NC 系统　　　　　（c）银企直联支付系统

图 25　付款流程的自动化处理示意图

4.5　加强了决策分析手段

决策分析报表，为公司的资本经营、投资决策和经营决策提供信息支持。提高信息效能与效率、降低信息获取与使用的成本、确保企业在市场上的战略竞争优势，提升集团公司对产业链的宏观监控与及时决策能力。

4.6　提升了风险管控能力

以合同为基础，以资金支付为约束条件，业务管理过程受控；以成本为主线，以项目绩效为约束条件，运营管理过程受控；通过成本超标预警、进度拖期预警、合同变更预警、资金支付预警、物料领用预警、资金平衡预警、质量安全风险预警等各类系统预警，及时处理异常状况，实现风险动态管控（图 26）。

图 26 PM 系统项目预警信息截图

4.7 增强了知识管理能力

通过业务流程化和工程标准化的管理，形成了一整套具有再利用价值的企业知识，包括企业标准规范、施工组织设计方案、施工图纸、合同范本和企业标牌图等资料，通过创造、整合、更新等过程，不断充实到企业知识库中。企业的员工可以通过系统快速、准确地查找到所需的资料，使企业知识的价值得到最大程度的发挥（图 27）。

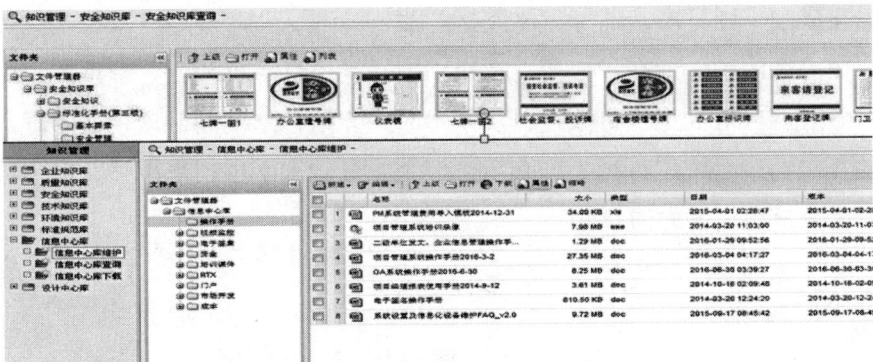

图 27 PM 系统知识管理中心截图

5 信息化建设的体会

信息化不仅解决技术问题，还解决管理问题。管理是企业持续发展的基础，创新是企业可持续发展的动力。随着知识经济的发展以及经济全球化、信息化和知识化的迅速提高，管理创新已成为保持企业永续发展不可或缺的动力。

关于管理创新，我们认为有四点非常关键：一是要解放思想，转变和更新思维模式，用创新的思维去创新管理；二是要善于发现问题，通过基础数据的收集和归纳发现问题，从新角度思考旧问题；三是做好创新型人才的选拔和使用，以实现人力资源效能最大化；四是要把管理创新落到实处，狠抓执行力建设，力求效果，切不可华而不实，切忌浅尝即止。

企业信息化建设是一项长期而复杂的系统工程。不光要有技术支撑，更要有管理知识的积累。除了搭建易用、好用的信息系统平台，整个信息化的实施需要由集团高层来推动；必须选择具备深厚行业背景、有可持续性发展和服务保障的软件公司作为战略合作伙伴；由信息中心进行统筹规划，业务部门负责应用推广，把项目部作为落脚点，加大信息化人才队伍的建设，加强人员培训。要横向到边，纵向到底，全面、持续推进企业信息化建设，使信息化成为一种习惯，成为一种企业文化。

信息系统的生命在于应用，在应用中发现信息系统和企业管理的不足之处，然后有针对性地进行改进，从而不断完善信息系统和改进企业管理，如此往复，信息系统运行越来越有活力、企业管理水平也越来越高，最终实现提升企业核心竞争力的目标。

主要执笔人：

李惠萍　浙江省建工集团有限责任公司副工程师兼信息中心主任

赵艳峰　浙江省建工集团有限责任公司信息中心管理工程师

案例 8

量身定制　融合协同　项目管理再创新

中国水利水电第三工程局有限公司

1 企业概况

中国水利水电第三工程局有限公司（简称"中国水电三局"）组建于 20 世纪 50 年代，现为中国电力建设股份有限公司的全资子公司，是建筑业中集科研、勘测设计、工程承包为一体的国家大型骨干企业。企业资质等级为水利水电工程施工总承包特级，房屋建筑、市政公用工程施工总承包一级，工程设计水利行业甲级，测绘甲级，工程勘察、设计和咨询乙级，公路、石油化工、机电安装工程施工总承包二级，铁路、电力、矿山工程施工总承包三级，钢结构工程专业承包一级，桥梁、隧道工程专业总承包二级，建筑防水、地基与基础工程专业承包三级，并持有对外承包工程资格证、计量认证、全国工业产品生产许可证、承装（修、试）电力设施许可证、特种设备安装改造维修许可证、爆破作业单位许可证、水利工程启闭机使用等许可证近 30 项资质。

中国水电三局注册资金 10.5 亿元，资产总额 91.55 亿元，公司现有职工 9871 人，各类专业技术和管理人员近 4000 人，一级建造师 158 人（次）。拥有各类主要施工机械设备近万台（套），年施工规模逾 100 亿元。近三年新签合同额年平均增长率为 14.09%，营业收入年平均增长率为 12.30%，利润年平均增长率为 92.24%。

中国水电三局下辖 5 个综合分局、2 个专业分局、3 个其他生产经营单位、2 个驻基地单位，以及省级企业技术中心和勘测设计研究院两个科研设计机构。目前，公司已由单纯的水电施工转型为国内水利水电、基础设施、国际工程"三足鼎立"的产业结构，逐步成为跨国、跨行业、跨区域经营的大型综合性企业。

企业年施工能力：土石方开挖 3000 万 m3，混凝土浇筑 500 万 m3，基础处理及钻孔灌浆 35 万 m，金结制安 8 万 t，机电设备安装 3000MW，铁路工程 50km，公路工程 80km，工业与民用建筑 20 万 m2。

中国水电三局自成立以来，先后在国内外承（参）建了百余座大中型水利水电工程及其他建筑工程。近年主要代表性工程有：国内工程——举世瞩目的长江三峡、黄河小浪底和南水北调中线等世界级特大型水利水电工程，金沙江阿海、向家坝和澜沧江景洪、大朝山以及黄河拉西瓦、公伯峡等大江大河国家级重点大型水电工程等；国外工程——卡塔尔超大型基础设施工程、缅甸大型铜矿工程、斯里兰卡大型公路、几内亚凯乐塔大型水电工程、阿尔及利亚苏夫河谷大型净化工程、几内亚苏阿皮蒂水利枢纽工程等。

中国水电三局承（参）建的工程屡获殊荣，获得了包括"全国五一劳动奖""全国建筑业先进企业""中国建筑工程鲁班奖""国家优质工程金奖""新中国成立六十周年百项经典暨精品工程""中国电力优质工程""中国水利工程优质（大禹）奖"等国家级以及省部级优质工程逾 60 项、持有国家级专利 88 项（发明专利 14 项），获得省部级以上科技进步奖励 108 项，编写国家级施工工法 7 项、省部级施工工法 92 项，制（修）订国家或行业标准 49 部，创出了世界和中国企业新纪录 30 项，入选住房城乡建设部发布的建筑业新技术 10 余项，进入节能减排先进单位行列。铸就了骄人的业绩，具有强大的整体综合实力和市场竞争力。

中国水电三局信息化发展紧紧围绕公司战略格局，以打造全过程、综合型工程公司为方向，持续推进信息化与核心业务的深度融合，以市场、项目和协同工作为中心，以实现全业务贯通为重点，持续推动项目管理应用，探索建设具有自身特色的"协同工作平台 IIS"，自开展建设以来，经过多年的创新与发展，已形成了覆盖全公司全业务、具备完整统一的业务逻辑、具有自主知识产权的协同工作平台。

2 信息化建设历程及建设情况

2003 年随着会计电算化的推进，公司引入了单机和局域网版财务管理软件，利用电子工具替代手工工作，实现了功能电子化。

2009 年引入和自主开发了办公自动化、财务管理、人力资源管理、设备资产管理等系统，标志着业务走向自动化。

2012 年以综合项目管理系统二次建设为统领，开拓了主营业务的业务替代，信息化步入综合替代手工工作的新阶段，实现了管理信息化。

2017 年随着协同工作平台的全面应用，标志着公司全面开启借助信息化手段，实现业务流程和各系统的集成，打造统一的工作平台，促进了公司的工作模式变革，实现了工作协同化。

截至目前中国水电三局信息化的整体建设情况如图 1 所示。包括门户展示、决策支持、系统建设、基础服务、基础设施和保障体系几个方面。

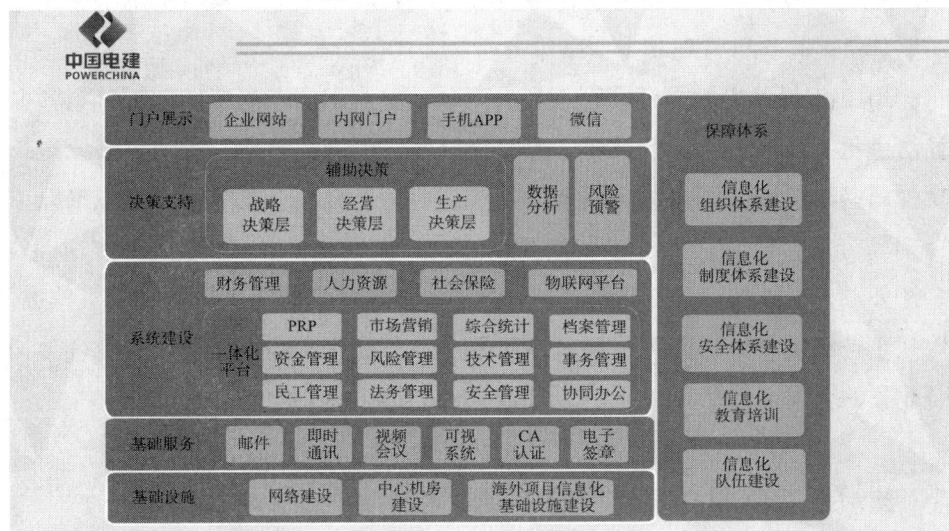

图 1　整体建设情况

3 中国水电三局 IIS 平台形成背景

中国水电三局信息化建设始于 20 世纪 80 年代，经过多年的发展，在不同管理领域取得了一定的成绩，促进了企业生产经营和管理水平的提高，并且在建设的过程中，积累了建设经验，培养了人才，也一定程度上改变了企业传统观念和管理模式。但另一方面，传统的信息系统建设以单个领域系统建设为主，注重单项业务功能和使用，缺乏宏观战略层面的系统发展格局，信息系统独立纵向贯穿，实现了各个单项业务系统收集汇总数据，提高了单个管理领域工作效率，但跨领域、跨专业之间缺乏联动和协调，基础功能和底层数据反复填报，数据权威性和再利用性不足，不能适应公司管理发展和深度业务拓展需要。

2009 年，按照住房城乡建设部特级资质考核要求，公司综合项目管理系统上线，并于 2011 年底顺利通过了特级资质的重新就位，通过资质就位两年多的应用，给了公司信息化建设很多思考和启发，从一定程度坚定了公司借助信息化提高项目管理和企业决策分析能力的信心。

2012 年起，借助国资委管理提升活动，中国水电三局统一认识，紧紧抓住信息化实现对项目的精细化、标准化管理，借助信息化，快速、系统地提高公司的组织协同能力，实现企业管理能力的提升。自此中国水电三局以项目现场管理为核心，系统建设企业级协同工作平台，真正满足公司多项目、多任务、多层级的协同工作平台，并通过对基础信息的深入分析和数据挖掘，构建企业级决策分析能力，经过多年的建设与优化调整，已建成覆盖全公司全业务的协同工作平台 IIS，全称 Integrated Information System。

4 建筑企业信息系统建设的主要困难

经过多年的系统建设与推广经验，我们发现建筑企业信息化建设的困扰具有一定的共性，在系统规划和建设过程方面主要包括以下几点：

4.1　传统企业管理模式与先进管理模式的差距

成功企业的信息系统建设主要源于完善的管理理念和标准化，一定程度上信息化是对标准化的技术实现，而传统企业在信息化实际建设过程中，主要以企业自身管理习惯为指导，单纯复制传统工作习惯，缺乏宏观设计和系统工程的逻辑性，由于没有认识到企业战略和管理逻辑对信息系统建设成败的深刻影响，大部分建筑企业在协同工作系统建设方面步履蹒跚。

4.2　企业标准化建设跟不上企业管理内涵的变化

企业管理层面，传统企业对国家战略发展及市场变化反应迟缓，企业标准的建设过程冗长，刚刚制定的标准可能已经落后于外部形势，从而流于形式。从实际操作层面，由于建筑企业主营业务项目性质多样、地域分布分散、施工队伍组织构成复杂，且多年来一直"重生产轻管理"，主营业务既没有形成上下一体的管理结构，也很难形成规范统一的单个项目管理标准，另外由于各地建设标准及业主施工要求不同，对建筑企业项目管理提出了更严格的要求。

4.3　没有现成可复制的经验和产品可以直接拿来使用

近些年虽然各种名义的项目管理及协同平台均有不同程度的开发或投入应用，但绝大多数企业都没有根本解决纯手工报表填报、项目管理全过程信息协同、全业务逻辑贯通、单个项目管理和企业管理的集成等问题。而且由于不同企业自身项目管理理念和企业文化的区别，即便是同行同类型企业也很难直接套用其他企业的成功经验。

4.4　传统信息化建设观念跟不上现代管理发展的需要

大部分企业已经建立了多个业务系统，但这些工作主要集中在信息化技术的单纯堆砌上，大部分应用流于形式，"信息化就是上个系统，系统就是录入数据"等错误观念普遍存在，而真正涉及项目基层的信息化推广应用非常落后。信息填报模式与实际工作过程脱节，导致数据的来源不能确认，数据的准确性无法校验，信息系统的应用，不但没有减轻基层人员的工作量，反而因为二次填报增加了工作量。

4.5 传统信息系统建设经验束缚了协同平台的建设

信息化是先进管理理念和科学技术共同作用的成果，根据以往经验，信息系统的建设，按照软件工程原理，由业务部门提出建设需求、明确管理标准和流程，开发人员根据业务标准进行软件开发等，单个业务人员缺乏全局观，软件开发人员缺乏实际业务经验，最后形成的系统往往成了填报系统及简单的业务审批流程，系统缺乏逻辑性和易用性。而企业级协同工作平台要求在建设之初，必须具有系统性统筹规划能力，了解各业务之间逻辑，整合优化不同业务流程，对系统建设人员的综合能力要求更高更全面。

建筑企业具有其自身的行业特点，既不能全盘否定企业以往在管理能力建设方面的探索，也不应盲目接受其他企业成功模式，中国水电三局走出了一条具有鲜明企业特色、独创的协同平台发展之路。

5 基于项目管理的协同工作平台建设过程

作为传统建筑企业，主营业务及项目管理的好坏直接影响了整个企业的管理经营能力，中国水电三局基于基层项目现场经营管理协同工作能力建设，以企业战略为指导，加强流程梳理与再造，设计全业务逻辑关系，建立标准统一的协同工作平台，以提高项目运作质量、降低项目管理成本为目标，整合汇总基础业务信息，提高业务数据加工和分析能力，并结合企业不同时期发展需要，不断对平台进行拓展和优化。具体过程包括：

5.1 分析企业组织结构及管理模式，定义不同管理层级职责

首先对企业组织结构和管理模式进行分析，对不同层级管理需求进行梳理和总结，明确组织职能与职责，设计出真正符合中国水电三局管理实际的协同工作平台。

结合企业三层管理架构及相关职责（表1），明确由公司总部负责再造业务流程、制定企业标准、规范业务管理、明确岗位职责；分局负责合理分配资源、组织经营分析、防范经营风险、提升管控能力；项目部则作为项目生产施工的主体，负责精细化现场管理，通过优化经营策略，获得经营利益的最大化。

管理模式分析示意　　　　　　　　　　　　　　　　　　　　表1

组织层级	管理职能	相关工作
公司总部	再造业务流程 制定企业标准 规范业务管理 明确岗位职责	规章制度 流程标准 流程模板 业务编码 组织及岗位定义 推广培训
分局	合理分配资源 组织经营分析 防范经营风险 提升管控能力	分局流程应用 分局内（项目部）人员配置 推广培训
项目部	精细化现场管理 优化经营策略 获得经营利益	项目部流程应用 日常业务操作

根据组织和管理结构，明确不同层级管理定位：总部进行战略决策，分局进行经营管理，项目部负责独立项目现场生产管理。公司总部和分局具体管理内容可分为市场营销、企业综合、设备资产、财务资金、经营策划、安全质量管理等。项目管理是整个平台设计的重点，目标是实现项目全寿命、全过程、全方位协同作业（图2）。

5.2　以项目现场管理为抓手，整合优化各业务之间逻辑关系

探索将企业自身管理特点和企业文化与PMBOK思想融合，引进优势经验、简化业务流程、优化管理标准。根据公司经营目标，对项目管理的系统逻辑功能进行设计，围绕"合同为主线、进度为依据、成本为控制"的原则开展。

根据项目现场实际情况，梳理项目管理关系，项目管理根据工程性质，以合同或策划清单贯通项目的"开发→实施→竣工"过程；市场开发时结合施工企业定额库、物资消耗表进行标前预算，以决定企业是否投标；中标后

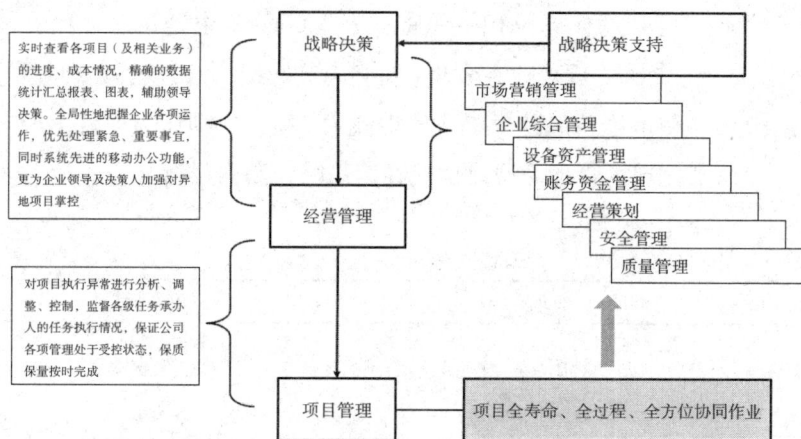

图2　管理职能层级关系图

在标前预算的基础上进行项目评估，并确定项目的总成本目标和物资总需求；项目实施中以清单为标准，控制项目的分包总量和结算；竣工后则通过清单的实际结算对比，从而分析项目的经营活动是否科学，项目管理是否优化。

5.3　通过流程再造，重新定义各岗位职能和职责

协同总部经营、设备物资、进度、质量技术、财务资金等业务部门，淡化传统组织界线，以自然工作流为基础，明确工作流程，减少业务间组织协调。

流程再造明确和优化了各类工作的标准，并对原有业务管理提出了新要求，中国水电三局因此修订了相关的业务管理办法，以适应新的管理变化。

根据公司业务管理办法，结合业务逻辑关系，设计跨业务工作流程，制定了《中国水电三局协同工作平台 IIS 管理流程标准》，明确各流程发起条件、流程节点岗位、岗位权限等。

5.4　明确各级岗位及职责，定义平台应用功能

按照不同流程的节点工作内容，明确人员所属部门、岗位、任职资格、工作职责、对应责任领导等。

根据《协同工作平台 IIS 管理流程标准》，按照自然工作流运行模式，设

计 IIS 平台岗位模型，对所有属性进行软件定义。

经过调整企业组织结构及管理模式、整合优化业务逻辑关系、流程再造、优化设计新流程、定义各岗位职能和职责等过程，中国水电三局协同工作平台的核心项目管理软件模块已基本建立，基层业务人员通过整体的业务逻辑关系、业务流程，按照岗位职责进行日常工作操作，并产生各种统一规范的业务基础数据。

5.5　根据统一标准的业务数据，建立数据分析模型

按照各业务领域管理需要，自动生成各类业务报表，并对基础数据进行加工与分析，从而形成各种决策分析数据。

以合同履约能力分析为例，依据合同编制计划，工程进度、资源配置均围绕计划开展，最终实际生产经营结果与计划进行对比，超出计划的内容通过分析问题、解决问题从而提升履约能力，全面掌控生产经营的各个环节，提升管理水平，如图 3 所示。

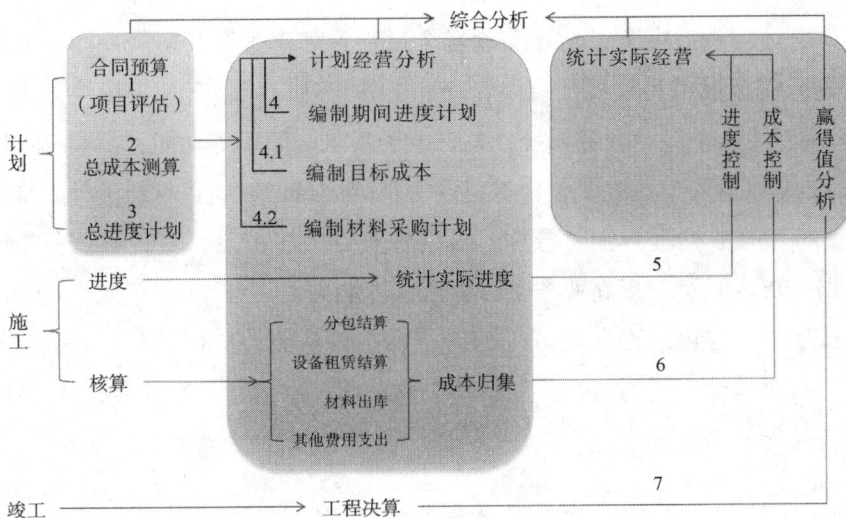

图 3　履约能力分析示意

通过上述"管理模式分析→业务逻辑设计→流程再造→岗位定义→数据分析"基本过程，从粗到细逐步分解、细化，形成整个协同工作平台的软件架构（图 4）。

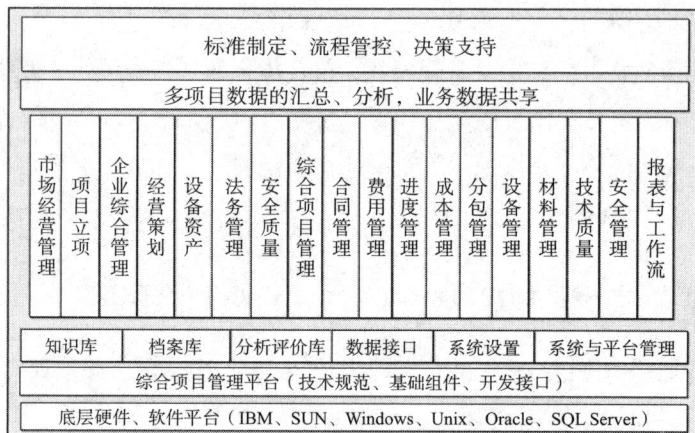

| 标准制定、流程管控、决策支持 |
| 多项目数据的汇总、分析，业务数据共享 |

图 4　IIS 平台架构图

6　协同工作平台 IIS 介绍

结合公司核心业务，在项目现场全过程管理基础上，拓展一体化业务建设，进行资金报销及审批、会议管理、事务管理、风险管理等模块开发与应用；采购专业电子签章服务系统，整合电子签名、印章等功能；优化基础业务，采购 PDA 数据采集系统，整合材料设备基础信息，对项目材料进行二维码管理等；对基础数据进行汇总分析，根据各业务关注重点，对核心业务指标进行数据分析与展示，提高业务整合分析管理能力。

按照平台建设过程介绍，形成 IIS 平台主要功能，总部负责各项标准设置，分局进行具体标准过程监督，项目部按照公司标准进行日常业务操作。IIS 平台主要功能如图 5 所示。

6.1　IIS 平台总部及分局级主要功能介绍

总部在 IIS 平台中进行企业标准化设置，如：设备物资资源管理、客商管理、编码管理、贯标体系管理等，确保公司各项制度和标准顺利落地，实现总部易决策、分局易督导、项目易执行的目的。

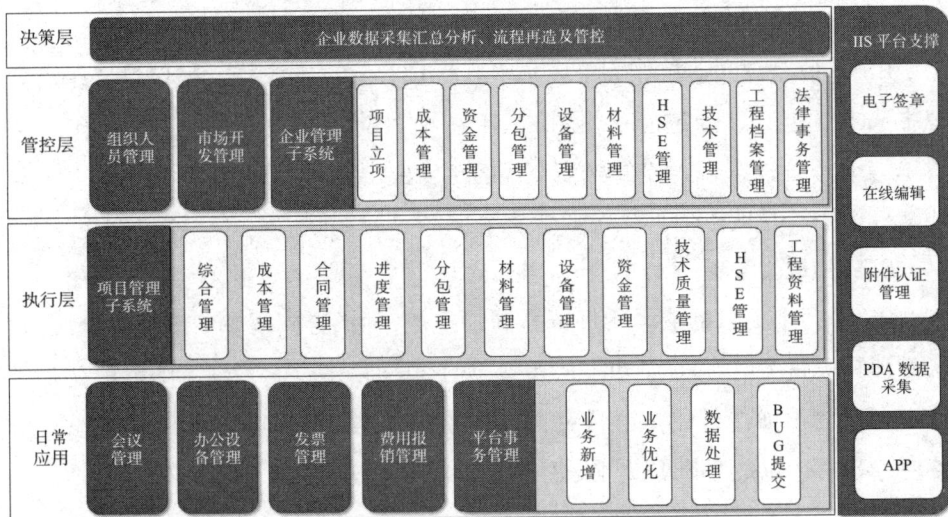

图 5 IIS 平台主要功能示意图

通过建立完善的业务审批制度，明确业务流程及审批过程，并在 IIS 平台中设置流程模板，全公司业务通过流程连接在一起，保证了"总部—分局—项目部"三级组织日常工作的协同性和联动性，同时所有基础业务数据一次录入后，可通过业务逻辑关系反复进行使用和后续加工，既提高了基础工作效率，又保证了数据的权威性和可用性。通过流程梳理风控点，风控点既是流程的判断条件，还可作为数据分析、图表分析的关键字段。总部可通过平台加载各类管理流程和标准，实现企业制度落地，并根据实际执行情况分析市场变化对企业标准进行调整和修订；分局可通过对各项目执行情况的审核，动态调整配置各类资源，实现对所属项目的跟踪管理；项目部通过执行平台内置的标准体系和流程，实现项目现场合同、进度、成本等全生命周期的过程管理。

6.2 IIS 平台项目部层级主要功能介绍

项目现场生产管理，是本平台的管理重点和信息数据收集基础，最终目的是实现项目管理标准化、精准化，提高盈利水平。

6.2.1 合同管理

IIS 平台以合同清单作为中国水电三局项目管理的主线，是项目部层级管理中成本、进度、分包清单编制的基础；项目的合同管理模块是对业主合同清单的动态管控，以及结算情况的动态反映，合同信息来源于项目立项；此外清单还用于月度产值计划及对业主合同结算的编制。

6.2.2 成本管理

IIS 平台中项目的成本管理以合同为主线，利用合同清单项进行单价评估，从而预测项目经营利润。同时，IIS 实现了单项目多合同管理，即以项目为单位、合同为子项进行成本科目定义。本模块数据按各业务之间逻辑关系，由各业务日常产生的基础数据汇总生成，无需人工填写。

6.2.3 进度管理

在项目进度管理模块中，使用 WBS 进度管理和形象进度管理，WBS 进度结合了合同清单，清单计划量、完成量直接反映出项目产值进度是否滞后，形象进度可通过图片进行直观体现。使用 WBS 通过计划和实际的对比，对项目总体进度进行掌控，同时可细致的管理年、季、月、周等进度情况，包括任务及人、材、机等资源配置。

6.2.4 分包管理

IIS 平台执行公司分包管理办法，包含了策划、立项、招标、开标、定标、签订合同、合同结算的完整过程。总部进行项目分包策划，分局根据分包策划中的分包明细进行分包立项，项目部进行招标，并按合同内容进行分包结算等事宜。

通过平台统一全公司分包标准、审批流程、合同模板、各类结算和支付标准表单，并整合了全局统一管理的签章体系，各类标准的合同、表单可作为财务报销的凭据。分包清单通过主合同清单控制，结算时系统自动汇总各类资源消耗情况及奖惩费用。

6.2.5 材料管理

项目现场的物资材料管理是生产和成本管控的重点，IIS 平台的材料管理已形成完整的从计划到采购、材料合同管理、材料出入库、库存管理的现场全过程管理功能，所有过程均按制度要求进行过程审批，建成全公司统一规范的表单，可根据日常出入库工作形成各类台账和报表，并向分包结算、成本分析等功能提供基础数据。

材料管理遵循先计划、后采购的原则，材料合同为入库条件，无合同不能自购入库，无入库不能进行供应商挂账；采购入库与出库限制，未入库不能出库，出库时间不能早于入库时间；材料出库细化到施工部位和成本科目，从而可进行内部材料核算分包队伍的材料消耗，在分包结算时自动对分包队伍材料使用情况进行计算。

材料管理模块的使用，涵盖了中国水电三局项目生产使用的所有材料，项目管理材料使用情况全过程可追溯。

由于成本科目来源于合同清单，出库时选择后不但可以进行材料成本分析，还可以进行质量追溯。

除了常规的项目材料管理功能之外，为适应海外项目材料管理，入库环节增加了关税、运输费等费用的验收入库，该项设计的应用实现了海外项目材料成本核算材料管理。

另外，为提高基层现场物资管理，整合手持数据采集仪及二维码管理，对物资进行商品化管理，实现了快速分拣、查询、出库。

6.2.6　设备管理

由于中国水电三局对企业大型设备进行集中采购，因此在 IIS 平台中设备管理包括了自有设备、租赁设备及外协设备。公司根据项目需求进行集中采购，总部和分局对自有设备进行调拨，将公司自有的闲置设备调拨给需要的项目部，项目部对生产现场的公司自有设备进行日常使用、维护和管理；如无法满足生产需要，可向社会进行设备的租赁和协作，并根据合同与材料出库管理相结合，对租赁设备的材料费进行核销。

6.2.7　资金管理

水电三局已实现了所有资金线上审批、线上拨付，项目的资金管理模块是项目部针对资金使用时的审批入口，该模块对资金申请来源做了详细记录，并明确了费用来源，平台自动归集了各项扣款，返还款，安全质量奖惩等，打印出的支付申请单是财务做账凭证。

费用管理还进行了以收定支管理，项目部支出不能大于收入，剩余资金为零时不能支付，如确实需要支出必须通过资金融通模块，先拆借资金增加支出额度，方可支付。

6.2.8 技术质量、安全健康环境管理

技术质量模块，公司按贯标体系设置技术质量管理要求，分局和项目只需要按照工作规范，将日常工作记录资料分类存放。

安全健康环境模块规范了安全、质量的检查内容，对特殊过程控制进行了指导，并关联了安全、质量奖罚信息，由项目部经营部门对协作队伍的履约进行全面评价，并在分包支付时计入。

6.3 IIS 平台海外项目应用

加强海外项目基础设施建设，整体提升海外信息化项目建设水平，优化项目业务管理流程，提升海外项目过程管控与精益履约能力。利用 IIS 平台实现了对海外人力、资金及物资设备等资源的现场管理，实现了公司掌控海外项目生产情况、优化配置的目的。

为满足企业对海外项目的管控需要，根据不同国家和地区实际网络环境，对不满足网络实时回传的海外项目，开发和部署了单个海外项目的项目管理系统，并针对海外项目特点，研发符合实际应用的功能模块。单独部署的项目管理系统，与国内 IIS 平台做到了数据同步、流程同步和管理同步。

使用单独部署项目管理子系统、网络空闲时段向国内回传数据的方式，向国内主服务 IIS 平台同步各类流程和信息，有效解决了海外项目信息不对称、管理困难的难题。并且为了满足海外项目的特殊要求，增加港杂、空运、海运、清关费用等，数据同步回 IIS 平台后，又能与国内项目信息汇总合并，进行统一分析、管理。

6.4 IIS 平台报表及数据分析

区别于传统企业级平台的报表和分析功能，IIS 平台中的各类报表和分析全部由基础数据汇总而成，无手工填报或人工干预，既减少了二次录入带来的工作量，也有效保证了数据的时效性和真实性。

6.4.1 项目层级分析

各项目部可根据日常生产管理工作所使用的基础数据，自动汇总本项目各类台账及报表，如合同分包和结算台账、材料出入库台账和收发存报表、设备台账、HSE 隐患排查报表等，并可根据预警调整实际生产，实时了解和分析本项目实际经营情况。

6.4.2 分局和总部管理级分析

项目施工生产 IIS 平台应用过程自动收集的基础数据，为企业全面分析提供最有力的支撑，强大的数据分析能力，直观准确地反映企业的管理现状和经营状态。

6.5 其他功能介绍

按照中国水电三局信息化规划，不再新建业务系统，在 IIS 平台上整合扩展新功能和新业务，并将基础业务信息进行整合利用，并将事务性日常工作纳入平台应用。

目前除主营生产管理之外，还开发了事务管理、流程管理、会议管理、发票管理等功能。

6.6 APP 主要功能介绍

为提高公司 IT 新技术发展和应用水平，满足各级员工日常流程处理、施工现场检查等，配套 IIS 平台使用研发了手机和移动应用 APP，进一步提高了员工日常工作的便捷性，以及安全、质量等一线员工信息收集能力。

配合项目应用，采购了物资扫码打印一体设备，升级物资管理与手持扫码硬件设备接口，在海外项目进行应用，提高了海外项目物资管理能力。

另外，目前正进一步研发施工现场人员手执终端、手机、平板等应用，探索一线生产信息化技术，提高一线员工生产和信息收集能力。

7 IIS 平台推广应用成效

中国水电三局在 IIS 协同工作平台建设过程中，打破信息化部门只提供软硬件维护和服务的传统方式，真正涉及企业管理流程再造过程，并由信息化部门负责组织所有业务部门，划分相应业务需求说明、评测验收、培训推广、应用指导、监督检查和考核升级等配合工作。信息化部门的全过程设计与主导，使各职能部门共同参与一体化平台的开发应用工作，把传统相互独立的业务管理职能协调统一、固化到信息系统中。多部门的深入交流沟通，也清晰了各岗位管理职能，逐步形成了多部门、多岗位职能相互配合的协同工作模式。

信息化部门在确保信息平台软硬件稳定运行的基础上，全面负责 IIS 平台的组织、协调、沟通工作，加强与公司管理层、各业务管理部门、下属单位总部、项目部、软件厂商的相关方沟通，组织调研、交流、培训、宣传会议，制定实施方案、组织现场培训、协调推广进度、验收应用成果，将公司管理的各环节、各层级有机地融合在一起，迅速提升了信息管理人员的知识面和管理能力；并为全公司范围内普及信息化知识、提高员工标准化管理能力、规范企业各项制度提供了有益的帮助。

IIS 的开发及应用不只是信息化工作的一次重大突破，也是中国水电三局管理模式管理手段的一次变革，主要体现在以下几方面：

7.1 帮助企业管理走向标准化与规范化

通过业务部门合作，全面梳理和完善管理流程，解决传统经营管理模式下，标准不统一、制度落实不到位、经营管理信息传递不畅等问题，打破了传统烟囱式管理思想，梳理和完善业务之间逻辑关系，改变企业原有组织形式及管理模式，修编各类管理制度，明确跨职能、跨岗位之间协同工作方法。另外在信息平台的建设过程中，中国水电三局将多年的制度建设和项目管理经验进行了梳理优化，将标准和流程固化到 IIS 平台中，使公司的经营活动按照统一的标准和要求开展，实现企业的"管理复制"，充分体现企业的管理思想和管理价值，促进提升企业管理能力，并使企业决策层、管理层、职能部门能集中资源，及时了解和管控项目的生产经营情况，逐步帮助企业实现精益化管理。

7.2 实现了全业务协同工作，保证各项制度落地

中国水电三局 IIS 平台，是基于企业统一管理的多任务协同工作、一体化信息平台，中国水电三局总部、分局、项目部等职能部门集中在一个平台上协同工作，既可以完成与主营业务相关的业务管理，又可以进行日常经营活动处理、专家会诊、辅助决策等，满足大型建筑企业集约化经营的要求。以流程为纽带整合企业管控能力，根据管控级别，项目部、分局、总部分别赋予了不同的管理流程和审批权限，贯穿了整个体系，各类工作流程体现了所属工作的管理标准；同时流程的上下贯通，使企业能够在集团层面统一管理标准、细化管理粒度、集中管控力量，保证了企业管理理念的统一。

7.3 解决了企业内部信息不透明、数据利用率低下的问题

打破部门壁垒，实现职能数据一体化，解决横纵向数据的共用问题，实现业务数据一体化。通过协同工作，使所有日常工作相互促进、相互监督，形成良性循环，提高了基层员工工作效率，保证了数据的真实性、时效性，弱化管理的时间概念和空间概念，实现管理同步。帮助解决企业资源管控与调配问题，总部和分局对多项目的资源进行监管和合理调配，有效提高人工、劳务、机械、物资等资源的利用率。按照横纵一体设计思路，有效应用总部、分局、项目部三级集成数据，实现数据的价值最大化。持续推进主营业务基础信息数据的收集、整合及分析能力，围绕加强项目管控水平，实现实时动态管理。

7.4 完善的基础数据为企业决策支持提供依据

中国水电三局 IIS 平台提供了覆盖公司战略层、经营层和作业层的决策分析体系，为公司各级管理和业务人员提供智能辅助分析手段，提升分析与决策水平。集中各领域专业分析能力，建立自有数据分析模型，增强公司信息数据分析能力。整合信息资源，转换信息价值，通过对各业务数据分类归集，形成统一的成本归集、统一的企业资源管理，实现了公司的"分散经营、集中管理"管理理念，同时完善的基础信息和深入的分析挖掘，使得信息的

潜在价值得到充分应用，成为企业决策的有力依据。

7.5 立体的预警体系全面加强风险管控

在积极融合主营业务生产经营过程中，IIS平台中还建立了完善的风险防控屏障，坚持风险控制与经营效果相平衡原则，对应风险所涉及的流程，将关键环节作为控制点，采取相应的控制措施，减少项目实施过程中不确定因素带来的风险，为企业分析经营状况、评估管理水平提供了有效手段，并有效避免了经营履约风险。

7.6 高效的管理水平带来显著的经济效益

借助IIS平台以及配套的综合管理体系，彻底改变了公司项目管理的传统模式和方法：系统实时数据的采集代替手工报表的填报、数据的可追溯性确定了每项工作职责到人，在线流程的审批大大缩短了纸质审批的时间，管理部门的系统检查代替了分散、低效的现场检查，管理过程的监控增强了企业的管控水平。

随着平台应用的深入和扩展，其经济和社会效益逐渐显现，提高工作效率、降低经营风险、增强企业管控水平等其他间接费用难以量化，而管理信息化为企业带来的不仅是经济效益，更重要的是管理水平的提升，以及核心竞争力的增强。

自2013年全公司推广应用，经过多年的建设，截至目前，中国水电三局在建项目139个，上线率达到了100%。中国水电三局IIS平台的建设及应用，解决了困扰企业多年的"信息孤岛""信息不对称"问题，使企业及时对大量的信息进行收集、整理及分析，为企业决策层提供可追溯性的数据，成为实现企业战略的有力支撑，提高企业的整体素质，实现施工企业的管理提升。

8 IIS平台版权及近年所获荣誉

中国水电三局IIS平台已获得1项发明专利，取得4个软件著作权。

2015年，在中国电建股份范围内，以中国水电三局项目管理信息化成功经验为模板，在全集团范围内推动项目管理信息化工作。

　　获得中国水利水电建设股份有限公司管理提升活动专项研究优秀成果一等奖，中国建筑业协会第三届建筑业企业信息化建设特优案例、中国施工企业管理协会第十四届工程建设行业信息化高峰论坛典型案例、中电联 2017 年度中国电力创新奖一等奖、中国电建科技进步二等奖等。

9 对企业信息化建设的几点感悟

9.1 对信息化建设要有充足的认识和准备

　　信息化建设是一个渐进的过程，同时也是一个长期发展的过程，因此应该结合实际，坚持一切从实际出发，对信息化建设制定出科学合理以及详尽的发展计划。同时在企业当中还应该进行规范统一的领导以及指挥，加强宣传、培训，帮助全体员工转变观念、接受新技术新方法，并愿意积极的参与到这一过程当中，共同推动企业信息化。

9.2 信息化促进企业管理变革

　　企业信息化是信息技术与管理模式的碰撞和融合，中国水电三局在应用综合项目管理系统之后，同时带动了项目管控模式的不断调整和改革。2017 年以前，公司不对项目进行实时管控，而随着信息系统的深入应用，管理层具备了直接管控项目的手段，2017 年，中国水电三局成立了市场营销中心和项目管理中心，标志着对项目管控模式的变革。因此，企业信息化的实质，是在信息技术的支撑下，实现信息对称，通过实时收集、加工和利用信息资源，使管理决策者能够及时把握市场动向，更好地组织企业的人、财、物等资源。因此，企业信息化不只是信息技术的创新，更大的意义在于促进了内部管理的多方位变革。

9.3 企业信息化发展应以需求为导向

　　施工企业的信息化建设一定是服务于企业，再先进的技术，如果不能落地，只能昙花一现，只有从企业自身出发，从问题导向、需求导向出发，才能建设出符合企业自身需要、能够被企业及员工接受、能够实现业务替代的信息化体系，才能使信息化落地生根、开花结果。

9.4 企业管理与信息化的互相促进

如果说中国水电三局初期的信息化建设，是在行政要求下的被动执行，那么现在三局的管理发展已经与信息化发展同步进行，信息化成为企业管理思想的延伸，信息化这个工具一旦被深入应用，会为企业带来信息的对称、数据的透明、规范的流程、高效的管理，而这些也是企业管控能力提升的要素，因此企业管理应与信息化发展交替上升，相互促进发展。

10 结束语

今天，对于施工企业而言，信息化与管理的变革，是企业发展和生存的一个必经过程，网络、通信、智能、智慧，这些信息技术的飞速发展，为企业提供了改革创新的良好基础，但还要看我们自己是否能够抓住机会，转变传统理念，接受新事物、应用新技术。如何将信息化与管理更为紧密有效地结合起来，如何通过对信息资源的深化挖掘和开发利用，是我们永恒的话题。信息化永无止境，中国水电三局将继续秉承自己的理念，在信息化建设过程中，不断总结，不断完善，将企业管理与信息化不断融合、不断深化，从而实现企业经济与社会效益的双赢，为推进公司科学发展和创建一流企业做出更大贡献。

主要执笔人：

李　晨　中国水利水电第三工程局有限公司信息化管理部处长

案例 9

宝剑锋自磨砺出，梅花香自苦寒来

鲲鹏建设集团有限公司

1 企业概况

鲲鹏建设集团成立于 1993 年，注册资本金 4.169 亿元，拥有市政公用工程施工总承包特级、建筑工程施工总承包特级、市政行业工程设计甲级、建筑行业工程设计甲级等 20 余项建筑业资质，是国内少数拥有两项特级资质和两项行业甲级的大型建筑工程公司。20 多年来一直专注于建筑领域，集设计、采购、建造和运维于一身。鲲鹏建设集团是一家全国性企业，业务遍及浙、苏、沪、闽、粤、川、赣、皖、渝、桂、辽、湘、鲁、晋、蒙、鄂、滇、新、黔、豫、陕、琼、冀等省市地区，拥有员工 1000 余名。

2016 ~ 2018 年，鲲鹏建设集团新签合同额分别为 66 亿元、94.7 亿元和 106 亿元；分别完成产值 55 亿元、69.6 亿元、73 亿元；分别实现利润总额 1.51 亿元、1.93 亿元和 2.07 亿元。

鲲鹏建设集团经过多年原创性探索，发展出一条与通行的"项目经理承包制"有本质区别的"法人做工程"模式和"项目经理责任制"模式。集团十分重视信息化建设，原创施工企业管理、项目管理信息化软件和信息化实现方式，为适应行业进步，积极探索 BIM 技术在工程项目建造阶段的应用和价值彰显；成立基于"工程师＋产业工人"的建筑工业化装配总队；工程项目设计阶段有别于"分院（所）承包制"的直营和总院负责制模式，积极开拓 EPC 模式和 PPP 市场。集团建立了基于"法人管项目""管理信息化""建造 BIM 化""产业工人化"基础之上的核心竞争优势。

2 信息化建设背景

2.1 外部环境

在当前的宏观市场中，民营施工企业接活难、干活难、结算难、收款难。在贷款利率上还受到与国企不同利率的对待；在建筑业市场，PPP 项目基本与民营企业无缘；在技术环境下，信息化、BIM、工业化也需要民营施工企业提早铺排。

2.2 内部因素

在民营施工企业内部，管理不规范，管理水平较低，一直是制约和影响企业发展的重要原因。施工企业员工，特别是项目部人员层次不一，施工现场分散，沟通不畅，远程管控更增加了项目管理的难度，导致民营施工企业面临严峻挑战。

2.3 鲲鹏业务模式

鲲鹏建设集团采用直营加联营双线发展的经营模式，以联营项目做大企业规模，以直营项目模式增强企业综合实力。

直营施工项目涉及的成本项多、材料量巨大，项目所在地分散，无法实时管控。在实施项目管理信息化系统前，只能拍着脑袋做，事后慢慢算。在施工过程中，由于项目数据零散，由项目部财务人员汇集数据，并使用 Excel 表格进行汇总，人工收集和处理数据导致信息滞后，且统计错误率较高。通常一个项目完结之后很久，才知道用了多少料，花了多少钱，最后结算发现几年时间又白干了。在这样的管理方式下，做不到事中控制，事前策划和事后分析也非常滞后。企业的资源不能得到合理的配置，项目部人员的积极性也逐渐被消耗。

联营施工项目不由集团直接管控，无法把控风险。集团好几个联营项目都出过资金被合作者挪用、合作者将债务转移到集团的事件。这些事件对集团的声誉、营收、资金状况都造成了严重的影响，有些项目产生的垫资，至今仍未收回。

在这样的背景下，要求我们不得不提升管理，而信息化是管理提升最有效的工具。

鲲鹏建设集团作为全国第一家拥有市政土建双特级资质的民营企业，集团董事长毛晨阳先生早在十多年前就已经认识到信息化是决定未来企业发展和进步的必然趋势，提出了"数字化企业，数据化经营"这一信息化战略。

在集团二十多年的发展历程中，一直倡导着"企业集约经营，项目精益管理"理念，运用信息技术全面提升集团管理水平和核心竞争力是信息化建设的总目标，以"提高效率、控制风险、解决问题、帮助决策"为集团信息化工作的准则来进行鲲鹏信息化系统建设。

3　信息化建设主要思路

鲲鹏建设集团从 2008 年开始探索建筑施工企业的信息化管理，采用自主研发和外部集成相结合的方式来推行集团信息化。研发的内容，主要是针对民营企业内部管理和施工项目管理方面的需求，原则是"简单、实用、高效"。而财务核算、工程造价、预算、工程资料等这些规范的专业性比较强的软件，可直接采购专业软件与集成。

信息化工作，往什么方向走？去实现哪些需求？解决哪些问题？也需要有一条清晰的路线。因为我们行业的特点，就是人员整体的受教育程度有限，项目分散管理难度大。由于鲲鹏采用的是自主研发的方式，开发资源有限，时间也有限，所以我们要从提升沟通效率、规范生产经营活动、提升远程施工能力和增强企业管理力度这几方面来着手，这些工作，都要逐步实现信息化。在鲲鹏，信息化要解决的问题很明确，就是集团高层领导提出的四个"凡是"。这是我们开发工作的界限，为我们排除了干扰。

3.1　凡是提升沟通效率的，要信息化

建筑施工行业具有劳动力密集，工程项目分布点多、面广和人员流动

性强等特点，传统管理模式下的管理难度大，信息流通不畅，对市场的变化反应缓慢，集团总部与项目部往往需要花费大量的时间用于沟通。"简单、坦诚的人际关系"是鲲鹏倡导的企业文化，"我的消息""文档起草""互动家园""会议管理"等功能的应用有效地拉近了彼此的距离，同事之间、部门之间的沟通，通过信息系统能够轻松建立起沟通的桥梁。

3.2 凡是规范生产经营活动的，要信息化

在鲲鹏盛行着这样一句话"管理制度化、制度表单化、表单流程化、流程信息化、信息报表化、报表智能化"，公司的各项管理的活动和管理的动作，都要形成管理制度或标准规范，通过信息化手段形成表单、流程和报表，固化成熟的内部管理机制。目前信息系统中的流程几乎覆盖了整个管理体系，小到请假，大到各类工程款项的支付、项目的策划，都有相应的管理流程。

3.3 凡是提升远程施工能力的，要信息化

"远程施工能力"是鲲鹏快速发展的核心能力。鲲鹏建设集团的注册地在温州，行政总部设在杭州，近50个分支机构遍布全国各地。温州业务量占总量的15%，而浙江省外业务量占总量的60%，所以说鲲鹏是一个外向型的企业。通过综合项目管理、财务管理、人力资源管理、协同办公系统的运用，打破总部、分公司、项目部的地域壁垒，通过工作流引擎驱动集团决策层、管理层和执行层的高效运转，使得集团的"走出去"战略得以实现。

3.4 凡是增强企业的管控力度的，要信息化

通过信息化我们能做到三级管控，即集团、子公司、项目部三级（图1）。多业务线的打通，增强企业的管控力度，为集团精细化管理提供有力保障。随着集团施工项目的快速增多，实时采集每天生产经营活动中的信息数据，对业务过程进行监督与检查，实行规范化管理，促进各部门、各项目部管理工作质量的提高。系统的权限会随着员工的入职、晋升、调岗等及时进行变更。保障责权利的对等，相辅相成、相互制约、相互作用。

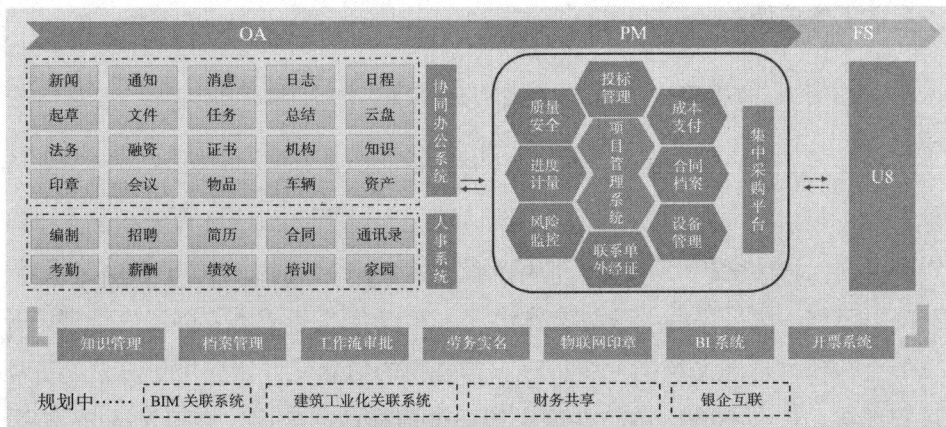

图1 鲲鹏建设集团信息化整体框架

4 信息化建设历程

鲲鹏建设的信息化过程，是从基础的协同办公应用，到工作流程审批，再到项目管理系统的逐步深化应用的过程。利用信息化工具，反推集团和项目管理的规范化，以达到提升集团管理水平和竞争力的目标。

4.1 起步探索阶段（专业软件应用）

鲲鹏信息化起步于2007年，从2008年开始自主研发。这一阶段主要是以OA系统的应用为起点，实现文件和数据的电子化存储和简单处理运算等。这一阶段自主研发了OA系统、集成短信平台、企业门户网站；外部采购财务软件、计价软件、算量软件、招投标工具。

4.2 作用提升阶段（业务功能开发）

主要是以基于粗犷式项目管理、财务管理为重点的网络应用，把信息化应用到企业核心的行政办公、财务管理环节。自主研发了人力资源系统、法务管理、融资管理、行政管理和档案管理等功能，以及建筑施工行业特色需求的证书管理功能。

4.3 深化拓展阶段（信息集成与运用）

该阶段主要是建立基于互联网的流程化、标准化、系统化的应用信息管理平台，包括对原有的办公管理系统、资金支付平台和项目管理系统集中进行升级优化和功能扩展。2015 年集团成立了 BIM 研究院，创建了微信公众号，与阿里巴巴（集采平台）签订合作协议。2017 年基于成本方圆图模型理论开发的直营项目管理系统的上线，标志着鲲鹏的信息化开始应用于直营施工项目管理这一核心业务。2017 年底上线的微信移动端应用，鲲鹏人从 PC 办公进入了移动办公时代。

5 信息化解决的重难点问题

5.1 管理的落地

企业发展过程中，制度建设必不可少，但是真正执行起来根本不是那回事，很难执行下去。究其原因，有以下几种情况：第一种是制度太多太杂，让人难以理解和记录。有些企业动辄成百上千个制度，每年还不断地修订和更新，这么多制度会有人去认真看吗？我想不会。如果看都不看，又何谈执行呢？还有一种情况，就是我们花了大力气去培训制度，大家也都知道有这么个制度，但是执行的时候又是另一种情况，往往也不是不执行，而是选择性执行，遇到容易实施、要求严格的，就执行，符合部门或个人利益的，执行。规定不明确或者是对自己有约束的制度就放在一边不执行，这种情况怎么办？

历史上秦国统一天下，商鞅立法、推进社会制度改革，使秦国新政得以有效推行，取得前所未有的成功。为什么？是因为商鞅主张"天子犯法，与庶民同罪"。那个时候都知道，有制度不执行就会失去公信力，最后变为一纸空文。有制度不执行比没有制度更可怕。

通过信息化管理手段，将管理制度与业务处理过程有机结合，帮助企业建立规范的业务流转机制，可以有效解决管理执行力问题。关于制度如何通过信息化来落地，我们鲲鹏有一个"六化策略"。鲲鹏的信息化实施过程，也是集团实行"鲲鹏六化"管理的过程。将集团管理制度与信息化建设相结合，使各项规章制度真正落地。

5.1.1 管理制度化

集团在狠抓制度建设的同时，将所有制度在综合管理信息系统的制度管理模块中公示；将每个部门每个岗位的职责进行公示；将制度的执行情况进行全员监督。

5.1.2 制度表单化

企业人员层次不同，特别是项目部施工人员的文化水平不高，冗长难懂的制度往往流于形式得不到执行。因此，我们将制度转化为简单易懂的表单，易于执行。例如：集团出台了《直营项目月度完成产值核算管理办法》，同时在信息系统中设置《月度产值上报流程》保障该制度的执行。同时，可将该流程中申报及核定的产值数据收集起来，用于项目的产值成本分析。

5.1.3 表单流程化、流程信息化

鲲鹏采用的是矩阵式组织架构，项目部人员的行政管理由项目经理负责，具体的业务由集团总部的各大中心进行监督和指导。在这种双重甚至交叉管理的模式下，制度的落地变得更加困难，要了解一件事情究竟该找谁，由谁来审批，需要一段时间去熟悉制度了解业务。为了解决这个问题，在项目管理系统建设时，我们除了将制度转化为简单易懂的表单，也将制度规定的审批权限转化为流程。员工只需要发起流程，填写系统中设计好的表单，提交后，就自动流向相应的审批部门及审批人。还是以《月度产值上报流程》为例，由项目部发起，经过工程部、商务预算部、审计部及财务部审核，产值数据就可完成归档，既省去了纸质文档线下找各部门审批的时间，又做到了数据的归集。

解决了远程审批的问题，我们花了很长的时间来养成人员的信息化意识，只有全员有了这个意识，信息化工具推行才能顺畅。集团内部，只要上线了

线上流程，线下纸质签字就立即停止，杜绝线上线下跑两趟的情况发生；有了线上工作流审批系统，我们将审批事项细化到了岗位节点、人员。又将每一个审批节点的审批时间做了限制，可在流程节点上设置审批时限，到期可发出催办的提醒至审批人的手机上，目的是真正能加快审批效率。

经过五年多的累积，集团全员信息化意识大大提升，工作流程从以行政考勤类事项为主，慢慢向以业务事项为主转化。现在集团经营、项目管理、财务管理等相关业务均有对应流程。在制度发布的同时就提交工作流程需求，制度出台即有相应的流程上线，真正使制度落到实地。

5.1.4 信息报表化

系统中的数据，都只需要发起人填报，经过审核后，归档至相应的管理系统中，汇总并自动生成台账。"一次填报，多次使用"，大大降低了错误率，减轻了员工的工作量，提高了工作效率。

现在鲲鹏各直营项目部的产值、收款、支出、五大成本费用相关的业务，都通过系统处理。不额外增加现场人员的工作，信息系统就是员工的工作平台。

5.1.5 报表智能化

在系统中集成了图形化报表系统，对系统中的数据进行高质量地分析，自动生成直营类、行政类、人事类、证书类报表，为管理提供依据，为决策提供参考，进一步提升管理水平。

5.2 联营项目计量含量管理

对于联营项目我们将计量与含量分析的管理方法结合到了项目管理系统中。通过对项目进度的工程计量、含量分析采购和支付的合理性；收回项目资金权限，所有的支出必须有合同为依据，由集团统一支付给供应商，要求供应商在收款后登录系统进行收款确认。

5.2.1 实际工程量分析

导入联营项目的实际工程量，系统会自动生成实际工程量与项目的清单工程量对比分析表，一方面利于了解项目进度，另一方面系统会对清单中未列项及超出清单的工作量进行预警，方便现场人员及时签证。

5.2.2　材料消耗含量分析

通过工程计量与消耗含量的对应关系，系统自动分析材料消耗量。可对现场的人材机消耗量合理性进行评估，评估的结果作为支付供应商款项的参考依据，减少资金被套用挪用的风险。

5.2.3　材料采购价格分析

通过材料实际采购价格与投标价格的对比，进一步分析成本。找出成本偏高或偏低的原因，是在于消耗量还是采购价格因素导致。在联营项目的资金管理上，鲲鹏采用的是集团统一管理的模式。支付供应商款项时，以投标价格为依据，由集团代位支付，有效防止合作者套取资金。

通过这三方面的对比，在管控好联营项目资金的同时，也可对联营合作者的管理水平有更深入的了解。

5.2.4　网上确认避免诉讼

联营项目的风险为资金风险，而风险的实现形式就是项目债务向公司转移。为减少风险，我们在系统信息中设置了供应商确认的环节，每一笔款项都需要供应商进行收款确认。这一个功能虽小，但对供应商有一定的威慑力，杜绝了因款项支付与收款问题产生的诉讼情况。

5.3　直营项目成本管理

对于直营项目的管理，关键在于成本的管控。鲲鹏集团对项目部成本管控采用了鲁贵卿"工程项目成本管理方圆图"理论模型。在信息化系统的设计上，也遵循了这一理论。

5.3.1　核心业务信息化

鲲鹏直营项目管理系统实现项目材料、专业分包、劳务分包、设备、周转材料等业务合同、结算、支付在线审批、自动结算，通过资金支付倒逼业务的规范，实现无合同不支付，支付不超合同比例付款。

5.3.2　在线审批保效率

实现物资总控计划、需用计划、集中采购、结算和付款，各类业务从线下找相关人员逐一审批到全部在线上完成审批，大大提高了工作效率。

5.3.3 统计分析促管理

物资领用或采购中采购申请、出入库流水、对账、结算等台账自动生成，实际成本报表自动归集与责任成本、目标成本进行节超分析、预警提醒，从而促进了项目的精益管理。

在成本管理模块中设置责任成本、目标成本作为项目的考核标准以及项目部内部管理目标。依照不同项目的管理节点，设置项目的阶段。实时对比各阶段的材料实际消耗量与理论消耗清单量，责任成本与实际成本，对材料量价齐控，以加强事中控制。系统收集数据，自动生成项目成本方圆图及项目的各项效益指标，按阶段生成项目成本方圆图，竣工结算后形成项目完整的成本方圆图。

通过对项目进行责任成本考核，对项目的成败进行事后分析，总结经验教训。多个施工项目的数据经过沉淀，变为增值的施工管理知识，为其他项目的事前策划提供参考。

5.4 项目管理中的 BIM 应用

在鲲鹏的产业链模式中，BIM 对深化设计、四项策划、现场指导、管理决策、造价成本管控等多方面都起到了支撑作用。

以建德农村信用合作联社新建综合大楼为例，为了实现对项目的精细化管理，鲲鹏 BIM 应用研究院在该工程项目的整个施工过程中全程跟踪。在建模阶段，由 BIM 院建立 BIM 预算模型，与商务部建立预算模型以及甲方提供工程量清单进行对量，双方共同对建模细度、精度方面进行校核。在实施应用阶段，由 BIM 院深入项目现场，配合项目部对项目 BIM 进行全方位应用。主要通过技术管理、协调管理、进度管理、成本管理、安全管理、变更管理、材料管理、资料管理等 BIM 应用点，实现对项目全方面的精细化管理。

鲲鹏在精细化项目管理上已经摸爬滚打了数十年，在拥有直营设计总院后，产业模式也将向 EPC 转变。而在打通从设计到施工全过程环节中，BIM 占据着至关重要的地位。

目前鲲鹏 BIM 应用研究院已走过了技术为主导的 BIM1.0 时代，并向协调管理的 BIM2.0 时代迈进。在鲲鹏的未来产业里，BIM 院的价值主要体现在以下几方面：

5.4.1　控制项目工期，减少工期损失

设计阶段通过建立各专业模型，有效解决各专业碰撞问题，大大提高建设项目的出图效率及理解效率，缩短设计时间。招投标阶段通过设计模型一键出量，有效节省清单编制过程中的工程量计算时间，大大缩减招投标时间，同时提升质量。施工阶段通过 BIM 模型，有效减少图纸问题，缩短图纸会审时间。利用模型可视化管理，实现"以量控制进度"，提高对施工进度的把控。

5.4.2　控制项目造价

BIM 技术可精确计算工程量，快速准确提供投资数据，减少造价管理方面的漏洞，个别项目可以节约的造价将超过 5%。另外通过减少返工和设计变更，为控制项目造价提供保障。这两方面都将大幅提升预算控制能力。BIM 技术还可提供月度产值报表，从而杜绝分包方超报产值和工程款的现象，有效控制施工阶段的项目造价。

5.4.3　提升项目质量、安全管理

BIM 技术可对施工技术方案以及安全施工措施进行模拟，提供可视化管理。通过在模型中植入质量安全管理要点，并提示检查，从而可以大幅提升质量与安全管理水平。通过 BIM 协作平台，可对质量安全问题进行实时检查、实时跟踪和落实。

5.4.4　协调项目各方管理

利用 PC 端和移动端的应用，有效实现线上模型模拟和线下施工管理相对应，从而保证 BIM 平台数据的可靠性。项目管理方可从 BIM 平台实时获取设计、成本、计划、质量等精确信息和管控要点，从而实现全程同步共管。

5.4.5　降低运维成本

建筑生命周期可达百年，运维总成本十分高昂。而 BIM 模型可提供建筑的各种实体参数，为后期维护提供技术支持，利用好竣工 BIM 模型的数据库，即可大幅提升运维效率，降低物业运维成本。

5.4.6　项目数据积累

最终的 BIM 竣工模型，可提供可靠的项目数据，帮助建立企业级的项目

数据库，为后续开发项目提供各类数据，为新项目决策提供价值。

目前鲲鹏集团积极寻找项目管理系统与 BIM 系统、建筑工业化系统集成的方式，相信在不久的将来可以做到来源不同系统的数据在同一个平台上进行分析，为相关决策人提供决策依据。利用 BIM 和项目管理系统相结合的技术，对直营项目的施工过程、施工现场、项目成本进行精细管理。

6 信息化建设成效

6.1 项目应用全覆盖

现在，鲲鹏建设集团的综合管理系统中，已经制作 300 多张表单，1000 多个业务流程，涵盖集团 650 个项目，历史审批的流程 20 余万条，平均每天都有近 2000 条流程在系统中流转。

所有在建的直营项目，均使用项目管理系统进行管控，从项目投标开始到项目竣工结算全过程管理，物资类台账由系统直接出具。所有联营项目使用联营项目管理系统进行资金管控，风险项目采用计量与含量分析工具进行支付款项的合理性评估，有效地规范了生产经营活动，降低风险，极大地提升了集团的工作效率和管理水平。

6.2 公司员工全覆盖

集团所有员工均使用信息系统工作，信息系统涉及行政、人事、法务、项目管理等方面。

项目参与人及项目管理者，能通过项目管理系统实时掌握项目的物资、成本、产值、收入、支出情况，以及项目现场情况，真正实现了远程施工能力的提升。

6.3 研发成果

集团自主研发的综合管理系统，获得了多项软件著作权，并注册了自有管理软件品牌"众和软件"。现在，众和软件也应用到了百余家与鲲鹏一样立志于提升企业管理水平和信息化水平的民营施工企业中，得到了众多企业的肯定与好评。

6.4　BIM 应用

在 BIM 应用上，鲲鹏建设集团凭借建德农村信用合作联社新建综合大楼项目在第八届"创新杯"建筑信息模型（BIM）应用大赛中荣获"优秀工程建设专业——土建 BIM 应用奖"。凭借康宁医院改扩建工程，在"龙图杯"全国 BIM 大赛中荣获优秀奖。

6.5　企业成长

经过二十多年的发展，集团合同额逐年递增，集团员工增加至千人。信息化工作已不再是一个岗位的信息化或者是一个部门的信息化，也不是一个业务系统的信息化，而是集团战略层面的重要组成部分。鲲鹏建设集团信息化建设工作的定位十分明确，就是"运用信息技术全面提升集团管理水平和核心竞争力"，这样的一种理念逐渐成为了一种集体意志，成为了一种信仰。

7　信息化建设经验体会

7.1　需求明确

鲲鹏建设集团的信息化起步较早，鉴于民营施工企业的特点，设置了明确的目标：设计一款简单、实用、高效的适合于民营施工企业的综合管理软件。

系统功能以工作流程审批为基础，向项目管理系统转化。2017 年底，随着微信版本的上线，标志着集团的信息化应用走向移动应用阶段。

7.2　贴合实际

越来越多的企业开始采用定制开发的方式推进信息化建设，其原因在于市场上没有真正贴合施工企业实际需求的软件系统，采购标准软件后，还需要大量投入资源进行定制开发。鲲鹏集团在设计综合管理软件设计时，瞄准建筑施工企业的实际，开发出一系列针对建筑施工企业专有业务的功能。例如"证书管理""印章管理""外经证管理""业绩管理"等。这些功能大大提升了工作效率，降低了管理成本。以"证书管理"模块为例，在信息化之前需要一个部门六七个人来专门从事这项工作，信息化之后只需要一名证书协调员处理相关工作，每年减少5～6人的成本支出。

针对联营和直营项目不同的管控模式和管控关键点，设计了"联营项目管理系统"和"直营项目管理系统"来分别管理。真正能做到联营项目管资金，直营项目管成本这一管理要求。

除了功能的开发，在软件设计过程中，充分考虑现场实际应用场景，与各岗位实际工作情况相结合，才能使软件功能能真正地发挥作用。在这方面，我们也有过经验和教训。在刚开始设计直营项目管理系统时，一直遵循"一次填报，多次使用"这一原则，并没有考虑现场的实际情况。申请环节提交的一部分信息是不准确的信息，进入系统后，后序环节又无法修改和调整。导致前期大量数据都是错误信息。经过与现场各岗位人员沟通和到项目实地参与各岗位工作，我们推翻了前期"一次录入，多次使用"原则下设计的系统，改为"一次填报，多环节确认纠偏"。对系统功能进行优化，将每张单据、每个岗位、每个环节的工作内容进行了梳理，规范了各环节在单据中操作和填写的内容，使功能与岗位相结合，真正为项目所用。

7.3 信息化建设没有旁观者

长期有效的组织保证是信息化建设的核心。信息化不仅是信息系统的实施，更是业务的融合应用，需要建立和完善包括业务主管、业务骨干、信息中心在内的信息化组织。三者的定位要准确清晰，信息中心负责信息化建设的实施、协调与功能的完善；业务骨干负责各自业务范围内的业务需求、流程报表的梳理、系统应用和推广；业务主管参与和配合需求确认、流程报表落地和系统推行。

信息化的起点和终点都来源于业务，绩效也是要从业务中来。信息化的价值能否体现，要看业务部门通过信息化建设是否增加了绩效，取得了更好的成果。信息化工作需要融合业务、战略意图、系统实现等多方面任务。做一个有生命力的系统、接地气的系统，解决问题背后的问题，都一定是平衡和调配了很多的资源，是一种高层管理任务的具体实现，是集团全员共同努力才能达成的。只有这样，信息化工作和业务部门的思想才能真正统一起来，目标才是一致的。

7.4 BIM 技术的应用已是大势所趋

住房和城乡建设部易军副部长曾说过"谁拥有 BIM，谁就赢得未来。"随着近些年来 BIM 技术不断渐入佳境，鲲鹏建设集团的领航人、董事长毛晨阳先生认为，经过 30 多年的高速建设，常规的工程项目，例如常规的市政基础设施项目和常规工业与民用建筑项目增量已经进入下降通道，甚至绝对值也可能很快会进入下降通道，但大体量、高技术含量的工程项目未来较长一段时间会进入新一轮建设高潮。但要想做这些"高大上"的项目，用原来这点技术和管理水平，肯定不行，人才素质需要提升，机械设备需要更新换代，将 BIM 和虚拟现实等技术应用到建造过程中，特别需要项目综合管理信息化，因为这是"高大上"项目能够顺利进展的基础。正是由于领航人有了这样的认识，鲲鹏建设集团 BIM 应用研究院在 2015 年底应运而生，并且在指导鲲鹏建设集团直营项目精细化管理上不断砥砺前行。

主要执笔人：

毛晨阳　鲲鹏建设集团有限公司董事长

谢　珉　鲲鹏建设集团有限公司信息中心总经理

案例 10

核心管控、协同共享
信息化助力企业管理升级

郑州一建集团有限公司

1 企业概况

郑州市第一建筑工程集团有限公司（以下简称"郑州一建集团"）始创于1951年4月，2004年完成国企转民营股份制改革，现为房屋建筑、市政工程施工和设计一体的工程总承包"双特双甲"建筑企业，全国首家民营"房建和市政双特双甲"建筑企业。集团多元化经营，产业覆盖建筑设计与施工管理上下游业务，包括地产开发、工程设计、施工（房屋/市政/道路/桥梁/轨道等）、混凝土、实验检测、设备租赁、水电安装、钢结构生产与安装、地铁PC构件生产、投资担保等产业。

集团施工业务核心聚焦管控、充分调动子分单位积极性，采用"两级核算"，实行"项目承包制"开展项目管理；集团机关13个职能管理部门，下设施工子分单位42个，在职员工2600余人；集团近三年承揽合同额在80 ～ 115亿元之间，年营业额50亿左右（图1）。

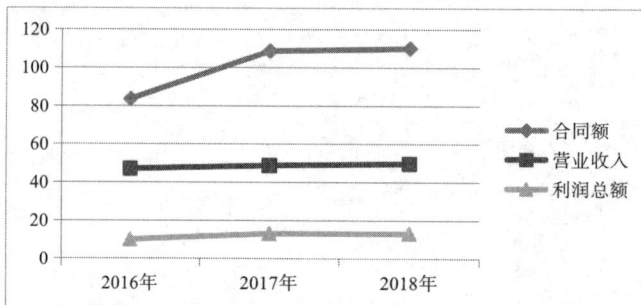

图1　2016 ～ 2018年主要经济技术指标情况

2 企业信息化建设情况

2.1 企业信息化建设历程

企业信息化的特征（数字化、网络化、流程化、集成化等），能够很好地解决建筑项目地域分散、工程变更频繁、管理内容错综复杂等特点，成为各企业突破粗放式发展瓶颈、实现集约化管理的重要方式之一。郑州一建集团积极拥抱信息化，利用信息化推动引领企业的改革升级，企业信息化建设大概分为四个阶段：

（1）2004 年之前，造价软件、CAD 等工具软件的引入。

（2）2004 ~ 2006 年，企业改制后，率先在省内组建企业局域网，搭建企业网站。

（3）2006 ~ 2012 年，陆续上线了 OA、项目管理、人力系统、财务与资金管理等业务系统，在 2010 年特级资质信息化标准发布后，按照特级资质标准进一步强化系统的功能覆盖。

（4）2013 年至今，特级资质就位后，集团内部重新定位企业信息化战略，最终与广联达建立战略合作伙伴关系，开启新的适用实用业务系统建设，让信息化真正服务于企业与项目管理，助力企业"管理升级与健康发展"。

2.2 信息化战略目标

公司实行"项目承包责任制""两级核算、多级管理"。为实现企业与项目"管理规范、账务清晰、质安可控、效益保障"的管理目标，在管理内容和手段上，强化"标准化＋信息化"两个抓手；根据集团、子分公司、项目三个管理层级各管理主体组织管理职责及其信息化诉求不同，推进管理标准化和信息化的深度融合（图 2）。

2.2.1 集团本部

树管理与作业标准，推行标准化管理与施工，促信息共享与业务处理效率；布局企业业务，确保企业经营目标的达成；利用积累的经验数据，加强风险监控，防范企业整体层面与单项目的经营风险。

2.2.2 子（分）公司（项目经理部）

承包人（单位）直管多项目，直接经营项目，确保企业与个体利益；负责施工过程的详细风险监管，通过多项目集约化经营，实现创收降本。

2.2.3 施工项目部

由承包人牵头组建，具体负责项目施工执行，作为企业成本与利润中心，通过项目精细化管理，实现创收降本。

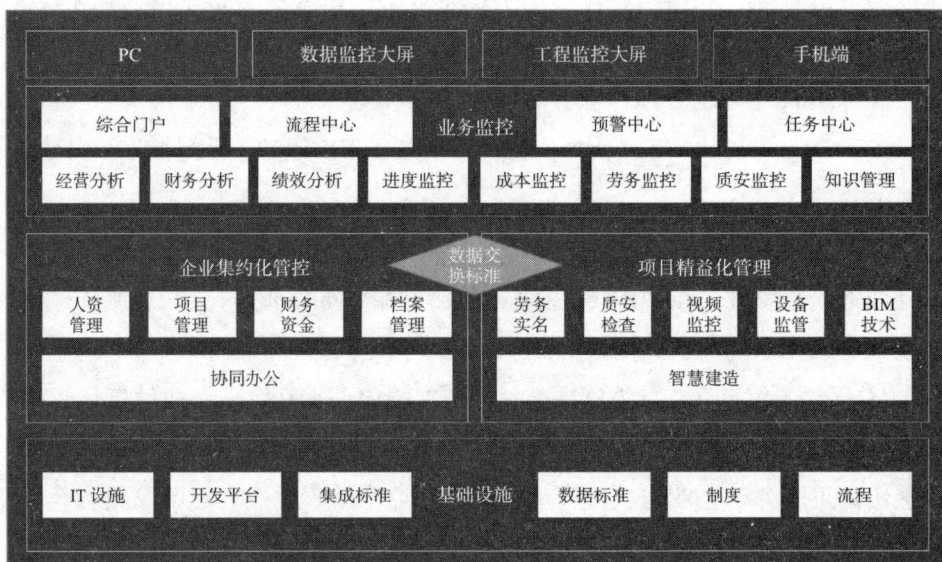

图 2 信息化规划体系

为此，通过两方面日常工作形成企业与项目的监管：一是完善管理制度，依托巡检、审计等手段，加强沟通、开展业务监管，形成有效的激励奖惩机制；二是利用信息化将"成本、人材机、质安技、账财税"等统筹管理，开展系统监管，提升协同效率、信息共享。

集团信息化战略定位于：以风险监控为导向，以标准化为载体，打造数字化管理企业，实现管理信息化、数据化、智能化。公司的信息化对管理支撑主要体现在两个方面：1）工程项目底线管理，确保项目风险可控；2）探索与倡导利用信息化工具促进企业与项目管理向精细化、集约化管理转变。在信息化建设上，重点打造"两中心"：以人力资源管理、项目管理、财务资金管理、档案管理、协同管理打造企业层集约管控中心；以劳务实名、质（安）检查、视频监控、塔吊监管、BIM技术应用打造项目层精细化管控中心；并通过系统集成，促进不同系统、企业与现场业务数据的集成应用。

2.3　系统建设的组织与推广

为确保系统建设与企业发展战略相一致、系统建设目标达成，信息化建设遵从"集中统一规划与管理、分步建设与实施、分部（级）负责"，坚持"5年1规划、1年1修正"。

信息化建设组织体系：信息中心负责信息化规划建设、培训与推广；各部门负责本部门信息化模块的使用、维护，需求收集与监督执行。经过近几年的应用与业务沉淀，现信息化已经并入机关各部门、子分单位组织绩效考核中；按组织绩效考核周期（半年度、年度），信息中心配合企管部对制度信息化、系统应用情况进行评估。

信息化系统建设方式：以外采为主，自助开发为辅。1）为确保产品与企业管理实际相符，已上线应用的业务系统主要采取以下三种建设方式（表1）：标准产品；标准产品＋业务个性化设置应用；厂商定制功能开发、信息中心自主开发。其中，OA协同办公系统、项目管理系统、企业BI均以广联达T+平台为基础进行客户化定制开发；2）为确保系统建设的成效，在选型与建设时均贯彻标准化、业务替代、集成化等原则，确保系统后期随业务调整的稳健性、可扩展性与集成性：梳理基础档案形成企业数据标准，为系统应用提供支撑；通过系统固化业务逻辑与流程，提高业务效率与效果；实现信息在企业内部、岗位之间准确迅速地传递和处理，确保各项业务工作达到事前计划、事中控制和事后分析的目的；坚持PDCA循环，通过信息化倒逼企业管理升级，提升管控能力；3）每个新系统的上线或新功能的调整，基本遵循"试点—调整—推广"应用的模式，确保建设的系统能够满足管理需要，真正实现应用落地和业务替代。

主要业务系统建设方式　　　　　　　　　　　表 1

建设方式	系统	主要服务商
标准产品	质量检查系统、安全检查系统、劳务实名管理系统、视频监控、BIM 5D 等	广联达、浪潮、宏景、江苏筑云等
标准产品 + 个性化设置	人力系统、档案系统、财务系统等	
厂商软件功能定制 + 自主开发	OA 办公系统、项目管理系统、塔吊监管系统、税控系统、企业 BI 等	

3　信息化建设与应用总结

2013 至今，伴随着企业自身管理需要和外部环境的变化，不断促进信息化系统的升级调整，现基本形成了覆盖企业管控层面 + 项目精益化管理及其集成应用的信息化应用体系。主要建设内容：2013 ~ 2014 年属于系统初期导入，上线协同办公系统、项目管理系统、人力资源管理系统，在进行业务梳理与固化的同时，重点推行业务替代、项目成本分析；2015 ~ 2016 年，进行项目管理系统大版本升级，同步上线劳务实名、异地考勤、安全视频监控、电子印章、塔吊监管等，逐步关注现场实时监控；2017 年至今，新增质量（安全）检查系统，探索系统融合、集成化建设，开展数据联动应用。

3.1　信息化助力标准化，管理持续改进

3.1.1　借助于信息化系统固化业务表单、审批流程、业务逻辑，促进标准化在企业内部落地应用

固化表单：通过个性化设置、自主开发表单的方式，定制表单。每张表单，系统性梳理表单涉及的业务字段，尽量做到一次录入多次引用、满足后期数据统计分析的需要。

固化表单审批流程：按照公司制度与权责分工，设置流程。在流程的管理方面，即满足集团统一管控需要，又兼顾子分单位管理实际，设置通用流

程与个性化流程。

固化业务逻辑：根据公司制度与现场实际业务需要，聚焦核心业务管理环节，明确上下游业务逻辑。

在 OA 办公系统、人力系统、项目管理系统中，累计内置标准化业务表单 627 张，规范业务流程 391 项，常规业务查询 204 项，存档表单 57 项；覆盖集团及子分单位日常事务管理（人事异动、用印、证件借阅、用车、会议、信息发布等）、项目过程管理（投标、合同签订、结算、支付、方案审批等），有效地满足了集团管控与子分单位的管理需要。

3.1.2　基于业务管理需要设计数据分析与统计，释放了各岗位事务性工作，为业务的 PDCA 循环改进提供数据支撑

从年龄、学历、职称等角度分析员工，便于掌控集团人力资源储备情况，确保满足企业业务发展需要；收入合同履约情况、支出合同履约过程监督、方案审批时长统计、顾客满意度调查情况统计、成本盈亏情况分析等为监督合同履约风险、业务审批管控提供数据支撑；质（安）阶段隐患类型分析，为劳务队伍管理、管理人员绩效管理、阶段质安防范重点提供工作指导。

3.2　信息化助力风险防控

在业务系统建设与推广过程中，围绕企业与项目风险管控，在信息化系统设计与应用中进行了探索。

3.2.1　项目成本风险防控

以经济核算为基础，采取总量控制、以收定支、成本横向对比的方式，防控项目成本风险。以收入合同及其变更，控制项目的目标责任成本；以目标责任成本，控制各类支出合同的签订；以支出合同约定控制合同的履约、结算，以收款和支出合同结算控制资金支付；过程中按照时间区间、核心对象开展三算对比，分析项目的盈亏情况，调整现场的日常管理，创收降本。在具体环节的管控重点与风险防范如下：从收入合同（预算）、收款、产值

进度，防范项目垫付资金和超付挪用资金风险；结合合同、收入预算，进行目标测算，明确项目的盈亏偏差项，进行事前控制；通过目标责任成本，从总金额、分项金额、材料明细量价控制合同的签订；合同履约从量、价、总金额，并结合形象进度和甲方付款情况，监督履约结算、资金支付；定期进行收入、目标、实际成本的归集，在同一周期、核算对象基础上进行总费用、分项费用、材料量价的盈亏偏差分析，以便实时调整现场作业。具体见图3～图5。

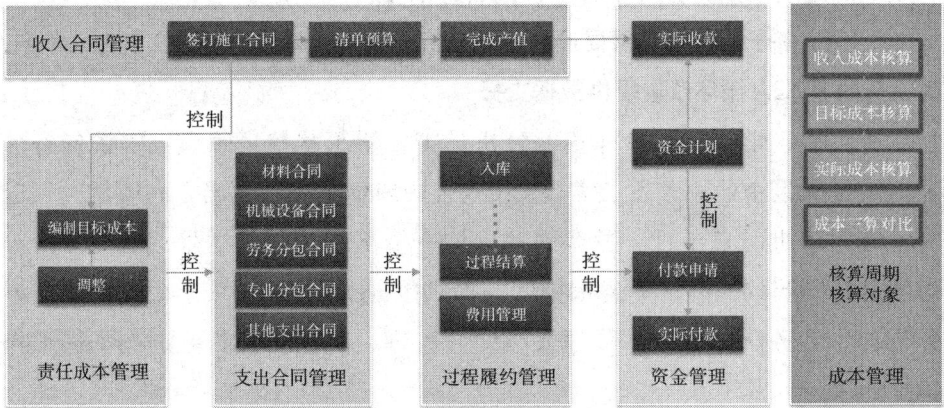

图3 项目管理经济核算核心管控流程

图4 已签支出合同与收入、目标对比

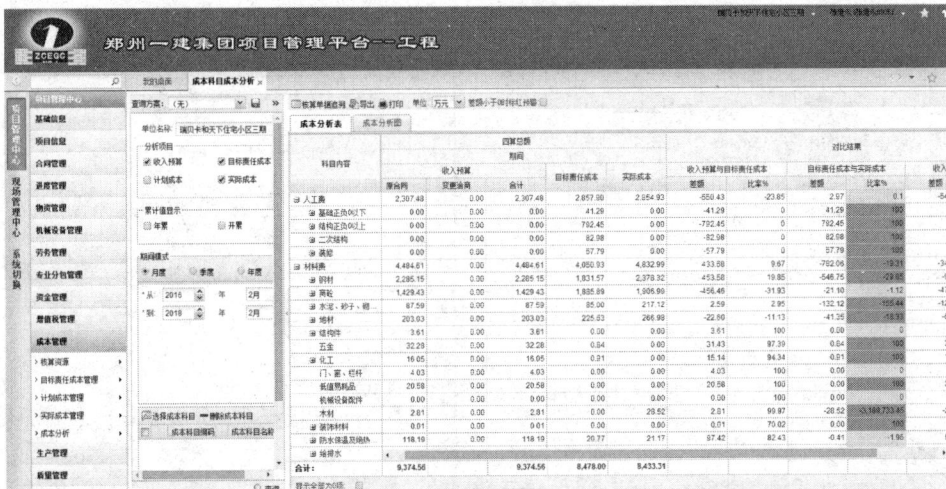

图5 成本科目偏差预警分析

3.2.2 支出合同与印章管理风险防控

公司支出合同，通过采取合同范本、权责分工、管控与个性化管理、电子印章等手段，兼顾合同管理的效率效果。根据不同采购支出内容，形成统一的各类企业支出合同范本，加快合同的审批效率；按内部分工，明确合同审批中相关部门权责，根据集团管控与子分单位实际管理需要，配置个性化流程，满足合同审批监管需要；采取电子印章和防伪码，控制合同文本的唯一性，节约合同盖章人力与时间成本。

所有实体印章回收总部，采取集中管理，避免项目印章风险；文件的网络化审批，电子印章的推行，极大地节约了人员时间成本与监督效果。支出合同审批流程与用印流程合并；其他文件用印，通过网络审批同时控制电子印章与实体印章用印，且提供手机端审批等方式，在提升效率基础上，也极大地规避印章风险。具体见图6、图7。

3.2.3 项目现场作业风险防控

围绕现场作业风险，公司积极引进并推广以移动端APP、远程监控系统、劳务实名制管理系统、质量（安全）检查系统等现场管控"智能化"工具。

劳务实名管理系统：通过劳务实名管理系统对劳务工人开展实名制登

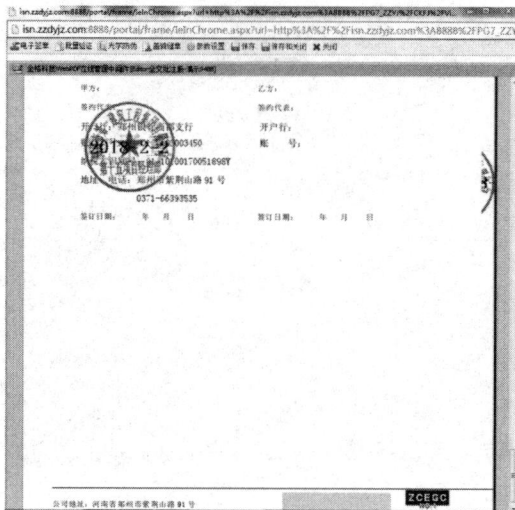

图 6　合同电子印章与防伪码应用

郑州一建集团付款申请单

单位：	瑞贝卡和天下住宅小区三期	单号：	CLFK2017121040071C-008
编制人：	刘君杰	申请日期：	2017-12-27 00:00:00.0
合同：	钢材采购合同--金辉物资站	合同编号：	CL20161040071C-002
合同金额：	2320000.00	变更后金额：	19154500.00
收款单位：	郑州市管城区金辉物资站		
开户银行		银行账户：	
付款方式：	汇票	是否预付款：	false

项目	金额（元）	付款内容简述	备注
累计履约金额：	16595617.49		
累计结算金额：	16595617.49		
累计付款金额：	12864382.00		
累计付款比例：	77.52		
申请金额：	2000000.00		
批复金额：	2000000.00		

序号	审批环节	审批人	审批结果	审批意见	审批时间
1	项目生产经	李明伍	同意	同意	2017-12-27 14:57:59.873
2	招采部经理	张建军	同意	同意	2017-12-27 15:12:29.063
3	成本经理	屈军霞	同意	同意	2017-12-27 15:50:25.057
4	项目经理部	王磊	同意	同意	2017-12-27 15:52:39.567

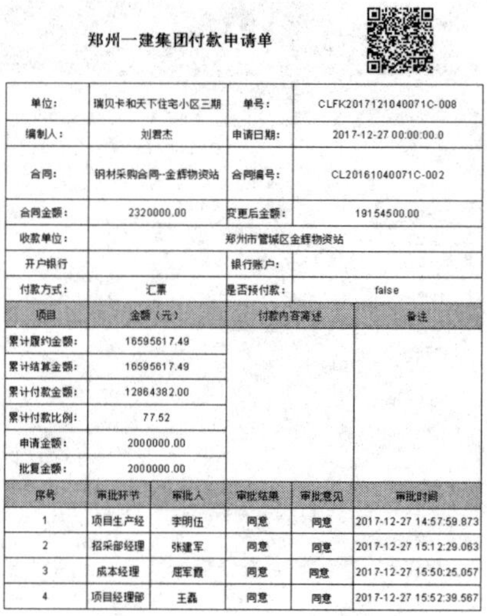

图 7　业务替代单据打印模板

记；闸机、自动识别图像摄像头，记录考勤情况；进行合同、培训、工资发放监管。公司于 2015 年 6 月启用，2016 年 1 月覆盖全部在建工程，是河南省首家在全集团范围内实行劳务实名制管理的企业。截至 2019 年 8 月，累计管理项目 180 余个；注册劳务工人 67709 人。

质量（安全）检查系统：通过手机 APP 进行拍照、记录，完整替代现场“检查 - 整改 - 复查”的业务过程。形成现场的移动端协同工作机制，实时掌控现场的安全（质量）状态。公司于 2017 年 5 月启用，8 月覆盖全部在建工程，截至 2019 年 8 月，累计管理项目 113 个。

远程视频监控系统：所有在建项目要求在规定作业面、进出口、特殊施工区域等，安装视频监控，提供大屏、网页端、手机端等方式，动态实时监控现场的作业行为。

相关业务系统的数据均可通过集团工程监控中心大屏，进行动态浏览，便于异地实时加强与现场的沟通与监管。

3.2.4　双监控中心配套建设，提升业务监管实时性

公司目前建立了数据监控中心与工程监控中心，分别采取 3×6 的 55

寸液晶拼接屏，加强对网络、设备、系统运行、业务运营的监控。数据监控中心，定位于：企业 BI、机房设备动环监测、网络入侵监测、上网行为分析、服务器资源动态监控、业务系统运行（OA、项目管理系统等）的监管。工程监控中心，定位于：工程质（安）检查运行监控、安全视频监控、视频会议指挥调度（移动安全帽、无人机）、塔吊监控、劳务实名监控等。

监控中心的建设与配套制度的落地，加强了集团与终端数据来源的互动，形成了横向跨业务联动、纵向不同管理层级的动态的监管（图8、图9）。一方面，便于公司领导与监管部门了解相关业务的动态，提升异地监管实时性与效果；另一方面，也反向督促终端采集数据的真实性与及时性，促进信息化在企业内部的落地。

图8 数据监控中心

图9 工程监控中心

3.3 集成化建设

因公司的信息系统以外采为主，自助开发为辅，因此在系统集成化方面，局限较多。我们在降低成本上进行了一些有益的探索。

3.3.1 工具兼容，规范数据标准与数据传递

工程软件的集成兼容性：基于业务管理需要，相关系统兼容金格电子印章、广联达 GCL 预算、Office（Word、Excel、Project）等。实现文档的在线浏览、编辑、导入导出等，有效地促进了不同的数据交换。

规范数据标准、数据传递：在系统建设时，考虑到系统的兼容性、基础档案统一规划（实现数据一次录入、多次利用），主要业务系统的逻辑关联如

下：人力系统作为组织、人员、账户的主数据；办公与项目管理调用电子印章、税控调用项目平台合同及其履约信息、项目管理质安劳务调用视频监控、所有业务系统的短信预警调用统一接口；OA 与项目管理业务数据实时归档档案系统；项目管理与财务系统数据互为参考，共同进行风险防范。各系统的集成与数据关联关系如图 10 所示。

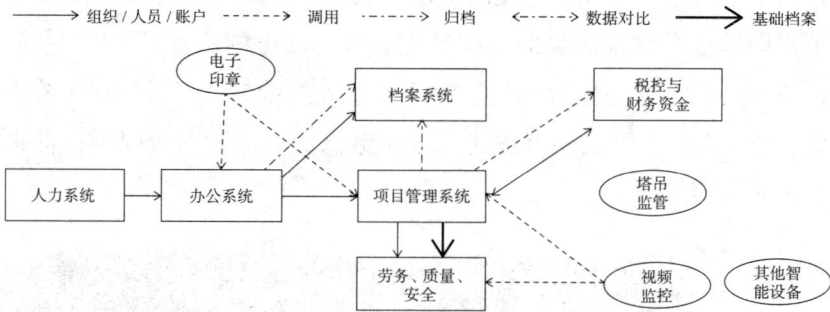

图10　主要系统的数据集成关系

3.3.2　集中门户、BI 数据联动应用

各系统的访问采取单点登陆，统一从 OA 办公系统与即时通信工具（一建通，图 12）进行登陆；所有待办、预警的统一推送（OA 办公系统桌面、即时通信工具、手机短信、微信等）。

打造 OA 协同业务办公驾驶舱（图 11），在传统单点登陆的基础上，通过菜单集成＋数据宏观预警展示，提升了业务办理体验。

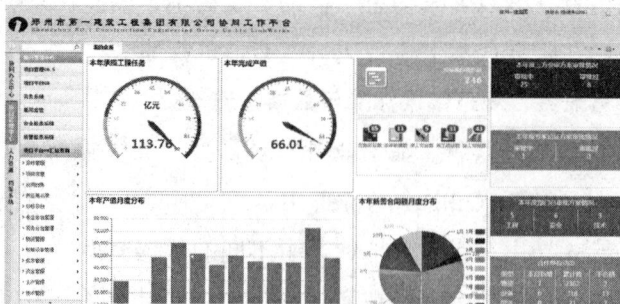

图11　OA 综合办公驾驶舱

构建企业 BI 数据驾驶舱，数据监控中心建立与运营，加强对业务数据的管理，促进业务数据更真实、管控点更加聚焦。

移动端的整合，微信企业号（统一接口协同审批）＋移动 APP（现场实时业务管理）（图 13、图 14），为员工提供更加便捷的业务处理方式。

图 12　即时通信———建通　　　图 13　企业微信号　　　图 14　手机 APP

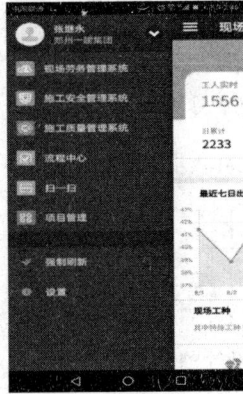

4　信息化应用的做法与成效

集团始终把技术创新作为企业发展的重要支撑，拥有省级企业技术中心、省级施工信息化管理工程技术研究中心和省博士后研发基地。公司信息化一直走在河南省工程建设行业前列，自 2013 年信息化从自身实际出发（围绕项目承包制），与软件厂商一起共同推动企业与项目管理系统的建设应用，不断提升完善企业工程监管体系；信息化的应用推广，有效地助力企业健康发展。

但信息系统涉及单位群体岗位多、业务覆盖范围广、影响范围大、沟通协调难度大等，特别是自身企业管理的标准化及人员流动相对较大，整个信息化建设与推广过程也非常曲折，配套的相关组织机制、沟通机制等经验总结如下，希望对同等规模企业具有借鉴意义。

4.1 成立信息化项目管理机构，组建项目实施团队

在信息化建设过程中，组织队伍建设是影响信息化成败的关键因素之一，是信息化工作推进的重要保障。在项目组织机构方面，郑州一建集团本着遵循"统一领导、集中管理、分部负责、分级负责"的总体原则，建立、健全了纵向控制、横向协调的三层信息化组织机构，很好地适应了集团公司的本部、分子公司及直管项目部、工程项目部的三级管理模式。

为加强沟通，公司内部专门建立了信息化群、信息管理员群、集团实施团队群，并建立了平台应用微信平台，便于各层级人员之间的沟通。

4.2 开展需求调研，做好需求管理，确保合理的业务需求得到满足

信息系统是将人的业务逻辑转换成计算机语言进行实现。但计算机是按照严格的数理逻辑进行的，相对较为机械，而人的思维更复杂。因此，在开展业务沟通的时候，由信息中心在软件公司业务人员与核心业务部门之间起到桥梁作用。

各系统建设初期，由信息中心与主管单位组织，结合公司的制度，进行充分的需求调研，明确了系统建设的范围与边界；系统建设阶段，各项需求严格筛选，充分评估需求合理性、科学性；系统建设的同时，建立配套的制度与流程，提供制度保障。且各项需求在软件系统实现后，由信息中心组织各业务主管人员进行需求测试及确认。

4.3 做好项目计划管理，建立项目运行考核机制

以项目实施方法论为依托，建立以项目建设全过程为周期的阶段计划、总结机制，保证每个阶段的任务能够圆满完成；建立了以周为单位的周计划、周总结、周沟通制度，及时监督开发实施过程中各项业务冲突项并解决。

对于阶段、周计划未完成情况或存在的重点问题，积极反馈项目经理及公司高层，寻求资源、沟通等支持，保障各项业务按计划完成。

针对每周、阶段工作开展情况，进行奖惩，充分调动各单位、人员的积极性。

4.4　开展多层级培训，构建知识管理平台

建筑企业人员流动性较大，培训任务较重，培训效果难以保障。在系统的实施与应用推广期间，集团公司组织了多层级、多形式、针对不同人员的培训，并构建内部知识储备体系。

在培训内容上：让全员对平台的建设意义具有明确的认知；针对具体业务人员，明确其岗位的工作范围，系统中办理业务的流程及本环节的重要性；向各单位宣讲各个系统在业务办理方面的便利之处。

在培训与培养对象上：组织多层级培训（针对平台应用领导层、业务主管、信息管理员、业务人员等）；建立从集团公司、项目部、项目层级的三级知识储备体系；在具体业务沟通上，各级的知识体系如下：集团信息中心平台主管、集团业务主管、集团内部讲师，项目部信息管理员、项目部业务主管、项目部讲师，工程项目信息管理员、业务人员。

在培训方式上：授课讲师有软件公司实施顾问、集团业务主管、系统应用骨干人员，由于不同层级人员对平台的理解交流不同，公司通过多角度培训，测试了系统适用性，也不断扩大丰富平台的应用范围；平台业务串讲＋系统演示＋培训考核（笔试＋上机操作）的培训方式有效地督促了业务人员的学习效果。

4.5　发挥标杆作用，挖掘平台应用价值，促进平台应用推广

在项目的推广应用阶段，不同人员使用平台的应用价值体验将直接影响到业务人员业务办理质量与应用信心。集团公司针对优秀应用项目定期开展现场观摩会、开展平台应用评价等，发挥标杆作用，利用标杆单位的业务展示，调动大家使用平台的积极性。

主要执笔人：

张继永　郑州一建集团有限公司信息中心主任

下篇

精选论文

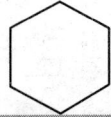

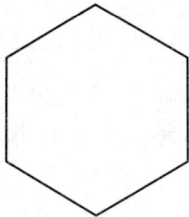
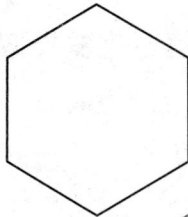
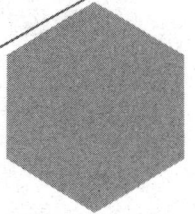

论文 **1**

顺应改革形势，大胆创新实践
推进工程建设行业信息化发展再上新台阶^①

中国施工企业管理协会会长　曹玉书
（2014 年 11 月）

　　中国施工企业管理协会（简称"中施企协"），是业界较早致力于推动行业信息化发展的社团组织。早在 2005 年，协会以举办"首届全国工程建设行业信息化高峰论坛"为起点，10 年来，中施企协在推动行业信息化方面做了一些应做的工作，为企业推进信息化发展搭建了一个平台。今天是论坛第十届，看到这么多企业的同志、业界的专家来参加会议，我们深深感受到，这是对协会 10 年辛勤工作的肯首，也是对协会未来工作的信任和期待，我们备感欣慰。

　　下面，我就工程建设行业信息化发展过去 10 年的总结和未来工作的展望，谈几点意见。

1　工程建设行业信息化发展取得了显著成效，有力地促进了企业管理水平的提升

　　工程建设行业信息化基础较弱，情况复杂，起步较晚。近 10 年来，在政策引导和管理需求的双重推动下，行业信息化快速发展，取得了显著成效。特别是，2007 年建设部制定颁布的《施工总承包企业特级资质标准》中，首次在核定企业特级资质中加入了对信息化水平的考评内容；国资委制定的《关

---

① 本文系曹玉书会长 2014 年 11 月 5 日在"第十届全国工程建设行业信息化高峰论坛暨信息化成果展示交流会"上的讲话，刊发时略有删节。

于加强中央企业信息化工作的指导意见》《中央企业信息化水平评价暂行办法》，对中央企业信息化水平提出明确的要求。这些政策对于加快行业信息化发展进程，起到了重要推动作用。经过多年的探索与实践，工程建设行业信息化在认识水平、投入力度、系统应用、市场培育、人才建设等各个方面取得了显著成绩，有效提高了企业工作效率和管理水平。

信息化意识和观念在施工企业中得到普及，形成了良好的行业信息化氛围。在全球信息化浪潮的影响下，电脑和互联网广泛应用于经济社会的各个角落；平板电脑、智能手机等触摸移动设备进入千家万户；各类专业软件普及使用，为企业带来实实在在的管理效益，这些使信息化变得不再那么神秘。同时，在主管部门、行业协会的宣传和推动下，行业内搭建了多种交流合作平台，推广信息化理念、经验和成果，引导企业在信息化实践中不断尝试、总结、完善和创新，强化了企业的信息化意识，提高了信息化认识水平，形成了良好的行业信息化氛围。

施工企业在推动核心业务管理信息化的实践中，对信息化规律的理解和认识不断深化。通过加快核心业务管理信息化的尝试与实践，施工企业积累了大量宝贵经验，对信息化的复杂性、艰巨性、长期性有了更深的体验和理解，更加注重对信息化规律的探索和适应，在认识和行动上趋于更加理性。盲目大干快上的大为减少；为面子工程、为资质而信息化的大为减少；简单套用其他行业经验，照搬照抄国外先进系统的大为减少；甩手不管，交由软件商大包大揽的大为减少。

施工企业对信息化的投入力度明显加大，结构明显改善。不少企业将信息化纳入年度预算，确保了信息化的资金保障。根据中施企协的问卷调查显示：2005～2007年，企业年均投入为92万元；而2011～2013年，企业年均投入增至350万元，实现了质的提高。在信息化投入结构上，行业重硬件、轻软件的现象明显改善，根据问卷调查显示，2007年施工企业在软件和硬件投资结构比例为1:2，而2013年比例为1:1，表明企业在软件上的投入比重明显加大。

通用信息技术、工具性软件普及使用，部门级管理子系统推广应用，有效提高了工作效率和管理水平。计算机、互联网等通用信息技术，工程造价、制图 CAD 等工具性软件在企业得到普及使用，大大提高了生产效率。随着企业对核心业务信息化需求的增长，企业办公自动化（OA）、财务、人力资源、档案、视频会议等部门级管理系统的推广应用，正成为行业信息化发展的主流。

企业信息化组织机构建设不断完善，锻炼形成了一批专业的信息人才队伍。根据问卷调查显示，目前，83% 的调查企业设立信息化职能部门，其中，53% 的企业将信息化部门列入企业的一级职能部门。信息化组织机构的不断完善，为企业信息化提供了良好的组织保障。

信息化人才数量和质量不断提高。一大批信息技术专业人员投身行业信息化，在实践中得到历练成长；与此同时，一些企业管理岗位的人才也加入行业信息化中来，信息化人才队伍明显扩大和加强。经过实践的锻炼与培养，行业形成一批具有信息思维的管理人才。

经过多年的积累，行业涌现了一批有代表性的信息化案例。经过多年的积累，行业内涌现了一批在不同业务领域、不同经营管理特点、不同发展阶段，各具特色、有代表性的信息化案例。第十届工程建设行业信息化高峰论坛，推荐的 15 个案例，就是行业这些年来涌现出来的典型代表。

信息化市场得到一定培育和发展。经过多年的培育和发展，信息化市场初具雏形，市场上出现了一批专门面向工程建设行业信息化的专业公司，开发出一些适应企业需求的信息化产品和服务。企业与专业软件厂商合作，定制管理信息系统的模式逐渐普及。

工程建设行业信息化已取得很大成绩，这是应该肯定的，同时也要看到，信息化发展是一项长期、复杂的系统工程。当前，企业核心业务与信息化的融合程度；系统流程化、集成化的应用水平；信息化对企业经营管理的支撑作用，还不适应经济社会和行业快速发展的要求；与国内先进行业和发达国家同行比较，还存在明显差距。这还有赖于我们广大施工企业在实践中不断创新，开拓进取，务实推进，推动信息化不断取得新的突破，不断迈上新的台阶。

2　认清和顺应改革发展新形势，将推进信息化与转变经济发展方式，实现管理创新联系起来

全面深刻认识当前改革发展的新形势，增强加快推进信息化发展的紧迫感和主动性。大家知道，党的十八届三中全会通过了全面深化改革的决定；日前召开的党的十八届四中全会通过了全面推进依法治国的决定。全面深化改革需要法治保障，全面推进依法治国也需要深化改革，两个决定形成了姊妹篇，确立了我国未来实现国家治理体系和治理能力现代化的路径和方向。随着两个决定的内容和举措深入推进与实施，必将深刻改变我国经济社会的发展环境。

当前，我国经济运行总体平稳、主要指标处在合理区间，结构调整发生积极变化；但经济下行压力仍然较大，各种发展不平衡，制约发展的不利因素依然较多。对于我们工程建设行业而言，投资增速放缓，要素价格上涨，融资渠道不畅，市场秩序不规范等制约行业发展的各种矛盾和问题，仍然十分突出。因此，我们要深刻认识当前改革发展的新形势，苦练内功，提高素质，强筋健骨，增强加快推进信息化发展的紧迫感和主动性。通过更好地实现企业信息化，来化解成本上升的矛盾，实现企业持续健康发展。

从转变行业经济发展方式的高度，认识信息化工作的重要性和紧迫性。当前，工程建设行业产能过剩、高产低利、管理粗放、经营结构同质化等深层次矛盾，严重制约了行业的健康发展。加快转变经济发展方式，调整产业结构已迫在眉睫。加快转变经济发展方式，就是要从传统的单纯依靠资源消耗和人员投入，转向依靠技术进步、管理创新、节能环保、绿色施工上来。这种转变，必然会面临观念、认识和习惯上的挑战，必然会带来管理理念、管理结构、管理手段、管理模式的变化。信息化是企业管理的重要组成部分，也是实现这些变化的重要支撑。因此，要将推动信息化与转变经济发展方式，实现管理创新紧密联系起来，增强对信息化发展的重要性和紧迫性的理解和认识。

进一步强化信息化在企业经营管理中的地位和作用。企业信息化的过程

实质上是提高企业管理水平的过程，是一次对企业自上而下的管理思维和管理方式的深刻反思和改造。随着企业的快速发展和信息化的广泛应用，信息化已渗透于企业的各项经营管理活动中，成为企业日常经营管理中不可分割的一部分。因此，要强化信息化在企业经营管理中的地位和作用，把信息化纳入企业的发展战略，列入企业日常工作，长抓不懈，认真抓好。

3 在改革创新实践中，不断深化对信息化规律的认识，努力提高工程建设行业信息化发展水平

规律，反映了事物的内在联系和本质要求。规律决定成效，跟着规律走，按规律办事，就能探明方向，摸准路径，取得成效。经过多年的探索与实践，我们认为，信息化发展有其客观规律，按照规律实施信息化，是推动信息化持续健康发展的有效途径。

深化认识，不断探求和加深对信息化发展规律的理解。信息化不只是单纯的技术问题，信息化是信息技术与企业管理相互促进和融合，逐步完善、发展的过程。这个过程，会因为企业不同的发展阶段，不同的管理基础，不同的信息化内容，不同的本质特点，采取相应不同的推进策略和方法。这个过程，需要循序递进，可以缩短周期，少走弯路，但各个阶段难以超越、跨越、跳跃。目前，一些施工企业的信息化不太顺利，遇到了一些困难，可能与偏离了不同基础和条件下的信息化规律的认识有关系；一些企业信息化取得了不错的成效，可能是工作中遵循和体现了信息化的推进规律有关。

进一步提升企业高层管理者对信息化的重视。信息化是一把手工程，做好信息化，离不开高层管理者的重视和支持。要进一步提升企业高层管理者对信息化的理解和重视，特别是对信息化本质的理解，确保信息化能在实践中，坚持正确的推动方向和足够的大力支撑。

总结经验，加强交流，形成更多的宝贵经验与优秀成果。加深对行业信息化规律的认识，有赖于我们的专家、企业家在改革创新实践中，从不同角度和领域，不断探求、不断深化，不断丰富，加强交流，形成更多宝贵经验

和优秀成果。这次论坛在策划准备中，针对全国特级、一级 763 家企业展开的问卷调查；汇集业界专家、企业管理者研究与实践成果的 168 篇、90 余万字的信息化管理论文汇编；从行业角度，总结、提炼近两万多字的行业信息化发展报告；推荐了行业 15 个有代表性的信息化案例等，在这方面，就是很有意义的工作。

企业要从自身现状与基础出发，逐步摸索形成务实、科学、有效的信息化实施程序和方法。新形势下，在信息化的研究与实践中，企业要从自身现状与基础出发，借鉴先进成果和经验，加深对信息化本质的理解，形成科学的信息化推进思路，逐步摸索形成与企业管理阶段特点相适应，务实、科学、有效的信息化推进策略、路径和方法。

信息化发展要重点抓好以下几项工作：一是进一步加大信息化人才，尤其是复合型高端人才的培养和培训力度；二是继续加大对信息化的投入并着力改变结构失衡的问题；三是要重视信息化咨询和监理服务的作用；四是加快制定行业信息化技术标准、服务规范；五是引导 IT 服务商提供针对性更强，更开放兼容的产品和服务。

4　中施企协将继续为推动行业信息化的发展做出新的更大贡献

中国施工企业管理协会将在现有的信息化工作的基础上，坚持以市场为导向，以"服务企业、服务行业"为宗旨，在大力宣传、推广信息化理念、经验和成果，引导企业探求信息化规律，引导行业信息化坚持正确的方向方面，做更多更有效的工作。要坚持"以信息化带动施工企业管理创新"的工作主线，充分利用好现有的平台，动员更多的有效力量，群策群力；充分发挥大家的积极性，汇集大家的智慧，在内容和形式上，加强创新，与时俱进，采取更贴近行业和企业信息化的发展实际，多样化、重实效的做法，打造以企业为主体、市场为导向、协会搭台、企业唱戏的信息化服务体系。

信息化工作委员会要继续加强组织建设，在人力资源、专家团队、服务载体建设等方面不断创新。要继续通过各种有效方式和办法，为企业实施信息化提供建议、咨询、规划、选型、监理、评估以及实施等方面的帮助和指导。继续整合会议、研讨、培训以及杂志、网站等多种服务载体，为企业提供更加多元且针对性强的服务，切实提高工作质量和效率，满足企业不同层次的服务需求，不断扩大信息化工作委员会的影响力和凝聚力。

调整后的信息化专家委员会，汇集了业界更多、更有实力的专家资源，要在企业信息化咨询和指导方面，发挥更大作用；受到表彰的信息化个人，要再接再厉、再创佳绩的同时，带动更多的人投身到信息化事业中来。在第十届论坛上，我们第一次推荐了 15 个信息化取得较好效果、具有代表性的案例，也是考虑到行业的复杂性、多样性，信息化难以有一个统一固定的模式，通过推荐不同业务领域、不同经营特点、不同发展阶段的信息化案例，为企业务实、有效地推进信息化，提供更多实际的启发和借鉴。案例推荐工作，我们还将加强效果评估，完善推荐办法，注重成果总结，加强传播交流，争取每年都能推荐一些有代表性、富有成效的案例，充分发挥这些案例对行业信息化发展的启发和带动作用。

大力推进信息化，已成为覆盖我国现代化建设全局，建成社会主义现代化国家，实现中华民族伟大复兴中国梦的战略举措和必然选择，也是促进工程建设行业转变发展方式、实现又好又快发展的重要支撑。中国施工企业管理协会将一如既往地高度重视信息化工作，继续加大推进行业信息化的力度，促进行业信息化水平的稳步提升，我们真诚地希望工程建设行业的同仁，紧紧抓住行业信息化的特点，在改革创新实践中，总结经验、科学谋划、扎实推进，不断深化对信息化规律的认识，推进工程建设行业信息化发展再上新台阶！

论文 2

贯彻新发展理念　强化融合创新①

中国施工企业管理协会会长　曹玉书
（2018 年 11 月）

1　贯彻新发展理念，加快信息化建设，推动工程建设行业高质量发展

以习近平同志为核心的党中央从经济发展长周期和全球政治经济大背景出发，提出"创新、协调、绿色、开放、共享"的新发展理念，深刻揭示了实现高质量、可持续发展的必由之路。我们要认真践行新发展理念，加快推进信息化与行业发展的深度融合，推动工程建设行业高质量发展。

发挥信息化的先导力量，提高行业的发展质量和效益，是践行新发展理念的具体体现。改革开放 40 年来，工程建设行业取得了巨大发展，取得了举世瞩目的成就，但我们也要看到，行业总体上还是大而不强，管理依然比较粗放，发展质量和效益还有待提高。我们要切实实施创新驱动战略，充分发挥信息化在激发创新潜能、重构生产体系、引领组织变革、高效配置资源等方面的先导力量，加快由要素驱动向创新驱动转变，推动行业发展的质量变革、效率变革、动力变革，不断提高工程建设行业的发展质量和效益。

加快推进信息化和行业发展的深度融合，是以信息化培育新动能、用新动能推动新发展的必由之路。当前，世界正在进入以信息产业为主导的经济发展时期，以 BIM、云计算、物联网、人工智能等为代表的新一代信息技术

---

① 本文系中国施工企业管理协会会长曹玉书在第十四届全国工程建设行业信息化高峰论坛暨信息化成果展示交流会上的讲话，刊发时略有删节。

正加速与工程建设行业融合发展。我们要把握信息化发展的契机，将传统的建筑业发展理念与相关产业和其他行业先进的、成功的发展理念融合，尤其是要注重学习工业化和信息化产业的发展理念，为建筑业的创新发展引入新思想，培育新动能；要处理好工业化、信息化和绿色化三者之间的关系，逐步建立以绿色建筑为导向，工业化为基础，信息化为动力，智慧建造为目标的现代建筑业发展体系；要加快推进信息化与装配式建筑、EPC 等新建造方式、新管理模式的融合，提高提供优质建造产品和建造服务的水平，增强企业的竞争优势。

充分释放信息化潜能，提高全要素生产率，是工程建设行业高质量发展的重要抓手。要深化互联网、云计算、大数据、BIM、人工智能等现代信息技术在行业中的创新应用，促进全要素生产率提升，增强信息化对企业管理变革、转型升级的推动和支撑作用；逐步实现建造全过程信息化管理，尽快实现项目管理的信息集成，打通项目管理数据和企业职能部门管理数据之间的壁垒，提高企业数据管理的有效性和真实性，为企业战略管理信息化提供可靠支撑；要充分利用互联网、物联网等信息化手段，提高建筑部件的社会化生产水平，降低生产成本，融合 IT 行业最新技术成果，促进建筑业从传统的一次性实体建造方式，向虚实一体化转变，提高建筑产品的生产效率，确保质量安全。

2　强化融合创新，以"互联互通、数据共享"为核心，推动行业信息化建设不断取得新进展新突破

工程建设行业信息化经过多年持续推进，在认识水平、设施投入、机构完善、软件应用等方面，取得了巨大成绩。通用工具软件、部门业务子系统、工地智能化产品等日趋成熟，得到快速普及应用，工作效率显著提高。同时，也要看到，当前工程建设行业信息化建设中还存在"融合难、集成难""信息孤岛"，复合型信息化建设人才严重匮乏等问题。我们要以"互联互通、数据共享"为核心，坚持求真务实，从实际出发，因企制宜，坚持以融合促进创新，

用创新加速融合，积极探索与企业自身实际相适合的信息化发展之路，不断推动行业信息化建设取得新进展、新突破。

要在"实"字上做文章，在"用"字上下功夫，将提升企业发展质量和效益作为衡量信息化成效的标尺。工程建设行业的企业类型众多、管理水平参差不齐，发展基础和企业文化千差万别，决定了企业信息化建设没有统一恒定的实施路径和模式。我们要坚持在实践中检验信息化成效。信息化做得好不好，要看能否给企业带来实际价值，要看是否提升了企业的发展质量和效益。任何脱离企业实际需要，搞形象工程、面子工程、盲目跟风、照抄照搬而无效益的做法，都是不可取的。

要坚持"走出去"与"请进来"相结合，突破思维定势，在跨界融合中创新突破。工程建设行业点多面广、标准化程度有待提高，决定了行业信息化发展的复杂性、艰巨性和长期性，我们要坚定信心、砥砺前行、融合创新，加快推进企业管理与信息化的深度融合。要以更加包容开放的心态，与行业标杆加强交流，与各行各业互学互鉴，深入交流碰撞，激发创新活力，及时了解、掌握信息化发展趋势，学习借鉴信息化先进成果和经验，在信息数据的采集挖掘、异构系统的优化整合、业财资税的一体贯通等方面积极探索，不断提升行业信息化建设水平。

要夯实创新发展人才的基础，加快信息化人才队伍建设，为信息化持续健康发展提供强有力的人才支撑。信息化建设成功与否，关键在人才。当前，行业信息化人才队伍无论在数量上，还是结构上，都呈现明显的短板，尤其是复合型人才更是严重短缺。首先要牢固树立人才引领发展的战略地位，高度重视信息化人才队伍建设，全面聚集人才，在创新实践中发现人才、在创新活动中培育人才、在创新事业中凝聚人才；要遵循信息化人才成长规律，营造鼓励积极创新、勇于创新、包容创新的良好氛围，注重人才创新意识和创新能力培养，优化尊重、关怀、宽容、支持信息化人才成长的环境；要建立适应信息化工作特点的人才评价机制，不断增强对信息化人才的吸引力和凝聚力，通过外部引进、内部培训、业务轮岗、内外交流等多种方式和途径，尽快打造一支精业务、懂管理、宽视角、善筹划的新型复合型人才队伍，为信息化持续健康发展提供坚实的人才保障。

　　要凝聚各方力量，推动互学互鉴，促进跨界融合。中国施工企业管理协会信息化工作委员会为推进行业信息化建设做了大量卓有成效的工作。要深入贯彻新发展理念，保持创新意识和开放心态，不断创新工作机制，凝聚各方力量，在服务内容和形式上，贴近行业和企业信息化发展实际，推动互学互鉴，促进跨界融合。要进一步完善协会信息化工作委员会的组织体系、运作机制，凝聚各方力量，充分发挥企业家、专家作为平台主角的积极性、主动性和创造性，发挥信息化工作委员会对行业信息化发展的引领和导向作用；要进一步加强典型案例的调研、经验总结、交流和分享，充分发挥典型案例的启发、借鉴和带动作用；要更加注重利用好新媒体，进一步打造好杂志、网站、微信、会议、现场观摩、展示展览等"线上线下"有机融合的立体传播交流平台。

　　当前，信息技术革命和产业变革交融互动，信息化正逐步释放出巨大的引领创新力量。让我们在习近平新时代中国特色社会主义思想的指引下，贯彻新发展理念，求真务实，融合创新，推动行业信息化不断取得新进展、新突破，为实现工程建设行业高质量发展做出新的贡献！

论文 **3**

深化对信息化规律的认识

中国施工企业管理协会副会长、信息化工作委员会主任　李清旭
（2014 年 11 月）

1　对行业信息化发展现状的分析和判断

近年来，工程建设行业信息化快速发展，信息化意识和观念深入人心，形成了良好的行业信息化氛围；施工企业在实践中，对信息化的认识水平不断提高，对信息化规律的理解逐步深化；计算机、网络等硬件环境不断升级，为信息系统建设提供了有效保障；专业工具软件、部门级管理子系统得到广泛应用，有效提高了工作效率和管理水平；企业信息化组织机构不断完善，锻炼形成了一批专业的信息化人才队伍；信息化市场得到一定的培育和发展。

与此同时，在行业信息化的快速发展中，还存在一些不容忽视的突出问题：核心业务与信息化的融合程度，系统流程化、集成化的应用水平，信息化对企业经营管理的支撑作用，还远远跟不上经济社会和行业快速发展的要求，与国外同行以及国内其他相关行业比较，还存在明显差距。特别是由资质就位引发信息化"大干快上"、巨大的投入与产出不成比例、信息化人才缺乏、信息化市场还不完善等突出问题，仍深刻影响和制约着整个行业信息化的发展。

对当前行业信息化发展阶段的分析与判断：一是通用信息技术、计算机辅助办公、专业工具软件——产品成熟，普及使用，极大地提高了工作效率；二是信息技术与管理模块融合，局部的、部门级业务管理子系统——产品较成熟，应用较广泛，显著提高管理水平；三是信息技术与企业管理体系融合，

整体性、企业级、数据贯通的集成管理系统——初步尝试，少数应用，面临巨大挑战。

整体而言，当前工程建设行业信息化正处于部门级管理子系统应用为主的发展阶段。根据专家的分析判断，整个行业信息化发展由"部门级"系统应用，过渡到"企业级"系统应用，达到数据贯通、横向集成的一体化应用目标，可能还需要较长时间。

2 从信息化发展阶段角度看信息化

世间万事万物都有其发生、发展、变化的规律，发现和掌握规律，按规律办事，做事成功的概率就高。行业信息化也不例外，也有其内在逻辑与规律。按照规律实施信息化，是推动信息化持续健康发展的有效途径。

信息技术是二进制逻辑，具有定量化、标准化、程序化等特点；而管理本身具有模糊性、柔性、个性化，甚至还有突发性的特点，不少管理活动往往难以甚至不能量化和标准化。如何遵循信息技术与管理的本质特性，使两者深度融合，正是施工企业探索信息化规律的难点和关键所在。信息技术与企业管理相互促进和融合，是一个逐步完善、发展的过程。企业的不同发展阶段，具有不同的管理基础，不同的信息化内容，体现出不同的本质特点。采取与各个阶段特点相适应的方法和策略，来推进信息化，可以缩短周期，不走或少走弯路，但各个阶段难以超越、跨越、跳跃。

3 从失败案例的共性中看工程建设行业信息化

工程建设行业信息化 10 年的快速发展，离不开施工企业对信息化长期、深入的探索实践，这其中，既有成功的喜悦，也不乏失败的酸楚。正所谓，成功的信息化建设规律总是相似的，不尽人意的信息化总能找出各不相同的理由。梳理近些年来施工企业推进信息化，尤其是推进管理信息化过程中的失败案例，以下八种认识和行动上的误区，具有典型意义。

3.1　技术至上型

认为信息化就是上先进的 IT 技术，是信息部门的事情，以信息技术水平的高低、系统功能覆盖面的大小，作为企业信息化成功与否的依据。

3.2　甩手掌柜型

请专业咨询公司进行管理信息化咨询，并完全交由专业软件公司开发、实施和推动。

3.3　拿来主义型

找个与自己企业类型、规模、业务、流程差不多的企业，把它的系统照搬过来，小修小改，大体就可以了。

3.4　花钱了事型

认为信息化就是上个系统，多花点钱，买个全面、先进的系统，买来后，就束之高阁。

3.5　包治百病型

认为上了信息化，系统确定了企业的流程、规则，按照系统运转，企业管理问题就沉疴可解，从此，各种管理问题就可以得到完满解决。

3.6　面子工程型

认为信息化是个时髦的事，是企业实力的表现，所以，也要搞个信息化，来撑撑门面。

3.7　强力推动型

企业一把手或高层领导强力推动，强化顶层设计，大干快上，不顾企业信息化基础，制定一套脱离实际的"先进"管理流程和制度，自上而下，采取行政力量强力推动，"不换脑袋，就换人"。

3.8 绝对标准型

认为标准化做好了，就一定能实现信息化，强行将企业管理活动标准化，形成的是一本本厚厚的，但难以推行的制度流程汇编。

分析这 8 类典型失败案例，可以看出，企业沿用推动工具信息化的思维和方法，来推动企业管理信息化。推动过程中，企业缺乏对管理信息化本质特点的了解，缺乏对自身信息化基础的分析，盲目加大资金投入，加大推进力度，不切实际地跨越式推进信息化建设，违背了信息化规律。有专家深入总结这些典型案例的失败原因，集中体现为"四个忽视"：一是忽视了信息技术在管理中的瓶颈；二是忽视了管理信息化的复杂性；三是忽视了管理系统的人性化；四是忽视了行业管理信息化解决方案的不成熟性。

4 从成功案例的共性中看信息化

相反地，梳理一些信息化取得较好成效的案例企业，有一些共同的观点与做法，值得总结和借鉴。

4.1 企业领导高度重视信息化

除了体现在给予人财物的必要支持，更体现在工作中能率先垂范，践行推动信息化；体现在对信息化中涉及的成本、合同、资金等重大利益调整方案的拍板和推动上。但也不能走向另一极端，信息化事无巨细，都由一把手主导推动，甚至亲力亲为，这样既不科学，也不现实。

4.2 企业信息化主导者都是综合素质较高的管理者

总结信息化取得较好成效的企业，其主导者基本上都是懂管理、精业务，同时对信息技术也通晓，综合素质较高的管理者。业界通俗的表达是"懂多门语言的人"。

4.3　始终掌握信息化的主导权

这主要体现在信息化过程中，特别是软件开发模式上，多是以己为主，外部为辅。开发过程中，从对系统的调研、设计、使用、升级以及后续维护，企业要始终处于主导地位。

4.4　高度重视信息化前期管理模式、管理流程的梳理

总结成功企业信息化的驱动力，是坚持业务驱动，管理需求驱动，而不是 IT 驱动；从管理的视角出发，十分重视对自己管理基础、管理深度的了解，重视前期的管理模式、管理流程的梳理。

4.5　推进过程"急需先行"，宁愿慢不要烂

成功企业在推进过程中，大多坚持欲速则不达，"宁愿慢不要烂"的思路，通常按照"急需先行"的原则，从信息化最迫切的业务入手，把最紧要的业务管起来，等积累一定经验后，再逐渐扩展迭代，这样可以减少阻力，规避风险，增加成功概率。

4.6　必须实现业务替代

成功企业的信息化，一定是实现了某种程度上的业务替代，能给系统使用者带来便利，提高效率。如果信息系统使用中，不是减轻而是增加了工作量，或是使用很不便利，则这个信息系统不会受欢迎，也就很难成功。

4.7　具有较为完善的信息化组织和制度保障

信息化不会一蹴而就。成功企业都做好了长期开展信息化的思想、组织、机制、制度准备，都建立了完备的信息化组织，专职的信息化岗位，完善的信息化管理制度。

4.8 拥有自己的信息化队伍

基于目前行业信息化发展的实际现状，出于对成本、安全、便利等多种角度的考量，成功企业推进信息化中，都十分注重组建和培养一支自己的信息化专业人才队伍。

总结这些成功企业，在推进信息化过程中，着眼自身信息化基础，坚持需求导向，不跟风，不盲目，有序推进信息化，顺应了信息化规律。有专家总结其成功的要点，集中表现在"四个重视"：一是重视对信息技术与管理本质特点的深刻认识；二是重视科学推进管理信息化方法的掌握和经验积累；三是重视管理信息化个性特点的把握；四是重视建立自己的信息化人才队伍。

论文 4

行业信息化的新变化、新问题

中国施工企业管理协会副会长、信息化工作委员会主任　李清旭
（2017 年 11 月）

1　全面贯彻十九大精神，用实际行动促进互联网、大数据、人工智能与建筑业的深度融合

信息化与建筑业实体经济深度融合，实现智能建造和绿色建造，是建筑业一个相当长时期内的战略任务，也是我们信息化工作的大方向和总目标。

首先是观念融合。观念融合是实现信息化与建设行业实体经济融合的根本保证。由于行业发展的历史与专业性质不同，产生了具有行业特性的行业文化。在行业文化的作用下，不同行业的从业者形成了具有行业特质的观念和理念。因此，不同行业之间存在着先天性的观念壁垒。这些壁垒在行业文化传承上发挥着重要作用，但它阻碍了行业之间的融合，尤其是在共享经济的市场环境下，打破行业观念上的壁垒，树立崭新的共享经济理念，就成了我们实现信息化与建设行业实体经济深度融合的首要任务：一是要实现传统建筑业管理理念与工业化管理理念的融合，把建造技术与工业化管理方法和手段紧密地结合起来；二是要把工业化的建造理念与信息化建设理念紧密结合起来，实现建筑业生产过程工业化管理与信息化的有机融合，从而逐步实现智能建造、绿色建造的最终目标。

其次是战略融合。建设行业的信息化建设要以建设行业企业为主体，信息化建设工作的战略策划，要以建设行业的发展战略为依据，以建设市场的需求为导向，紧紧围绕智能建造、绿色建造这个主题，不断策划、创造出适应建设企业发展不同阶段需求的信息化产品，真正做到信息化与建设行业实

体经济发展战略上的融合，为智能建造的具体工作起到导向作用。

再次是人才融合。培养一批既懂建设企业管理与实践，又能策划创造出与之相适应的信息化产品的复合型人才，是实现信息化与建设行业深度融合的根本保证，也是我们当前甚至在相当长的时期内，建设行业实现智能、绿色建造发展要解决也必须解决的重要和关键问题。

通过全行业十几年的共同努力，在这些方面已经取得了可喜的进步和成绩，积累了比较丰富的经验，这次会议期间展出的许多成果就是很好的例证。

2 逐步发挥信息化在企业战略管理中的作用

宏观上讲，信息化在建筑业的发展中主要有两个方面的作用：一是对企业和行业的管理，二是工程建造本身的智能化。二者既不同又相互促进。没有信息化和工业化管理的深度融合，实现智能化建造是比较困难的。随着智能建造水平的提高，也会倒逼企业、行业管理模式和方法手段的变革。目前，我们行业的信息化建设主要以企业和行业管理为主要内容。在企业管理中，也可大体分为三个阶段，即功能软件使用阶段、数据集成处理阶段和战略管理阶段。三个阶段是一个有机的整体，在不同层次上互为条件、互相促进，就管理性质而言，战略管理的信息化是企业信息化建设的高级阶段。由于诸多原因，目前企业的信息化水平参差不齐，发展很不平衡。希望有能力的企业尽快学习、引入大数据等技术手段，逐步实现企业战略管理的信息化，为行业信息化建设起到方向标的作用，以促进行业企业信息化建设水平的全面提高。

3 以企业转型升级的紧迫感，激发信息化建设的内生动力

我国的社会主义建设进入了新的历史时期，经济建设也进入了新常态。习近平总书记在十九大报告中把深化供给侧结构性改革作为经济体制改革的首要任务，作为国民经济体系供给侧的工程建设行业，将面临重大的改革任

务。工程建设行业的结构性改革其实已经开始了，对企业所造成的压力不少企业家已经有所感受，我想下一步改革的重点，将紧紧围绕"质量第一、效益优先"的原则展开，这将对建设企业经营和生存环境产生重大影响。因此，企业领导班子和全体员工，要认清形势，变压力为动力，把企业的信息化建设与企业的转型升级紧密结合起来，向信息化要质量，向信息化要效益。可喜的是，从今年协会信息化工作委员会组织的调研、现场观摩、专题研讨、对标学习等各类活动中看到，从企业家到项目经理，以及各岗位工作人员都在关注信息化的应用。我们深深地感受到了行业信息化发展的内生动力正在不断增强，信息化的应用范围也在不断扩展，关注信息化、应用信息化的队伍在不断扩大，行业信息化发展迎来了内生动力快速增长的良好发展态势。

4　把企业文化作为信息化建设的灵魂

企业文化在企业发展中的重要作用是不言而喻的。而不同的企业文化决定了企业管理文化的多样性和特殊性，不同的管理文化也会有不同的管理习惯和管理方法，这是企业信息化建设的灵魂和主要依据，切勿轻易照搬照抄。我们的产品可以工业化批量生产，但企业的信息化建设是不能这样做的，不可能用一个信息化管理软件解决所有企业的信息化问题，这个问题我们是走过弯路的，不能重蹈覆辙。

5　信息化建设要坚持总体策划、从基层做起、量力而行的原则

企业要把信息化建设作为企业发展战略的重要内容，在充分调研、论证的基础上策划信息化建设发展战略，并根据企业发展战略的实际需求从基层做起。项目部是建设企业最基层的生产组织形式，是施工企业的经济中心和管理中心，项目部的建设在企业整个建设管理体系中有着举足轻重的作用。因此，要把项目部的信息化建设作为重点、出发点和落脚点，要使项目部的信息化建设工作成为项目管理人员的自觉行动，要把信息化的建设贯穿、渗

透到项目建设的各个环节，把"质量第一、效益优先"的原则体现在项目管理的信息化工作中，纠正和杜绝项目管理被信息化的现象，确保企业信息化信息的准确性和及时性。今年我们信息化工作委员会把工作的重心转移到智慧工地的建设上，取得了很好的社会效益，深受企业和项目管理人员的欢迎。

项目部的信息化管理是企业信息化建设的基础，要在项目管理信息化的基础上逐步实现项目数据的集成和属性管理，为管理部门服务，从而逐步实现全公司的信息化管理。经过十几年的实践，已经有很好的、成功的经验可以借鉴，大家可以充分利用高峰论坛的机会，展开广泛的交流和探讨。

6 明年的重点工作

2018 年是十九大提出社会主义建设进入新时代的第一年，要以新时代、新思想、新矛盾、新征程的会议精神为指导，要把认真学习领会会议精神落实到我们工作的思想上、思路上和行动上。认真落实曹玉书会长的讲话精神，并贯彻到信息化建设工作策划和执行上。中施企协信息化工作委员会将在如下几个方面着力：

6.1 坚持调研工作

调研工作是做好信息化工作的基础，要深入企业和项目建设现场，走到一线项目管理人员和工人中间，广泛征求各类人员的意见，了解其需求，探究其路径，策划其方法。调研工作要起到咨询、指导、宣传的作用。做好调研工作要注重四个方面：①选择好调研内容。要根据信息化建设总体战略和年度工作计划策划调研内容。②配置好调研人员。要根据调研内容合理配置调研人员，要坚持以来自企业的专家为主、协会人员为辅的原则。③筛选好调研客体。要选择有创新理念和成果、代表性强、具有可推广性的项目或团队作为调研对象。④使用好调研成果。要在总结提高的基础上形成调研成果，并以此作为策划信息化建设具体工作内容、形式和方法的基础和依据，其文字材料应具有史料价值。这几年，工作委员会坚持每年推荐优秀信息化建设案例的做法，深受行业企业欢迎，其推荐过程起到了很好的研讨、交流、总结、提高和宣传的作用，要在继续坚持的同时，不断创新、优化组织模式，加强推广应用工作。

6.2　创新工作方式

要配合国家"一带一路"倡议，使信息化工作委员会的工作"走出去"，为"一带一路"的互联互通做出贡献。探讨与国际相关组织取得工作联系的可能性，使工作委员会的工作和我国工程建设行业的信息化建设工作融入国际信息化发展先进主流中，为企业打造一个与国际先进水平交流和学习的平台，提供一些与"一带一路"沿线国家进行产能合作的机会。

6.3　进一步落实"抓两头、促中间"工作策略

要在今年工作的基础上，继续深入做好项目部的信息化建设工作，推广智慧工地建设优秀成果，探讨项目部信息集成方式，打造出项目部个性化、信息化建设模式。企业决策机构要以战略管理为主要方向，对基础好、有条件的企业，探讨大数据在企业战略管理中的应用模式、路径和方法，树立典型，总结经验，逐步推广；企业职能部门要以提高管理效率和执行力为主要建设目标，及时、准确地集成、处理企业基层信息，为企业决策层提供真实准确的经营基础数据。工作委员会要把上述策略尽快策划为具体工作，并在明年组织实施。

6.4　加强中施企协信息化工作委员会的自身建设

要加强委员会工作人员的思想建设，不忘委员会成立时为企业服务的初心，从国家和协会的大局出发，把争取良好的社会效益始终放在委员会各项工作的首位，走市场服务型的发展道路。同时，要加强委员会的组织建设。进一步调整工作委员会和专家委员会的组成，邀请重视、热心、支持信息化工作、有创新思想、有成功工作经验的企业家和专业技术人员到信息化工作委员会和专家委员会工作，使信息化工作委员会真正成为推动行业信息化建设的核心力量，在行业信息化建设中起到导向和引导作用，为实现行业智能建造、绿色建造的总目标做出应有的贡献。

关于"建筑业 + 互联网"困局的思考

中国建筑股份有限公司总经济师　鲁贵卿

（2015 年 8 月）

"互联网 +"的概念一经李克强总理提出就得到社会各界的广泛认同，迅速走红，目前已经成为各行各业十分时髦的用词。这说明在中国社会经济发展的今天，互联网技术的应用已成为各行各业提升经营品质、提高管理效率、实现持续发展的必然选择，加快互联网技术与传统产业融合的进程是提升社会生产力的必由之路。

然而在建筑业，"建筑业 + 互联网"仍罕有变革性动作，甚至应用程度都算不上深，本文将通过分析其发展阶段、基本点、关键点、基本目标等，对此困局的现状、破解做出探讨。

1 "互联网 +"与"工业 4.0"

自人类社会进入工业文明以来，先后经历了四次大的革命性的技术进步：第一次是蒸汽机的发明；第二次是电气技术的应用；第三次是电子信息技术的推广；第四次就是互联网智能化技术的普及。前三次技术革命中国都没能赶上，因此中国经济落后了，中国社会的生产力落后了。这次互联网智能化技术中国赶上了，具备了走在世界前列的基本条件。目前，国家将"互联网 +"提到国家战略高度，提出了"中国制造 2025"行动计划，对我国经济社会的发展具有重要的战略意义。

建筑行业作为一个具有悠久历史的传统产业，如何在伟大的第四次工业技术革命中实现凤凰涅槃，完成一次大的质的飞跃，是摆在我们每个建筑产业从业者面前的重要课题。目前我们面临着千载难逢的战略机遇，同时，我们也面临着无可回避的巨大挑战。这些机遇和挑战既有思想观念上的，也有实际行动上的；既有宏观目标上的，也有具体实践上的；既有技术应用上的，也有素质能力上的；既有行业特点，也有普遍共性；既有"道"的层面的问题，也有"术"的层面的问题。我们如何应对，如何行动，既考验我们的智慧，也考验我们的行动。

毋须讳言，在信息技术、互联网技术的应用上，我国建筑行业目前还处在相当低的水平上。因此说，在建筑行业提"+互联网"比提"互联网+"更加具有针对性，更加强调传统建筑行业的主体性、主动性。在这方面，笔者认为，德国提出的"工业4.0"更加有道理些，更加符合逻辑些，也更能推动传统产业的转型升级。

2　建筑行业信息化发展的四个阶段

20世纪80年代初，建筑施工企业尝试引进使用计算机辅助办公，以此为起点，工程建设行业的信息化从单机与工具软件的使用，到20世纪90年代，局域网与专业系统的应用，再到21世纪初以来的互联网与管理信息协同化、集成化的应用，走过了30多年的发展历程。回顾、梳理、分析和总结这一历程的发展脉络、建设内容、共性特点、逻辑关系等，有助于我们分清阶段、认清现状、理清思路，深化对行业信息化发展规律的认识，有效指导信息化实践。

笔者认为，建筑行业的信息化发展可分为以下四个阶段：

2.1　专业软件信息化阶段

这是信息化的"岗位级"应用（可称为"建筑业信息化1.0"）。目前通用信息技术、计算机辅助办公、专业工具软件的产品成熟度高，使用范围广，极大地提高了工作效率。

随着行业信息化基础设施不断完善，硬件性价比大幅提高，各类工具软件大量推向市场，行业内已普及计算机、成熟工具类软件及因特网应用，大幅度提高了岗位工作效率。目前，行业已实现了：计算机辅助设计；文字、图表处理电子化（办公软件）；计算机辅助结构计算、工程预算、钢筋下料、工程算量、模拟施工、3D建模、测量定位、图像处理等。

这个阶段，可以称之为"小学"阶段，是重要的打基础时期。

2.2　业务部门信息化阶段

就是信息化的"部门级"应用（可称为"建筑业信息化2.0"）。此阶段信息技术与管理模块融合，局部的、专业部门业务管理子系统的产品较成熟，应用较广泛，显著提高了管理水平。

施工企业部分专业化、标准化基础较好的专业部门业务管理与信息技术实现了较好融合，市场上推出了基本标准化的管理系统产品，在行业内得到了推广应用，较好地实现了信息化管理。根据中国施工企业协会2014年问卷调查显示，系统应用率（系统得到较好应用的企业数量/被调查企业的总数量）接近和超过50%的管理子系统有：办公自动化系统（OA）应用率最高，达到81%；以及财务管理系统（79%）、企业门户系统（77%）、人力资源管理系统（53%）、视频会议系统（49%）。值得一提的是，与施工企业业务密切相关的单项目管理系统，应用率仅为35%，其中，特级企业应用率为45%，一级企业仅为29%。这在一定程度上反映了行业管理还较为粗放，还有较大提升空间；也反映出局部的、部门级管理子系统的应用还正处在不断发展的过程中。

这个阶段，可以称之为"中学"阶段，已经在零散的软硬件应用基础上实现了特定模块的集成，同时这一阶段又有"初中"和"高中"之分，"初中"阶段是在解决了"有与没有"的问题后所做的初步探索，主要是将冗余的信息进行了梳理，初步建立了数据管理的概念；而"高中"阶段则是经过一段时间应用之后，逐步实现了对系统进行"定制化"的优化，同时，在这一阶段，子系统之间的矛盾越来越凸显，对其进行变革的需要也越来越强烈。

2.3　企业管理信息集成阶段

就是信息化的"企业级"应用（可称为"建筑业信息化3.0"）。此阶段信息技术与企业管理体系融合，整体性企业数据贯通的集成管理系统初步尝试，少数企业积极探索，但整体上讲，企业级集成应用深度是远远不够的。

起初，信息技术与企业管理体系的融合，最集中体现的是为应对特级资质就位的信息化考评，施工企业做出的探索与尝试。在特级资质就位考核中，不少企业按照考核要求是用上了模块完整，貌似集成的整体性、企业级管理系统。但在实际应用中，能实现集成效果的比例很低。真正用的起来，提高效率，发挥效益的也仍然是部分管理模块系统。行业内仅有少数信息化实践历程较长、管理基础较好的企业，在系统集成方面取得不错效果，有代表性的集成应用在财务业务一体化、综合项目管理等方面取得实效，提升了企业管理水平。根据中国施工企业协会 2014 年问卷调查显示，66% 的被调查企业在实践中推动实施了全部或局部系统集成，但能达到集成效果的仅为10%。这也反映出，当前企业的管理信息化经过初步的尝试实践后，还面临巨大挑战。

这一阶段，可以称之为"大学"阶段，但又有"大专"与"本科"之分，"大专"即浅层的集成应用，深度有待加强；而"本科"则更注重"学以致用""知其所以然"，所以应用的深度可以贯穿到项目一线工作实际，实现明显的集成效果。

2.4　大数据应用阶段

就是信息化的"社会级"（可称为"建筑业信息化 4.0"）。这是信息化发展的方向，也是"互联网+"真正内涵所在。目前，部分优秀的大企业集团在"互联网+"的鼓舞下，已经开始未雨绸缪，组织专门力量与 IT 产业的专业公司联合研究，积极探索，寻求突破和进展，这势必会引领和推动整个行业的信息化进程。

这个阶段可以称之为"研究生"阶段，更加强调个性化的整体系统、突破性的核心模块，又可分为"硕士"和"博士"阶段。能达到"硕士"阶段的已经在某一领域成为了行业的佼佼者，而达到"博士"阶段则需要在某一领域实现专业化的深度突破。

整体而言，目前建筑行业信息化正处于部门级管理子系统应用为主的发展阶段，也就是正处在建筑业信息化 2.0 阶段。少数优秀的建筑工程企业已经进入了信息化的 3.0，并且已经出现了信息化 4.0 的萌芽。而有不少企业还处在建筑业信息化 1.0 的水平上，甚至还有一些企业则处在信息化的起步阶段，还算不上信息化 1.0。整个建筑行业信息化发展由"部门级"应用过渡到"企业级"应用，达到数据贯通、管理集成的一体化应用目标，还有较长的路要走。

3 建筑工程企业管理的基本点

项目是建筑施工企业的产品，是企业的主要利润来源，是企业运营管控的对象，是建筑施工企业一切管理工作的出发点和落脚点。对建筑工程企业而言，有项目则生，无项目则死；管好项目则生，管不好项目则死。因此，标准化也好，信息化也好，精细化也好，都必须把工程项目作为工作的基点，"三化融合"也必须在工程项目上展开和进行。此外，我们必须认识到，判断项目成功与否的标准，是它是否实现了业主、社会、施工企业三方面的共赢，而这也是项目管理的出发点。

项目生命周期划分三个阶段：从项目信息跟踪、立项、招投标、中标为市场营销阶段；从项目合同签订、策划、分供方选择、成本与财务核算、竣工验收为项目生产阶段；从项目预算、商务结算、工程保修到工程款回收为项目的结算收款阶段。三个阶段相互关联，在实施系统时必须抓住这一变化周期设计系统功能模块。

项目经济活动主要包括：市场营销阶段以客户关系、招投标管理为重点，生产阶段以项目成本为中心，重点实现项目策划、合同管理、收入管理、供方管理、物资管理、成本管理及支付管理等，这是实施信息化的核心业务，需要充分利用计算机结构化数据的技术设计业务系统。

项目经济活动生产阶段需以合同为起点，以商务分析及财务核算为终点。重点把控合同、结算及支付三个管控环节，各个环节相互关系，相互联查，为过程管控服务。

工程项目管理活动主要包括项目策划、施工进度、技术质量、安全生产、现场统筹、项目文化以及文件资料等管理，这些管理活动和管理过程都可以运用计算机数据处理技术，从而极大地提高管理效率，降低管理成本，提高企业生产力。

4　建筑工程企业管理信息化的基本点

企业管理千头万绪，信息化不是独立存在的，而必须要与标准化相配套、相融合，最终实现精细化管理，这"三化融合"涉及企业的方方面面。既然建筑业的基点是项目，那么企业项目管理的工作主线又是什么呢？笔者认为，企业的项目管理必须以成本管理为核心，"三化融合"应当以成本管控为主线，而成本管控最为关键的是商务和财务的一体化。也就是说，建筑工程企业"三化融合"的基点在"项目"，主线是"成本管控"，关键点是"业务财务一体化"。

在"成本管控"方面，我们需厘清成本管控的多个层次。建筑施工企业有"三件事"，就是接活、干活、算账收钱，工程项目效益的来源也是跟这"三件事"紧密相关，市场营销"接活"产生的效益是"经营效益"，项目施工"干活"产生的效益是"管理效益"；项目结算收款"算账收钱"产生的效益是"结算效益"。因此，在进行成本管控时，也需要将三种效益划分开，将项目的合同造价、责任成本、目标成本和实际成本进行区分，并建立科学合理的责任体系、计量标准、考核奖罚，使企业管理数据化得以实现，从而有效地提升企业管理的精细化程度。

建筑施工企业"业务财务一体化"是收入与成本业务结算后自动生成财务凭证，业务财务资金一体化是商务结算后在线完成资金收付业务再自动生成财务凭证。商务、财务、资金业务相互联系，通过财务凭证可以在线追溯业务过程，同时在处理业务过程时可以联查财务凭证，自动生成的凭证经审核后生成财务账簿，最终反应项目管理的经营结果。业务财务资金一体化是通过商务成本科目与财务核算会计科目口径统一，用财务核算、资金支付倒逼业务过程规范、数据精准，从而达到精细化管理。

财务是最终反应经营管理的成果，在分析业务财务一体化内容时，需从财务核算会计科目分析出相关商务业务活动，再通过业务活动确定综合项目管理系统相关业务单据。即包括涉及建筑收入与成本的业务单据，主要包括建筑合同收入、合同保证金、甲方产值报量、分包结算、周转材料租赁、设备租赁、物资入库与出库等。

实现业务财务一体化，各类经营活动能自动生成财务凭证，必须要统一相关业务标准。从施工企业项目经营活动反应项目财务凭证可以分为两类：一类是以收入与成本相关的反映企业经营成果的凭证；另一类以收付业务相关的反映企业资金状况的凭证。收入与成本类业务主要以统一商务成本科目与财务会计科目，收付业务主要统一资金活动项与财务科目。标准的统一并不是完全相等，主要是统一口径，从商务、财务、资金不同业务管理的要求分析，也不可能完全同步，但最终都是反映项目真实的经营成果，在材料费、人工费、机械费、现场经费、专业分包费等五类费用上统一，但要实现这一成果，必须统一科目最末级之间对照标准，形成统一模板。

5 建设工程企业信息化所必需的变革

信息化是手段、是途径，"三化融合"的关键在于"融"。"融"，不是将制度在信息系统中直接反映出来，是两者创新与变革的结果，管理结果 1+1 > 2。

5.1 思维观念的变革

管理信息化过程就是实现信息技术与管理工作结合的过程。将管理工作用信息化的语言表达出来，就要求软件提供商了解企业的管理思路和模式，而企业也要了解信息技术，从提高效率、效益、效果目的出发去构建管理信息系统，这就要求我们要从管理和信息技术两个角度去理解信息化工作。信息化实施的过程是一个"边施工边设计"的过程，是一个以制度为"图纸"深化设计、优化流程与管理的过程。从这个层面上说，信息化过程是一个对信息化思想重新认识的过程。

5.2　管理方法的创新

管理信息化是实现企业管理目标的工具，工具的使用要以提高办事效率、加强管理、解放生产力为目标，不是线下的工作搬到线上处理的过程，要实现这一个目标需方法创新。企业如果基于传统的管理模式去建立信息系统，所能得到的好处非常有限，而只有通过充分利用信息技术建立新型管理模式，才能够得到最佳解决方案。如：在施工项目管理中，有相当一部分单位已使用了各种软件，把原来用手工填写的表格，现在用计算机来输出；原来需要计算器计算的现在由计算机计算。在这种情况下，"只不过是简单地从纸上搬到计算机上"，为项目的运营管理带来的价值微乎其微。信息系统中也存在同样的问题，部分业务线把传统管理模式的流程整理出来，再硬搬到信息系统中实现，这样致使流程达到十几甚至几十个节点，在这种情况下，虽实现了信息的存储、信息的查询、信息自动处理，但增加了过程处理的周期，反而增大了工作量，提高不了企业管理的效率。传统的管理方法为了控制过程的各种风险增加过程环节的管理，如果利用现代信息技术实现工作流程的可视化、实时记录、跟踪和控制，过程中传递的节点可以让计算机来完成，完全可以优化过程流程进而达到管理与效率的提高。信息化实施的过程也是企业管理流程再造的过程。

5.3　工作习惯的改变

传统的工作方式用笔手写，而今天所有的工作用电脑输入指令完成，传统方式的资料分类整理、查找都由人工完成，而现在有了信息化只需点输入关键字，查找的工作由计算机完成；领导所需要的分析报表，传统的方式由人工统计完成提交给领导，而有了信息化后，各类数据都在系统中，领导要分析统计数据，只需输入查询条件由计算机自动查找完成。这些都需要我们工作习惯做出改变才能真正发挥信息化的作用。如，开机先上平台，要事、急事优先处理；本机不需保存很多文件，数据中心查询很方便；收发文件实现上下互动；传递内部资料在平台上直接建群组即可等等。部门之间、上下级之间的工作部署更透明。信息化为各项工作办理过程实现了"有据可查"，工作皆可追溯。集团内部资源共享更加高效，如各种文档，可以通过借阅、传阅等方式共享。"三化融合"是一场深刻的管理变革，"三化融合"成功与否关键在一个"融"字上。

6 集团企业管理信息集成应用的实施路径

根据建筑施工项目法人管项目的特点，建筑施工企业通常由集团总部、子公司或分公司及项目三个层级构成。对集团整体实施企业管理信息集成，目的是打破集团内部组织边界，实现数据共享与管理高效协同，提高工作效率，为集团运营管控服务。在实施时，要厘清不同组织的管理职能、分级分类系统架构。

6.1 各层级的管理职能与权责

集团总部的职级主要是以制定战略与运营控制为核心的管控，对分子公司指标实施监控，负责对各分子公司进行审计监察与业绩考核，重点实现人、财、物及信息的管理。分（子）公司是连接总部与项目的纽带，在总部的战略指引下，形成各自的战略与经营计划，对项目进行有效的管理。其主要职能是业务管理和运营协调，行使业务决策、业务管理及本单位信息管理，直接参与对项目的管理，在总部统一标准管控条件下充分发挥个性管理。项目是基本单元，是利润的主要来源，是成本中心，以业务运作为主要职能，重点对项目业务过程进行管理。

6.2 集团企业管理信息一体化系统架构

对建筑企业而言，集团一体化系统错综复杂，又缺乏信息技术与专业人才，因此绝大多数企业会选择专业的软件服务商提供服务，采用"平台＋产品＋二次开发"的信息化建设模式。软件服务商的产品为适应不同类型的企业，产品独立灵活、针对性强，在实施的过程中要结合不同类型的企业进行系统设计与重组架构。建筑行业软件除了 CAD 制图、预算等工具类软件外的管理软件可划分为业务系统类（人力资源、财务管理、资金管理、综合项目管理系统）、数据统计分析类（报表、决策系统）及办公软件类。其中业务系统主要是解决业务办理、过程管理，业务逻辑关联较强，但数据统计功能相对较弱；数据统计分析类系统具有较强的数据抽取计算，灵活的统计分析功能，没有业务过程管理流程；办公软件类具有较强流程引擎功能，有业务管理过程但关联性较弱，统计功能较弱。因此，建筑集团一体化系统在架构时要充分了解各产品与组织管理职能的需求，系统设计与架构。

6.3 集团企业管理信息一体化系统部署方式

集团一体化系统在部署方式上通常采用集中、分布与集中相结合的两种方式。集中部署方式通常在集团统一数据库下部署同一套系统，内部不同公司或项目都使用同一系统，对业务标准化程度较高；分布与集中部署相结合的方式指集团制定统一的主数据标准，内部不同公司架构相同或不同的软件系统，然后通过报表或决策分析系统从各组织单位系统中抽取数据进行分级汇总，实现集团上下纵向与部门之间横向数据互通的模式，满足集团数据集成一体化管控需要，项目或公司之间可存在较大的个性化业务管理。

对于大型集团建筑企业可采用分布与集中相结合的方式。在集团总部统一编码体系，对核心的业务、财务等数据进行统一管控和集中管理，对于一些下属单位具体业务办理所使用的细节信息，是可以采用本地化部署的，集团统一管理的数据库定期同步实现数据仓库的集成。应当是兼顾效率和集团管控的更加可行的方法。对于一些细节性的信息或业务，是集团根本不需要看，也无人去关注的，则没有必要盲目追求系统的大集成与数据的大集中。否则，会造成信息系统使用效率的下降，对互联网带宽需求的提高，从而增加不必要的信息化投资。集成与分布要与实际的管控结合，要把好尺度，并不是集中一定比分布好，反之也不成立，集团一体化系统的部署方式应该根据自身的管理职能选择合适的部署方式。

7 企业管理信息化的基本目标

必须指出，在当今互联网、大数据、云计算、物联网、智能化的信息化浪潮中，"建筑业＋互联网"的步伐急需加快，作为建筑行业主体的建筑工程企业更是首当其冲，时不我待！我们必须尽快行动起来，抓住历史机遇，加快推进建筑业信息化进程，推动建筑业标准化、信息化、精细化这"三化融合"，实现"五个互联互通"的目标。

7.1 实现集团企业上下的互联互通

集团企业上下互联互通，就是要实现"分级管理，集约集成"。"分级管理"指从集团总部到项目实行分层级管理；"集约集成"指由底层项目产生的数据，根据从项目部到集团总部各个管理层级在成本管理方面的需求，各个层级中集约集成汇总。同时，在各个管理层级中引入 BI 系统，根据每个层级的管理需求，提供一目了然的报表界面，对关键指标提供分析功能，并设置阀值，进行监控报警。

7.2 实现商务财务资金的互联互通

商务财务资金互联互通，要求实现项目商务成本向财务数据的自动转换，在这个过程中，应基本摒弃人工做表的方式。商务数据向财务数据和资金支付的自动转换过程，应在项目的管控单位（子公司）实现，而非只在项目上实现。

7.3 实现线上线下操作的互联互通

"三化融合"的关键在于融和合，标准化、信息化在线上线下要互联互通。通过"管理标准化，标准表单化，表单信息化，信息集约化"的路径，不断简化管理，最终实现融合。具体来讲，信息化、标准化的表单，和平时工作的表单必须统一，不增加额外的工作负担。此外，信息化系统的开发要注重用户体验。系统所用的语言、所涉及的流程，都必须与实际相符合，软件开发不能站在 IT 的角度，而需要站在实际管理工作的角度来做。

7.4 实现各个业务系统的互联互通

如果把企业集团信息化系统看作是一棵树，那么必须明确树"主干"，各个分支才能自然地依附于其上。"三化融合"就是要建立集团企业信息化系统的"主干"，也就是贯穿集团的成本管理系统。其他所有与成本相关的重要业务系统，都必须联通进来，最终实现业务系统的互联互通，进入"管理集成信息化"的发展阶段。

7.5 实现上下产业链条的互联互通

上下产业链条互联互通，就是要充分发挥互联网思维，用"互联网+"的手段，去掉中间环节，实现消费者和生产者的连通。比如，集团企业的集中采购，通过电子商务，将产业链条上的客户和供应商互联互通，实现资源共享合作共赢。

"建筑业＋互联网"困局的形成，是由行业特点和历史发展决定的，对其破解也需深刻洞悉其历史发展规律，分析行业特色，"量身定制"发展路径。文中所作思考难免不妥之处，期待更多有益讨论。

论文 6

关于"建筑业 + 互联网"困局的再思考

中国建筑股份有限公司总经济师　鲁贵卿
（2016 年 9 月）

在当前我国宏观经济处于结构性调整期，新旧动能转换乏力，经济增长动力不足的大环境下，建筑施工企业大多处于"焦虑"状态。许多企业东突西进，南征北战，专注于调整经营结构，实施战略转型，寻找新的市场支点；也有不少企业在眼睛向外的同时，坚持眼睛向内，着力于企业内部管理的转型升级，寻找内生式发展的新动力，坚持不懈地走内涵式、精细化、集约化的发展之路。笔者认为，后一种态度更加可取，更加有利于企业的长期、持续、健康发展。那么，建筑企业内生式发展的新动力在哪里呢？当今之世，通过信息互联技术在建筑企业管理中的应用，使企业管理标准化与信息化实现深度融合，实现企业管理的精细化，从而促进企业健康持续发展，无疑会成为绝大多数企业的一种必然选择。然而，由于建筑行业的特殊性和复杂性，目前信息互联技术在建筑行业中的应用还远远不够，建筑企业管理信息化的水平还很低，还不能适应企业管理与发展的需要，甚至于在某种程度上制约着企业管理水平、盈利能力和市场竞争力的提高。本人去年曾写过一篇短文，叫作《关于"建筑业 + 互联网"困局的思考》，对建筑行业信息化的有关问题进行了一些初步思考。最近，根据当前的一些新情况，我对这个问题又进行了进一步的思考，形成了几点粗浅看法，就教于业内同仁。

1　建筑企业信息化，势在必行，为什么？

历史潮流，浩浩荡荡，顺之者昌，逆之者亡。当前，我们处在信息化的社会大潮中，建筑企业只有坚定信心，顺势而为，迎难而上，加快"建筑业＋互联网"行动的步伐，才能跟上时代发展，才不会被时代潮流所抛弃。"建筑业＋互联网"行动刻不容缓！可以说，谁拥有信息互联技术谁就拥有未来！

1.1　在当今世界三大主流趋势面前，中国建筑企业管理信息化势在必行，时不我待

自人类社会进入工业文明以来，先后经历了四次大的革命性的技术进步，前三次技术革命中国都没能赶上，中国社会的生产力落后了，第四次技术革命就是信息互联网技术催生智能化，中国赶上了，具备了走在世界前列的基本条件。目前，国家将"互联网＋"提到国家战略高度，制定了"中国制造2025"行动计划，今年5月国务院又发布了《关于深化制造业与互联网融合发展的指导意见》，这必将对我国经济社会的发展产生深远的影响。当今世界的第一大经济体美国提出了"产业互联网"，第二大经济体欧洲的主要国家德国提出了"工业4.0"。我国的"中国制造2025"与美国的"产业互联网"、德国的"工业4.0"并称为当今世界的三大主流发展趋势。可以说，这三大主流代表着世界未来的发展方向。

建筑业作为一个具有悠久历史的传统产业，如何在伟大的第四次工业技术革命中实现凤凰涅槃，完成一次质的飞跃，跟上时代的步伐，是摆在我们每个建筑产业从业者面前的重要课题。我们一定要抓住千载难逢的战略机遇，勇敢地迎接挑战，转变思想观念，迅速行动起来，奋力突破"建筑业＋互联网"困局，加快推进信息互联技术在企业管理实践中的应用，尽快实现现代信息互联技术与传统建筑产业的深度融合，降低建筑业的能源消耗，增强建筑企业的素质，提升建筑产品的品质，提高建筑产业的生产力。可以说，"建筑业＋互联网"是大势所趋！

1.2　建筑企业信息化是供给侧结构性改革的题中之义，是企业提质增效的根本途径

供给侧结构性改革是党中央、国务院针对我国当前经济运行的主要矛盾

和主要问题提出的重要战略性举措，"三去一降一补"是供给侧结构性改革的主要任务，而供给侧改革的本质则是通过供给系统全要素生产效率和生产品质的提升，实现供求关系的改善与供需平衡。建筑行业属于完全竞争性领域，建筑企业作为市场竞争主体，必须适应市场变化，把"强管理、提品质、降成本、优服务、树品牌"作为生死攸关的战略任务，眼睛向内，苦练内功，大力提高管理工作效率，提高企业劳动生产率。

信息互联技术的实际应用，是将人们大量的、繁琐的、繁重的日常事务性工作任务交给计算机、移动端和互联网去完成，从而大量节约人工成本，提高工作品质和产品品质。例如：用算量软件计算一个 10 万 m^2 建筑的机电工程量需要 5 个工日，而传统人工做法则需要 90 个工日。一个纸质的审批流程，平均用时 5 个工作日，实现信息化以后，有关人员在应用终端点击一下即可，整个过程一两个小时之内就可能完成。中国施工企业协会在今年组织的企业信息化专题调研中发现了一个有趣的现象：凡是好的企业都在搞信息化，信息化好的企业都是好企业。同样一个千亿级规模的总承包集团企业，集团总部、子分公司总部和区域性分公司机构等非项目经理部的经营管理机构人员占企业全部管理人员的比例，信息化程度比较高的企业为 12.5%，信息化程度比较低的企业则达到 25.2%。同为百亿级施工总承包企业，机构人员占全部管理人员的比重，有的企业只有 9.1%，而有的企业则高达 33.2%，仔细分析比较后发现，这与企业的信息化程度是密切相关的。企业管理信息化的好处很多，不仅可以提高工作效率，还可以固化优化管理流程、扩大管理幅度、提高业务透明度、堵塞管理漏洞、有效管控企业运营风险、提高经营决策水平、增强企业市场竞争力等。因此，企业管理信息化是落实供给侧结构性改革任务的题中之义，是建筑企业提质增效的必由之路。

1.3　建筑行业信息化现状不容乐观，建筑企业信息化的步伐必须加快

自 20 世纪 80 年代初，建筑施工企业开始尝试引进使用计算机辅助办公，到 20 世纪 90 年代，局域网与专业系统的应用，再到 21 世纪初以来的互联网与管理信息协同化、集成化的应用，走过了 30 多年的发展历程。建筑企业信

息化大体经历了四个发展阶段：一是"岗位级"应用阶段，也就是信息化 1.0；二是"部门级"应用阶段，也就是"信息化 2.0"；三是"企业级"应用阶段，也就是"信息化 3.0"；四是"社会级"应用阶段，也就是"信息化 4.0"。总体而言，目前建筑行业的信息化水平正处于部门级应用为主的发展阶段，也就是正处在建筑业信息化 2.0 阶段，真正达到信息化 3.0 应用水平的企业屈指可数，而有不少企业还处在建筑业信息化 1.0 的水平上。即使一些企业总体上基本进入信息化 3.0 阶段，但信息化 1.0 和 2.0 的基础并不扎实，在信息化的实际推进过程中，1.0、2.0 阶段的事情还需要做大量的工作，要达到真正意义的企业级集成应用（信息化 3.0），还有很长的路要走。

2　建筑企业信息化，步履艰难，难在哪？

企业信息化的基本含义，就是运用信息互联技术，把建筑产品建造过程和企业运营管理过程在计算机、移动端和互联网上实现或者部分实现，以提高企业的生产效率和经营管理效率。建筑企业的信息化可以分为管理信息化和产品信息化，通常所用的企业门户、OA 办公系统、财务管理系统、人力资源管理系统、项目管理系统以及企业综合管理信息集成平台等都属于管理信息化范畴，而计算机辅助设计、BIM 技术、施工技术标准的信息化则可归为产品建造信息化的范畴。由于篇幅所限，本文重点讨论企业管理信息化。目前，建筑企业管理信息化面临以下"八大难"：

2.1　企业管理标准化程度低，信息互联技术"应用难"

企业管理的标准化是企业管理信息化的基础，信息化的难易程度和应用水平的高低一定程度上取决于管理标准化的水平。对企业管理规范化和标准化水平要求高是企业管理信息化的本性，企业管理标准化程度越高，越有利于信息化的实施；信息化的推行反过来也会促进企业管理标准化，提升标准化的水平。由于当前建筑市场的规范性差，投资主体和市场监管主体多元，联营挂靠，低价中标，恶性竞争，建筑企业接活难、干活难、结算收款难，企业很难把有限的精力用在规范管理和标化管理上。同时，建筑产品地域分散，个性化要求高，而施工管理和操作工人素质不高，也在客观上制约了企业管理标准化水平的提高。此外，由于目前我国建筑企业的管理水平参差不齐，总承包企业、专业承包企业、劳务分包企业的管理运营特点、管理对象、管理方式、盈利模式等尽不相同，即使同为总承包企业，规模大小、管理模式、企业文化、队伍素质、所处环境等方面也多有不同，企业管理的标准化程度差异巨大，这种差异也是整个建筑行业信息化水平不高的重要原因。虽然，不少优秀的建筑企业在企业管理标准化上进行了不懈努力，收到了一定的效果。但从总体上说，目前建筑企业管理的标准化水平不高是制约信息化水平提高的一个重要因素。

2.2 企业信息系统异构繁多，"信息孤岛"林立，管理信息"互通难"

许多企业由于缺乏互联网思维，信息化缺乏系统性、全局性，在企业信息化过程中没有企业级顶层设计，没有总体管理架构设计，急功近利，零打碎敲，应急上马，分散应用，造成了系统繁杂，平台繁多，"信息孤岛"林立。某一企业集团总部各类信息系统多达 129 个之多，还有一个集团企业则建设了 11 个信息平台，形成了"系统不统""平台不平"的奇异现象。一个个"系统""平台"，形成了一个个"信息孤岛"。这一个个"孤岛"，由于"语言"不通，企业管理难以"互联互通"，最后，不得不采取"爆破"手段，炸掉"孤岛"，信息化推倒重来，造成了资源的巨大浪费，耽误了大好时机，严重挫伤了企业上下对信息化的热情和信心，使企业信息化工作陷入困境。

2.3 商务成本与财务成本核算规则不统一，"业财一体化难"

我国现行的工程项目合约造价、预算结算等商务成本发生实现的过程与规则，具有自身的特点和做法，与财务成本、会计核算的规则和具体做法是不一致的。商务造价工程量清单中的成本子项科目与财务会计核算中的成本子项科目并不是一一对应的，特别是具体实际操作中的最末级科目之间没有一一对应的逻辑关系，两个业务线条之间在成本子项科目的名称、内涵、计算办法、核算口径等方面都有很大差异，并且这种差异是长期以来形成的。

要实现商务成本和财务成本在"度量衡"上的统一，并非一日之功，它涉及体制、机制、人员素质以及思想认识、工作习惯、利益格局的转换和调整。如果不能够实现商务成本和财务成本在"度量衡"的统一，不实现管理信息因子的统一数据编码，就难以实现"业务财务一体化"。目前，大部分企业都"卡"在这个地方，成了企业管理信息化前进道路的"拦路虎"，虽然推行企业管理信息化已经多年，甚至在其他方面也取得了比较好的效果，但一谈到"业财一体化"就大伤脑筋，企业信息化就止步不前。

2.4　管理主体多元，目标诉求不一，管理信息"透明难"

建筑企业的产品是工程项目。一个工程项目从规划投资、设计监理、承包施工、物资供应、劳务分包到政府监管、社会监督等方面有众多管理主体和利益主体，业主单位、施工单位、分包单位、物资供应单位之间利益诉求不同，存在着天然的"猫鼠关系"，项目管理信息、商务经济信息难以做到公开透明。即使在一个企业内部，各级管理组织之间也存在着不同的目标要求，管理的侧重点有所不同，管理需求和利益诉求客观上存在差异，管理者和被管理者之间存在着"客观矛盾"。这种天然的"猫鼠关系"和"客观矛盾"，就使得管理信息，尤其是经济商务信息的公开透明难以做到。比如，BIM 技术的深度应用就存在着难以逾越的障碍。并且，一个工程项目从投标报价、合同洽谈签订、施工过程报量付款、变更签证索赔到工程竣工结算、审计清算、工程款回收，要经过一个漫长的过程和繁多的工作流程与环节，许多问题都是要经过当事双方互相要约洽谈、激烈博弈，才能达成共识。要想把这些管理过程公开、透明地展现在信息化平台上，怎能是一个"难"字了得！

2.5　复合型人才匮乏，顶层设计不够，管理与技术"融合难"

企业管理信息化的最主要的要求就是要实现各个业务线条的"互联互通"，要实现这种"互联互通"，就必须实现各项业务管理的"深度融合"，要完成各项业务管理的"深度融合"，就需要一批既懂 IT 技术，又懂企业运营管理，既懂财务，又懂商务的高素质的复合型人才。目前，建筑企业信息化之所以存在"两张皮"，甚至于"三张皮"现象，一个重要原因在于，懂 IT 技术的不懂建筑企业管理，懂建筑企业管理的不懂 IT 技术，会财务的不会商务，会商务的不会财务，管物资的不管资金，管资金的不管物资。能把其中两个业务线条弄明白的人才非常稀缺，几个业务线条都明白的复合型人才更是芳踪难觅。许多建筑企业在信息化过程中，管理和技术之间、各业务线条之间往往是各唱各的调，各吹各的号，辛辛苦苦"建孤岛"，扎扎实实"反复搞"。重复投入，重复劳动，劳而无功，劳而负功。由于企业整体运营的管理架构师缺位，企业管理信息化的顶层设计，难以做到科学、合理、适用，或者根本就没有信息化顶层设计。如此一来，企业管理与信息技术的融合就变成了空中楼阁，难以实现真正的"融合"。

2.6　IT 企业至今没有成熟的"企业级"信息集成技术产品，管理信息集成应用"推广难"

多年来，IT 业界的信息软件研发服务公司急功近利，对建筑企业的运营逻辑、管理特点和发展需求等方面关注不够，研究不够，投入不够，往往站在自身的角度，把精力和资源用在了"短平快"产品的研发推广上，忽视了"长深远"产品的研发，不愿意在研发周期长、投资回收风险大的企业信息集成应用产品上下功夫、花气力。到目前为止，市场上专用性、工具类、岗位级的软件产品比较多，也比较成熟，基本能够适应建筑企业的需求。而系统性、整体性、企业级集成应用的比较成熟的信息技术产品，在市场上则几乎看不到。一些建筑企业为了管理需要只好撇开 IT 企业，自行研发，在实践中进行艰难的摸索。但由于缺乏高素质的专业技术人才，信息技术储备不够，持续研发能力不足，集成应用效果不佳。走了一段以后就进入了"死胡同"，企业信息化工作陷入困境，难以继续深入走下去，甚至推倒重来，造成了资源的巨大浪费，使企业上下对信息化的信心受到严重影响。

再从 IT 企业本身来讲，由于长期没有研发出符合建筑企业实际运营管理需要的、稳定成熟的企业信息集成应用的信息技术产品，丢掉了一个庞大的市场，失去了一个赚钱的机会，耽误了企业的发展。可以说，稳定成熟的"企业级"信息集成的技术产品的缺乏，是建筑企业信息化推行难的一个重要原因。

2.7　人们心气浮躁，热心跟风"造词儿"，企业管理信息化"落地难"

近些年来，人们心气浮躁，一些人热心于制造新词儿"忽悠人"，而另一些人则盲目跟风"瞎忽悠"或者"被忽悠"。目前在建筑业内讲话，好像不带"鼻目"（BIM），你就不是业内人士；不说"大数据"，你在行业内就"不算数"；不讲"云计算"，你在建筑业就"不够范儿"。实际上，许多"新词儿"对目前的建筑业来说实际意义不大，不少人并不明白这些"新词儿"的真正内涵，在建筑企业的运营管理实践中也是没有多少实际用处的，至少现在离我们还比较遥远，偶尔说一两次足矣，没必要整天挂在嘴上。由于这些不良社会风气的漫延，真正深入研究建筑行业客观规律的人很少，遵循建筑企业运营逻辑、潜心研发信息互联技术应用的人少之又少，肯花力气深入基层解决实际问题的人更是凤毛麟角。这使得建筑企业管理信息化"落地难"，求得实效难上加难。华为的任正非先生一针见血地指出：不要妄谈工业4.0，因为我们工业自动化的任务还没有完成。对我们建筑企业来讲，工程项目上的数字都理不清、搞不准，还整天在那里高谈什么"大数据""云计算"，想想是不是有点儿滑稽呢！

2.8　思想观念陈旧，工作习惯难变，利益格局难改，企业管理信息化"执行难"

建筑施工行业是一个传统产业，人们在长期的实际工作中形成了一些固定的认知、观念和思维方式，养成了一些工作习惯和具体做法，俗话说，"江山易改，本性难移"，这些思想观念、工作习惯和具体做法的改变是一件困难的事。毫无疑问地，企业管理信息化的过程必然会引发企业管理的变革，企业的组织结构、工作流程、审批流程，个人的工作内容、职责权限以及具体做法都必然要发生一些改变。如果人们思想观念陈旧，不愿接受新观念、新知识，不愿改变原有的工作习惯和具体做法，企业信息化就很难推得动。不仅如此，随着企业信息化的深入推进，企业管理流程、管理权限、管理效果以及管理绩效、价值分配等方面的公开化、透明化，必然会影响到利益格局的变化。凡事只要涉及利益调整，必然会有"阻力"，甚至是"对抗"。这种"阻力"和"对抗"有时是直接的，有时是间接的，有的是明的，有的是暗的。这就使得企业管理信息化的"执行难"在所难免。

3　建筑企业信息化，继续前进，如何进？

众所周知，科学技术是第一生产力，但科学技术只有应用到生产实践中才能称得上生产力。企业管理信息化能否取得理想的效果，关键在于"用"，特别是全员的"用"。

3.1　不忘初心，坚定信心，坚持有用、有效、有根"三有"原则，不被"新词儿"所忽悠

信息互联技术被称为自人类进入工业文明以来的第四次重大技术革命，它在生产与服务领域中的实际应用必将带来社会生产力的巨大提升。可以说，提高工作效率，降低生产成本，提升社会生产力是衡量信息互联技术应用效果的最终标准，或者说，检验信息互联技术应用效果的唯一标准是生产力的提升与否。就建筑行业来讲，应用信息互联技术的最初目的和最终目的都是也只能是为了提高建筑企业的管理效率和效益，进而提升建筑行业的生产力，这就是我们的初心。我们说不忘初心，就是在建筑企业信息化的进程中不能忘记生产力标准。唯有如此，建筑业＋互联网才是有意义的，否则，就是舍本求末，不得要领。

在推进企业信息化时，必须坚持有用、有效、有根的"三有原则"。"有用"是指企业信息化要以"用"为本，以企业管理实际需要和实际应用为出发点和落脚点。那种为了做样子给上级看，为了满足政府行政管理要求（如特级资质信息化达标）的信息化都是错误的、没有益处的，都应该坚决改正。"有效"是指在信息化的过程中一定要坚持以提高管理工作效率，降低管理成本，提高企业管理效益为目的、为标准，那种为了信息化而信息化，繁琐哲学，重复劳动，为了所谓"达标考核"，华而不实，搞花架子，甚至弄虚作假的信息化有百害而无一利，既不解决实际管理中的问题，又造成人财物的重复投入，

是劳而无功，劳而负功，更谈不上提高效率和效益了。"有根"是指企业信息化一定要落到实处，落到工程项目上。建筑企业的产品就是一个个工程项目，工程项目管理得好坏，是衡量企业管理水平高低的试金石。只有将信息互联技术实实在在地应用到工程项目的管理实践中，实现生产要素在工程项目上的优化配置，才能提高企业的生产力，才能说企业信息化取得了实效。

建筑企业在信息化过程中，千万不能被所谓的"新词儿"所忽悠。要切忌囫囵吞枣，听来几个"新词儿"，就去盲目跟风，云里雾里，不知就里，一会儿"大数据"，一会儿"云计算"。一个经营规模不足百亿的企业，整天还在为把工程项目上的数字弄清搞准而头痛发愁呢，但却在那里张口闭口"云计算""大数据"地说个没完，岂不是"空谈误国、空谈误企"吗？表面轰轰烈烈，实际虚无缥缈，最后是"水中月，镜中花""竹篮打水一场空"，不仅没有效果，还白白地浪费了钱财，失去了大好机遇。

3.2　大力推动管理标准化，统筹顶层设计，实现企业管理与信息互联技术的"深度融合"

企业管理的标准化是企业信息化的基础，信息化反过来可以促进管理的标准化。没有一定的管理标准化为基础，信息化就很难进行，强行上信息化，也必然会造成无谓的浪费，甚至返工重做。

我国建筑企业的管理标准化大体经历了四个阶段：第一个阶段是以规范化管理为主要特征的管理标准化，如工作文件汇编、管理手册等（也可以称之为管理标准化的1.0版）；第二阶段是 ISO 9000 质量和安全职业健康认证为主要特征的管理标准化，如程序文件、标准手册等（也可以称之为管理标准化 2.0 版）；第三阶段是以卓越绩效模式为主要特征的管理标准化（也可以称之为管理标准化的 3.0 版）；第四阶段是在以前管理标准化成果的基础上，将管理标准进行可数字化升级，形成可数字化的管理标准手册（可以称之为管理标准化的 4.0 版）。企业管理标准化水平，只有达到管理标准化 4.0 版的水平，才有可能真正实现与信息化的深度融合，从而实现企业管理的精细化。可数字化的管理标准化是对企业以前众多的管理流程、工作与工序标准、运营管控报表等进行梳理，统一管理语言，统一度量衡，以满足信息技术应用的基本条件，形成一套企业统一的、完整的、可数字化的、可操作性强的企业运营管控标准手册，才能为信息化提供一个良好基础。

上述关于企业管理标准化发展历程的划分方法可以说明两点：一是管理标准化是一个不断发展变化的，是一个逐步由低层级到高层级提升的过程；二是管理标准化只有到了可数字化的 4.0 水平，才能够满足信息化的要求，才能实现标准化与信息化的"深度融合"。也就是说，如果企业管理标准化达到了可数字化的 4.0 水平，就能够比较容易实现管理信息化了，而管理的信息化反过来会固化、优化企业管理标准，促进管理标准化水平的提高。

企业管理标准化达到可数字化的程度以后，在启动企业管理信息化时，还必须统筹顶层设计。要想做一个好的企业管理信息化顶层设计，必须具备四个条件，也就是要有"四个师"：一是要有一个好的规划设计师。规划设计师一般应由企业主要经营管理者（董事长或总经理）担任。规划设计师要思路清晰，目标明确，态度坚定。企业要搞一个什么样的信息化，必须由主要经营管理者提出明确的管理需求。就像建房子，我们是要建宾馆酒店？还是办公写字楼？还是公寓住宅楼？事先必须明确，过程中不能来回变。这个大楼准备建成什么样的档次？低档、中档、高档？事先也必须明确清晰，建造过程中不能变来变去。在做信息化顶层设计时，要重点考虑企业的经营结构、组织结构、管理体系、运营机制、员工素质以及信息技术选型、技术框架与技术路线、实施团队、资源保障等多种因素。二是要有一个好的管理架构师。管理架构师一般由企业分管领导担任，有时是由企业主要经营者和分管领导共同担任这一角色的。管理架构师如同建房子的建筑设计师，他要提出房子的设计风格、功能布局、开间大小、装修档次等。管理架构师要具备较高的专业素养，既要懂建筑企业的运营管理，又要对信息技术有一定了解，还要具有强烈的创新意识、饱满的工作热情和足够的执行能力。三是要有一个好的 IT 架构师。IT 架构师一般由 IT 专业架构师或企业信息中心主任担任。IT 架构师必须具备很强的专业技术能力和勤勉务实的职业操守。IT 架构师就像建房子中的结构工程师，建筑师做出建筑图，结构师就要根据建筑图完成结构图设计。一个好的建筑必须有好的建筑图和好的结构图，两者要做到无缝链接融合。四是要有一个好的建设操盘师（或者项目经理）。企业在进行顶层设计时就要明确系统建设操盘师，也就是信息化实施工作小组组长。一般情况下，企业在实施信息化时都会成立一个协调领导小组，负责重大决策、工作部署、资源协调等，同时还会成立一个信息化实施工作小组，来负责具体工作落实，这个工作小组组长就应该是信息化建设的操盘师。规划设计师、管理架构师、IT架构师和建设操盘师这"四个师"是决定企业管理信息化成功与否的基本条件。这"四个师"主要是从角色职能上来讲的，并不是"一是一""一对一"的关系，有时可以兼职，有时则需要共职，实行"一人两师"或者"一师两人"，但这"四师"的基本功能是不可缺少的。

只要有了一个可数字化的企业管理标准化做基础，加上"四个师"的基本条件，就一定能够制定出一个科学合理的、符合企业实际的、具有可操作性的企业信息化顶层设计，再加上扎实推进，假以时日，就能够实现企业管理与信息互联技术的"深度融合"。

3.3　厘清思路，把工程项目管理信息化建设作为企业信息化的"着力点"

建筑企业的产品是工程项目，工程项目是建筑企业的利润来源，是企业赖以生存和发展的基础。因此，建筑企业一切管理工作必须以工程项目作为出发点和落脚点。企业信息化建设也必须把"着力点"放在项目管理上，放在工程项目的质量、工期、成本、安全、环保等管理目标的完成上，放在业主、企业和社会各方对工程项目的目标诉求的全面实现上。一个好的工程项目必须做到质量优、工期短、成本低、安全环保好。也就是说，建筑施工企业必须以施工承包合同为依据，坚持工期为纲、质量为本、安全为重、环保为要、成本为先，通过对工程项目实施有效的组织管理，全面达到合同要求，实现业主、企业和政府等相关方对工程项目的目标要求，做到"六好六满意"（"六好"即：质量工期好、安全环保好、成本效益好、资金管控好、团队建设好、项目信誉好；"六满意"即：业主满意、企业满意、社会满意、分供方满意、相关方满意、员工满意）。要达到"六好六满意"，就需要企业严格管理、科学管理、高效管理，而企业管理信息化的过程就是通过信息互联技术的应用，使企业管理更加稳定、更加科学、更加透明、更加高效的过程。

围绕工程项目的全生命周期，建筑企业作为市场主体，必须做好"三次经营"，即接活、干活、算账收钱。"一次经营"是指市场营销过程，企业通过市场营销活动和招标投标工作在建筑市场上拿到订单，获得工程项目的承包权。这个"接活"的过程通常被称为"一次经营"。要做好"一次经营"，企业需要作一定的投入，配置一定的资源，并建立相应的组织责任体系和绩效考核体系，这就需要对项目的"经营效益"进行区分、核算和考核。企业接到工程与业主签订的承包合同后，就会组织相应项目经理部，对项目实施建造和管理，直至竣工验收交付，这一过程可称之为"二次经营"。"二次经营"是项目的生产建造阶段，也就是"干活"阶段。为做好项目施工管理，企业就要建立符合实际需要的组织责任体系和绩效考核体系，也就需要对这一阶段产生的"管理效益"进行区分、核算和考核，以使企业责任体系落到实处。"三次经营"通常是指"算账收钱"阶段，一般包括项目预算、商务结算、工程保修到工程款回收。对于这个环节，建筑企业也必须建立相应的组织责任体系和绩效考核体系，也就要求企业对"结算效益"进行区分、核算和考核。

针对"三次经营"行为，将经营效益、管理效益、结算效益分开核算并考核，是企业管理经济责任制的基础，企业只有建立全面全员的、完整完善的责权利相统一的责任体系，才能健康持续地运营下去，而通过信息化手段将这种责任体系固定化、公开化、透明化是企业实现提质增效的关键。因此，建筑企业信息化的工作重心和着力点必须放在工程项目上。

3.4 遵循商业经营的基本逻辑，关键是要抓好项目生产要素最优化的"成本线"

商业经营的基本逻辑是收支平衡。任何一个企业要想持续经营，最基本的就是实现收支平衡。建筑企业作为建筑产品的建造服务商，要实现企业的持续经营，必须首先做到一个个工程项目的收支平衡或者有所盈利，否则，企业就难以为继。就目前建筑市场的现实情况看，业主方比较关注项目的工期和质量，政府为主的社会各方比较关注项目的安全和环保，他们对项目的成本和效益则不太关心。项目的成本和效益是施工企业持续生存发展的必要条件，所以说，项目管理是建筑企业管理的基石，成本管理是项目管理的基石，项目过程管理要以成本管控为主线。

实际上，作为建筑产品的工程项目，它的生产建造过程可以分为两大过程：一是工程项目的人、料、机、管等生产要素物化为建筑产品的过程，也就是建筑产品生产成本的形成过程；二是伴随建筑产品物化过程而产生的商业买卖关系的债权债务、资金收支的货币化过程，也就是资金流动的过程。建筑企业信息化，就是通过信息互联技术的应用，将这两个物化过程和货币化过程完整地融合在企业信息化集成平台上，经过计算机自动取数、自动运算、自动显示结果，实现集约化管理的过程。这种信息化的过程可以实现经营效益、管理效益、结算效益等三种效益的区分核算考核，可以实现合同预算收入、责任成本、目标成本和实际成本等四算对比分析，还可以实现材料费、人工费、机械费、现场经费和专业分包费等五大成本的分类核算，从而使企业管理的责任体系和绩效考核体系固化到企业管理信息化系统中，使企业管理更加精准、节约、透明、高效，使工程项目的过程管理落到实处。

总之，建筑企业信息化应当遵循最基本的商业经营逻辑，以工程项目生产要素最优化配置为目标，着重抓好成本过程管控这条"主线"。

3.5　建设管理信息因子标准化数据库，重要的突破口是业务财务"一体化"

建筑企业管理信息集成应用的"拦路虎"就是管理语言的不统一，尤其是商务财务的"一体化"，由于商务成本和财务成本的成本子项科目的名称、内涵和核算规则的不一致，使得业务财务"一体化"举步艰难。要实现管理语言的统一，就必须首先实现管理的标准化。需要指出的是，我们提出的管理标准化并不等同于管理的整齐划一。目前，对于建筑企业管理信息化的几个基本概念，在平常使用时比较混乱，需要做一些厘清：

一般地，从管理元素的分解上讲，概念从大到小应当是：社会大数据—企业私有云—企业运营平台—业务系统（系统之下可以有若干个子系统）—

管理模块—工作单元—场景—节点—管理信息因子。社会大数据是个大概念，而管理信息因子则是最小的管理元素，管理标准化就是对管理信息因子进行标准化数据编码，形成管理信息因子标准化数据仓库，来为企业各层级管理人员服务。通过对管理信息因子标准化数据进行不同的管理元素组合，为不同的管理人员服务，服务的对象从最低层级到最高层级依次为：岗位—小组—业务部门—项目部—分公司—法人公司—集团公司—产业集群。每一级别都可以从下一级别管理者和管理信息因子标准化数据库中提取管理信息因子，以满足管理需求。建筑企业管理信息化，就是通过这种管理元素的分解和组合完成企业管理与信息互联技术的深度融合。在这种融合过程中，最为关键的是建设管理信息因子标准化数据库，并且要制定与之相配套的管理信息因子标准化数据应用操作规范及数据维护管理办法，以指导信息化的具体实施。

建设管理信息因子标准化数据库，最为重要的是商务财务一体化所需要的管理信息因子标准化。根据业务财务一体化集成的需要，建立商务造价工程量清单成本子项与财务会计核算成本子项的对应逻辑关系，制定最末级科目之间的对照标准并形成统一模板，在物资采购、商务合约、财务核算、资金支付等不同的管理环节中，实现材料费、人工费、机械费、现场经费和专业分包费等五大成本核算在口径与内涵上的统一，完善信息化数据编码体系，完成管理语言与信息语言的统一，实现管理与信息的融合，使业务财务一体化得以实现。商务、财务、资金业务相互联系，通过财务凭证可以在线追溯业务过程，同时在处理业务过程时可以联查财务凭证，自动生成的凭证经审核后生成财务账簿，最终反应项目管理的经营结果。例如：中建五局从项目管理和企业管理的实际出发，通过以资金费用审批单为中心的"一单四用表"的实际运行，贯通了资金费用审批与过程成本、收支流量、财务核算、资金管控的业务工作流程，实现了"做一不二"，避免了重复劳动，提高了工作效率。

3.6 关注用户需求，提高信息化的友好性和愉悦度，花气力解决好移动终端应用这个"焦点"

当今社会发展日新月异，人们生活节奏日益加快，信息化的到来，如同给快步走的人们增添了一双翅膀，而移动终端则是翅膀上的动力开关。随着企业信息化应用加深，对移动终端的需求越来越迫切，要求也越来越高。从原始数据的采集输入到管理运营数据的集成应用，都需要由"电脑终端"向"移动终端"的扩展应用，由重后台运行向轻量化应用转变，并且对"移动终端"友好性和愉悦度的要求也越来越高，这已经成为企业管理信息化的一大"焦点"问题。因此，我们必须加快研发推进"移动终端"应用，并且要将"移动终端"与企业管理信息集成平台无缝连接，与企业主数据应用互联互通。利用移动办公平台实现项目施工过程工期、质量、安全、环保、材料、设备的现场管理和巡检。工程项目的立项审批、合同评审、分包结算等系统单据、流程、报表及日常事务利用移动终端办理。通过手机移动终端将碎片化的时间整合，实时、高效地处理工作事项，流程审批及企业经营分析数据及时推送到手机端，在第一时间即可高效完成审批与管控，从而提高信息处理的便利性和及时性。

信息化进程需要全员参与，信息化平台需要全员使用，平台界面的合理性、友好性、易用性也是一个十分重要的问题。以前我们在推进信息化的过程中，往往不太重视平台界面的美化，不太注意它的友好性，而只关注它的程序性和逻辑性，这就使得使用者看到平台界面后，直觉上产生距离感、冷漠感，引不起使用兴趣，甚至在心理上产生抵触情绪。再加上信息化本身就需要人们对以往的阅读习惯、工作习惯作出改变，心理上就存在不乐意的倾向，如果信息化平台的界面又很跳跃，很冷漠，用户在使用时的接受度就会大大降低，从而影响使用效果，降低工作效率。因此，我们在进行信息平台建设时，一定要关注用户的心理需求和工作需求，将平台界面设计得更加合理温馨，不要采用与原有习惯产生跳跃性、冲突性的设计，增强平台界面的易用性和友好性。

3.7　真抓实干，统筹协同推进，成败与否在于"三只手"

在以上我们明确解决了企业信息化的方向目标、基本思路、基本路径、工作重点、着力点、关键点、突破口和焦点之后，建筑企业信息化能否真正推进实施，能否达到预期效果，成败与否在于企业的"三只手"。这"三只手"就是：思路清晰、态度坚定的"一把手"；执行有力、勇于创新的"发烧友"；业务精通、任劳任怨的"操盘手"。

企业管理信息化是一场企业管理的革命，涉及企业经营组织的变革，职能权责的调整、利益格局的异动，必然伴随着思想观念的冲突，管理机制的改革，没有"一把手"的战略决心和强力推动，是难以有所行动的。并且"一把手"还必须"思路清晰，态度坚定"。思路清晰是说"一把手"在谋划企业管理信息化时要有一个清晰的目标，明确自己的管理需求和实现管理需求的基本路径以及实现信息化目标的资源保障；"态度坚定"是说在信息化推进过程中"一把手"不能左右摇摆，不能轻易改变决定，否则就会"半途而废"，还不如不搞。"发烧友"是指企业领导班子中的分管领导，"发烧友"可以是1位，也可以是2～3位（主要是分管信息化、商务合约、财务资金的领导）。"发烧友"首先要对信息化有所了解，要热心企业信息化工作，充满激情，执行力强，对企业忠诚勤勉，并且还要勇于创新，善于沟通。"操盘手"是指企业信息中心等部门的负责人，"操盘手"一般来讲应当有1～4人（信息中心主任、商务合约部经理、财务资金部经理、人力资源部经理），可视企业具体情况的不同，依需要而定。"操盘手"要业务精通，熟悉信息互联技术和商务财务业务知识，熟悉企业工作流程和企业管理标准，熟悉企业运营特点、管控目标、人员状况、企业文化等基本情况；并且还要"任劳任怨"，不仅"任劳"，勇于吃苦，不怕困难，善于解决问题，还要"任怨"，在遇到别人的不理解，甚至抱怨时，能够坦然面对，耐心解释，不改初心。

在具备了"三只手"以后，企业就要对信息化作出总体规划部署，分步实施，动员全体员工热情参与，协调企业内外部力量，精诚团结，各司其职，各尽其职，充分沟通，密切合作，攻坚克难，共同推进。只有这样，企业管理信息化才能收到好的效果。

论文 7

企业管理信息化
要"从实践中来，到实践中去"
——关于"建筑业＋互联网"困局的又思考

中南控股集团董事局副主席、总裁　鲁贵卿
（2017 年 10 月）

关于"建筑业＋互联网"困局这个话题,前两年我曾写过"思考"和"再思考"两篇小文。今天，我想就企业信息化 3.0,也就是信息化企业级集成应用这个话题再谈几点看法,姑且叫作"建筑业＋互联网"困局的"又思考"吧。

众所周知，目前建设行业的信息化应用水平是比较低的。有人说，建设行业信息化水平仅比农业产业的信息化水平略高一点儿，这可能悲观了一些，但是，建设行业信息化程度落后于整个社会的信息化水平，是一个不争的事实。到底应当如何评估当前建设行业的信息化应用，仁者见仁，智者见智，并没有一个统一的标准。本人根据自己亲身参与的 100 多家企业的实地调研和自己多年参与企业信息化工作的实践，提出了一个基本的划分方法，把企业信息化应用水平划分为四个层级:一是"岗位级"工具性应用阶段，即"信息化 1.0";二是"部门级"系统性应用阶段，即"信息化 2.0";三是"企业级"集成性应用阶段，即"信息化 3.0";四是"社会级"互联性应用阶段，即"信息化 4.0"。客观地讲，目前不少企业还处在岗位级工具性应用阶段，也就是信息化 1.0 的水平上，甚至还有一些企业信息化才刚刚起步。全国只有少数优秀企业实现了企业级集成性应用，也就是达到了信息化 3.0 应用水平，多数企业正处于部门级系统性应用阶段，也就是处在信息化 2.0 阶段，但企业级集成应用已经成为众多优秀企业追求的目标。因为，大家越来越认识到，互联网时代企业只有尽快消除各种信息孤岛，实现企业上下的互联互通，实现内部运营管理的信息共享，才能提升企业运营管理效率，才能实现与社会信息的共享，才能跟上信息化社会发展的步伐。

要想实现信息共享，就必须花大气力攻克信息化企业级集成应用这个堡垒，而要达到企业级集成应用的目标，首先要明确我们需要什么样的信息化，或者说，我们需要信息互联技术帮我们解决企业运营管理的什么问题，需要什么样的信息化；在进行信息化顶层设计时，如何坚持"从实践中来，到实践中去"，清晰企业级信息化集成应用（信息化 3.0）的内涵特征，着力解决信息化集成应用的基点、难点和重点问题。

1 企业级信息化集成应用（企业信息化 3.0）的三个基本特征

如果我们要为企业管理信息化作一个定义性表述的话，我认为，可采用如下表述：所谓企业管理信息化就是将企业的运营管理逻辑，通过管理与信息互联技术的深度融合，实现企业管理精细化，从而提高企业运营管理效率，进而提升社会生产力。基于这一定义，企业级信息化集成应用（企业信息化 3.0）应当具备以下三个基本特征：

1.1 必须以成本管理为主线的综合项目管理为基础

建设企业经营管理的对象是一个个工程项目，只有将信息互联技术实实在在地应用到工程项目的管理实践中，实现生产要素在工程项目上的优化配置，才能提高企业的生产力，才是我们所要的信息化。工程项目是建筑企业的利润来源，是企业赖以生存和发展的基础。因此，建筑企业的一切管理工作必须以工程项目作为出发点和落脚点。企业信息化建设也必须把"着力点"放在工程项目上，放在工程项目的质量、工期、成本、安全、环保等管理目标的完成上，放在业主、企业和社会各方对工程项目的目标诉求的全面实现上。一个好的工程项目必须做到质量优、工期短、成本低、安全环保好。也就是说，建筑施工企业必须以施工承包合同为依据，通过对工程项目实施有效地组织管理，全面达到合同要求，实现业主、企业和政府等相关方对工程项目的目标要求。这就需要企业严格管理、科学管理、高效管理，而企业管理信息化的过程就是通过信息互联技术的应用，使企业管理更加稳定，更加科学、更加透明、更加高效的过程。

企业信息化应当遵循最基本的商业经营逻辑，以工程项目生产要素最优化配置为目标，以成本管理为主线的综合项目管理为基础，着重抓好成本过程管控这条"主线"。

1.2　必须以商务业务财务一体化主要数据管理为核心

收支平衡是商业经营的基本逻辑。任何一个企业要想持续经营，最基本的就是要实现收支平衡。建设工程项目自中标承接开始，到最终结算完成，整个过程涵盖了各类管理行为，这些行为均围绕成本、收入及效益之间的关系展开。如何厘清现场管理与收入、成本、效益间的关系，实现商务过程成本和财务核算成本的无缝连接，实现企业商务财务经济数据的完整、准确、一致，从而实现企业经营的基本逻辑——收支平衡、集约增效，是企业信息化过程中必须面对、必须解决的基本问题。

商务成本和财务成本的成本子项科目的名称、内涵和核算规则的不一致，是业务财务"一体化"的一大难题。要实现"业务财务一体化"必须首先实现管理语言的统一，必须搞好管理信息因子标准化数据库的建设，这里边最为核心的是商务财务一体化所需要的管理信息因子标准化数据。要根据业务财务一体化集成的需要，建立商务造价工程量清单成本子项与财务会计核算成本子项的对应逻辑关系，制定最末级科目之间的对照标准并形成统一模板，在物资采购、商务合约、财务核算、资金支付等不同的管理环节中，实现材料费、人工费、机械费、现场经费和专业分包费等五大成本核算在口径与内涵上的统一，完善信息化数据编码体系，完成管理语言与信息语言的统一，实现管理与信息的融合。企业管理信息化过程，包含了市场营销、合同管理、项目策划及实施、工程结算到竣工验收的项目管理全过程。其中在市场营销阶段主要以客户管理、招投标管理为重点，在项目实施阶段，主要以合同为主线，项目五大成本过程管控为核心，实现劳务、物资、机械、周材、专业分包从合同管理到结算管理及付款管理的全过程管控。其中物资实现从物资总控计划、月度计划、实际计划、采购、入库、出库、盘点以及到结算、支付的闭环管理，实现分包从合同评审与签订、过程与最终结算、成本分析及支付闭环管理，实现设备与周材租赁从合同评审与签订，设备周材进场、出场、停租、成本归集及支付的闭环管理，实现从主合同、产值报量与审核、到收入列收到收款管理的闭环管理，最后实现从预算收入、责任成本、目标成本到实际成本的统计分析等核心内容。同时项目的运行成果可以从商务的口径和从财务的口径两方面及时、精准反应，实现管理者由原有的事后到事中管控的转变。

近年来，以"工程项目成本管理方圆图"为核心的"方圆理论"在企业管理信息化实践中的应用，较好地将建设工程企业运营的基本逻辑贯彻到企业管理和企业信息化的过程中，收到了良好的效果，得到了业界的广泛认同。商务业务财务等经济主数据实现一体化贯通后，通过财务凭证可以在线追溯业务过程，可以联查财务凭证，自动生成的凭证经审核后生成财务账簿，最终反映出项目管理的经营管理结果，连通资金费用审批与过程成本、收支流量、财务核算、资金管控的业务工作流程，实现了"全员应用，做一不二"，避免了重复劳动，大大提高了工作效率。

1.3 必须以满足全企业多层级高效运营、有效管控为基本目标

企业级信息化集成应用的关键在于"联"和"通"。企业通过管理标准化、信息化、精细化这"三化融合"，达到五个"互联互通"，从而实现全企业多层级高效运营、有效管控的基本目标。一般来说，建设工程企业的组织架构包括企业总部、区域分公司、项目经理部这三级组织机构，对于集团性企业来讲，则一般设有集团总部、子公司总部、区域分公司和项目经理部四个管理层级，每一级组织机构的战略定位、职能职责、管理权限以及对信息的需求和管理目标、方式等都有所不同，企业级信息化集成应用平台必须根据整个企业各层级组织的不同特点和不同的管理需求，实现信息资源互通共享、

管理协同高效、管控到位有效，这就要求必须实现五个"互联互通"：一是集团企业上下的互联互通，二是商务财务资金互联互通，三是线上线下要互联互通，四是各个业务系统的互联互通，五是上下产业链条互联互通。

为了实现五个"互联互通"，需要从企业总部层面分层、分类统一建立报表决策分析模型，充分应用信息化技术，确保所有数据从源头来、报表业务来、决策系统来，实现数据一次录入、分级分类及时汇总分析的整体要求。这有三层架构，即第一层为业务系统，服务项目管理者，实现业务过程管理，完成基础数据的采集，反应项目运营状况；第二层为台账报表系统，服务于分子公司及企业层级业务管理者。实现数据从各业务系统自动抽取数据，及时反应分公司及全公司项目运营情况；第三层为决策分析系统，服务于分支机构和企业总部决策者。利用图形可视化界面，基于各层面的经营成果系统进行自动数据分析与预警，实现公司各层级分级汇总管理与管控要求，做到资源共享，敏捷管控的目的。

要通过管理信息化集成系统的深度应用，加强过程管控，杜绝管理漏洞，提高工作效率，降低运营成本，增加企业效益。一是要实现流程在线办理。项目材料、分包、设备与周材租赁四类业务的合同、结算、支付在线审批、自动结算，并通过资金支付倒逼业务规范管理，解决无合同不结算，支付不超合同比例付款；二是要实现业务在线办理。物资总控计划、需用计划、废旧材料的线上调拨与处理，分包合同签订、变更、结算、支付，设备与周材的进场、停租、出场、结算等业务实现在线办理，从而加强成本过程管控，提高工作效率；三是要实现台账报表自动生成。物资入出库流水、对账单、结算单，分包与租赁合同、结算及支付等台账，物资与分包等成本报表实现自动归集，商务人员成本分析直接从线上取数，成本报表编制、商务与物资管理统计、计算、整理等日常工作均由系统自动完成，从而大大减少业务管理人员的具体事务性工作量，使他们腾出更多精力去开源、去关注赢利点、亏损点、风险点；四是实现远程在线稽查。项目生产经营数据在线共享，实现公司总部、分公司及项目部三级远程在线成本分析，风险自动预警，为管理层决策提供及时有效的支撑，强化过程管控，降低管理风险，同时更方便、快捷地为项目提供服务，提高管理效率，提升企业的精细化管理水平。

2 企业级信息化集成应用（企业信息化 3.0）的建设模式

建设企业的信息化建设模式一般有三种：一是 IT 主导型，即建设企业只提出原则性需求，全权委托一家 IT 服务商进行信息化建设；二是企业自建型，即由企业自己组织专门部门或专门力量进行信息化建设；三是 IT 公司与建设企业结合型，即建设企业根据企业实际选择一家或几家 IT 企业合作建设的模式，也就是在确定信息化硬件设备后，选用一个信息化软件基础平台，再购买部分市场上比较成熟的信息化软件产品和业务系统，在此基础上企业再组织专门力量自行或与 IT 公司联合进行二次应用开发。

从实际情况看，采取 IT 主导的企业，实施几年后，企业信息化大都走进了死胡同，信息化难以融入企业的实际管理中，企业信息化变成了信息化专业部门的自娱自乐。采取企业自建型的企业，若干年后企业信息化也基本上陷入了困境，信息化水平停滞不前，难以跟上时代的发展步伐。相比较采取第三种模式，也就是 IT 公司与建设企业联合共建的合作型模式进行信息化建设的企业，则走得比较稳、比较久、比较深、比较好。因此，从建设行业内大多数企业信息化的实践中我们可以得出这么一个共识：采取 IT 企业与建设企业合作型模式进行企业信息化建设是值得大家效仿和大力推广的。

3 企业级信息化集成应用（企业信息化 3.0）的建设实施

实现企业管理与信息技术深度融合的有效途径是"三化融合"。"三化"是指标准化、信息化和精细化，标准化是基础、是前提，信息化是手段、是工具，精细化是目的、是结果。一定要把精细化作为最终的目的，因为我们搞信息化也好，搞标准化也好，是为了什么？就是为提高企业的管理水平，实现精细化管理。而"四化方法"，即管理标准化、标准表单化、表单信息化、信息集约化则是实现三化融合的必由之路。

　　首先是管理标准化。标准化是企业管理水平发展到一定阶段的产物。我们在进行管理标准化的过程中必须十分注意把西方的东西"中国化"，把普遍的原理"企业化"，把过去的东西"时代化"，把高深的理论和专业的定律"通俗化"。企业管理的标准一定不能搞成晦涩难懂、佶屈聱牙的东西。需要特别指出的是，我们说的管理标准化，不是要求管理行为的整齐划一，而是管理语言的标准规范，只有实现了管理语言的统一，才能实现管理的有效沟通。统一管理语言不能仅仅在统一管理行为上打转转，更要在统一管理语言上下功夫。管理信息因子是最小的管理元素，管理标准化就是要对管理信息因子进行标准化数据编码，形成管理信息因子标准化数据仓库，并编制统一的"管理信息因子标准化数据编码应用操作规范"，来为企业各层级管理人员服务。

　　第二步是标准表单化。如何把众多的管理标准变成计算机能够懂的管理语言，是必须解决的问题。一是要把标准"化"成工作表单，二是实现人机"零"距离。不能信息化搞一套，日常管理却是另一套。甚至信息化输入输出的表单与平时管理者工作中要用的各种报表之间互相矛盾，同样一件事，工作人员要重复录入两、三遍，这样就增加了工作负担，降低了工作效率，加大了企业成本。

　　第三步是表单信息化。信息"化"标准，就是把管理标准"融化"到计算机软件的运行程序中。把表单分成基础表单、工作表单、流程表单、台账表单，通过信息化巩固了标准化管理的成果。信息化将输入和输出"链"起来，实现互联互通、无缝连接。

　　第四步是信息集约化。信息"化"集成，就是企业内部纵向各职能线条、横向各业务单元信息化的总集成，实现集团企业的纵向横向互联互通，业务财务互联互通，线上线下互联互通，通过"互联互通"实现了数据"实"利用，大大提升了企业的精细化管理水平。

　　企业信息化是一场企业管理的革命，涉及企业运营管理的各个方面，必然伴随着思想观念、运营机制、工作方式等的冲突和改变，管理机制的改革。因此，企业管理信息化成败与否取决于思路清晰、态度坚定的"一把手"，充满激情、执行有力的"发烧友"，业务精通、任劳任怨的"操盘手"这"三只手"。与此同时，要搞好企业信息化建设还必须有一个好的信息化顶层设计，而一个好的信息化顶层设计，必须有"四个师"的共同努力。这"四个师"是：信息规划设计师（通常由企业的董事长或总经理担任）、管理架构师（通常由分管领导或企业的主要管理运营者担任）、IT 架构师（通常是由 IT 企业的专业架构师担任）、建设操盘师或者信息化建设的项目经理（通常由企业首席信息官或企业信息中心主任担任）。信息规划设计师、管理架构师、IT 架构师和建设操盘师这"四个师"是企业管理信息化建设不可或缺的关键角色。

除了上述的"三只手""四个师"之外，在信息化建设的具体实施时，还必须组建"专业四人组"。这是指在信息化建设实施阶段，为保证信息化建设的顺利进行，应当抽调主要业务条线的行家里手组成专业实施推进小组，由于经济主数据是企业信息化的核心，所以专业推进小组中必须包括信息业务操作员、商务业务操作员、物资业务操作员和财务业务操作员，包含这四个方面的业务操作人员的"专业四人组"组成以后，企业要先对"专业四人组"进行专业化培训，不仅让他们知其然，还要让他们知其所以然，他们不仅要成为具体业务的操作员，他们还应当成为具体业务和信息化业务的老师。在信息化建设的具体实施中，"专业四人组"到各个工程项目上边操作示范，边进行专业培训，逐个项目进行信息化推进，就会达到事半功倍的效果。

有了"三只手""四个师"，再加上"专业四人组"，企业上下共同努力，坚持不懈，持续推动，企业信息建设就一定能取得好的效果，实现企业高效运营、有效管控的基本目标。

论文 8

建筑企业信息化的根本出路在于融合
——关于"建筑业 + 互联网"困局的新思考

中南控股集团董事局副主席、总裁　鲁贵卿

（2018 年 11 月）

习近平总书记说："信息化为中华民族带来了千载难逢的机遇。""信息互联技术"作为人类进入工业革命以来一次重大的、革命性的技术，已经深深地影响着当今社会的各个方面，推动着社会生产力的大幅提升。特别是"互联网 +"概念的提出，加快了信息互联技术在各行各业中的应用。近几年，本人就"建筑业 + 互联网"的话题，写过几篇思考性的拙文，谈了一些个人看法和认识，引起了业内同行的一些共鸣。

随着信息互联技术的深度应用，工程建设行业的信息化应用水平近年来得到了很大提高。许多优秀企业勇于探索，积极实践，推动了信息互联技术在企业管理中的应用，提升了企业管理效率和管理水平，促进了企业持续健康发展。中国施工企业管理协会信息化工作委员会多年来一直致力于推进工程建设行业的信息化，做了大量卓有成效的工作，取得了显而易见的成绩，得到了社会的广泛认可。2018 年 11 月中旬在郑州举行的"第十四届工程建设行业信息化高峰论坛暨信息化成果展示交流会"，盛况空前，有近千家企业、5000 多人参会，尤其是众多企业家亲自与会，发表观点，提出建议，充分说明"信息化是企业实现提质增效、高质量发展的核动力"已经成为业界共识。郑州会议上，中施企协推荐了中国水利水电三局、郑州一建、鲲鹏建设等企业的信息化应用典型案例，加上前几年中施企协推荐的企业信息化典型案例（如中建五局、中交四航局、中铁四局、中建八局一公司、浙江建工、金螳螂装饰等），这样一批优秀企业在引领和推动着整个行业的信息化。可以说，工程建设行业的信息化方兴未艾，前景美好。大量实地调研结果显示：凡是好的企业都在搞信息化，凡是信息化好的企业都是好企业。我们有理由相信，今后几年工程建设行业的信息化水平必将迈向一个新高度。

但是，客观地说，目前整个工程建设行业的信息化水平还不高，个体差异还比较大，少数优秀企业已经基本实现了企业级信息集成应用，达到了企业信息化 3.0 水平；也还有一些企业仍处在岗位级工具性应用水平（即企业信息化 1.0）；大多数企业则处在部门级应用水平（即企业信息化 2.0），其中一部分企业正处于部门级应用向企业级集成应用的过渡阶段（可以称之为企业信息化 2.5）。

目前，管理与技术深度融合、信息集成共享已经成为广大工程建设企业信息化追求的目标，但大家在向这个目标冲击时困难重重，概括起来有"三座大山"：一是 IT 产品与企业管理的"两张皮"；二是各业务系统之间的"部门墙"；三是业财资税之间的"数据篱"。"两张皮""部门墙""数据篱"这"三座大山"严重阻碍着企业信息化的深化和提高，我们必须发扬愚公移山的精神，迎难而上，攻坚克难，持续努力，搬掉这"三座大山"，否则，企业信息化水平不可能实现根本性突破和质的飞跃。

1 信息互联技术与企业管理必须进行深度融合，真正克服"两张皮"

所谓建筑企业信息化，就是将建筑企业的运营管理逻辑互联网平台化，通过信息互联技术与企业管理的深度融合，实现企业管理数字化和精细化，从而提高企业运营管理效率，进而提升社会生产力。这里，理清建筑企业的运营管理逻辑是前提，管理与技术的深度融合是关键，数字化和精细化是方法和途径，提高企业管理效率和提升社会生产力是目标和目的。

建筑企业运营管理有着它的基本规律和基本逻辑。概而括之，我把它归纳为"建筑企业的一二三"：一，就是一个基本逻辑——"收支平衡"。一个企业如果不能实现基本的收支平衡，它就不能够持续生存，更谈不上健康发展；二，就是"两个基本点"，即项目管理是企业一切管理工作的落脚点（项目管理的主要目标，包括工期、质量、安全、环保、成本等方面），降本增效是企业工程项目管理的出发点（工程项目管理必须以成本过程管理为主线）；三，就是"三次经营"，即接活、干活、算账收钱（一次经营解决市场问题、二次经营解决现场问题、三次经营解决清场问题）。"建筑企业的一二三"反映了建筑企业运营管理的主要方面和主要内容，把这些主要的东西抓住了，抓好了，企业就能持续健康发展。企业信息化应该也必须优先解决这些企业管理中的主要问题和主要矛盾，现代信息互联技术只有真正应用到企业生产经营的实践中，才能发挥它应有的提高生产力的作用。企业经营管理的实践，只有真正运用信息互联技术才能切实提高工作效率和企业效益，才能极大地提高企业生产力水平。

众所周知，氢弹是最具杀伤性规模的核武器，爆炸的原理是核聚变，核聚变又称为"核融合"，是指由质量轻的原子（主要是指氘和氚）在一定条件下发生原子核互相聚合作用，生成新的质量更重的原子核，并伴随着巨大能量释放的核反应形式。管理和技术就像原子氘和氚一样，两者如果不能融合，它们的质量就是轻的，能量就是小的；两者若能融合，那它们的质量就是重的，能量就会是大的，融合能够产生巨大能量。当然，融合不是目的，产生能量才是关键。

如何实现信息互联技术与企业管理的深度融合呢？中华传统文化的哲学智慧给我们提供了良好的借鉴。关于企业管理与信息技术的融合原理，我们可以用一张形象的太极图来表达。世界上的万事万物，我们的先贤们把它归纳为阴阳二气，阴阳二气相伴相生，相对相融，生生不息，阴阳二气万物生。现代信息互联技术与企业管理就像自然界中的阴阳二气一般，相伴相生，只有相互融合才能产生巨大的动能（图1）。

图 1　企业管理与信息技术融合原理太极图

太极图左侧相当于信息技术，右侧相当于企业管理，大道至简，最终的目的要实现技术和管理两者的深度融合，同时产生巨大的力量。

自从进入工业文明以来，因为蒸汽机的发明、电气技术的应用、电子技术的推广以及信息互联网技术的普及，人类社会历经了机械化、电气化、自动化、信息智能化四次技术进步。每一次技术进步，对人们生活及生产方式都带来了巨大的变化。信息互联技术作为改变当今社会生活及生产方式的革命性技术，是每一个中国企业都应该高度关注的。

2016 年 3 月，AlphaGo 初问世就以 4∶1 战胜了职业生涯 15 年拥有 14 个世界围棋冠军头衔的李世石，2017 年又以 3∶0 战胜世界最年轻五冠王柯洁。围棋组合有 10 的 170 次方，近乎无穷的决策空间，人是无法做到的，但是信息技术可以做到。最近，5G 的话题比较多。5G 技术以高速率、低时延、大链接为主要特征，5G 技术的实际应用必将给世界带来革命性变化，万物互联在不远的将来就会变为现实。关于 5G 的传输速度，有人说相比 4G 的传输速度会提高 30 倍，也有人说提高 100 倍，还有人说能达到 1000 倍。我们先不管它到底是多少倍，总之是会极大地提高传输速度。一旦 5G 技术进入实际应用，目前信息化方面很多难以解决的问题，都可以随之化解。

举以上例子不是说机器或者信息技术会完全替代人类，而是人和机器要有基本的分工，哪些是我们要做的，哪些是给计算机要做的，这是我们需要思考的问题。要制定好规则，把大量重复的、繁琐的计算工作都交给计算机，人机合理分工，人机科学合作，就是要让信息技术和管理深度融合，实现我们管理的需求，大幅度地提升社会生产力。在管理的数字化过程中，数据来源大部分应当由人工来做，尤其是基础数据的采集与编码，必须由人工完成。而大量的数据处理工作则要由计算机按照一定的数据模型和计算规则去完成。数字化应用的结果则必须要满足企业管理者的管理需求（图2）。

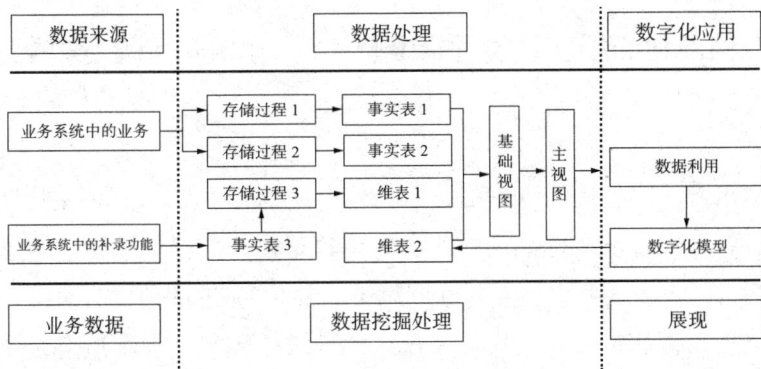

图2　数字化过程模型图

数据化过程模型就很好地体现了人机分工，数据来源是人需要做的事情，需要手工录入的，前提是管理要标准化、可数据化。当前，之所以行业信息化水平普遍不高，原因之一就在于人机分工不合理，本来该由机器完成的工作却由人工去做，而应该由人工来做的却交给了机器，人工与机器没有科学合理的分工，要实现这种分工，就必须首先提升管理标准化的水平。在这方面，建筑企业要多一些互联网思维，特别是主要管理者要多学习一些信息互联技术知识，将自己的管理需求用计算机能懂的语言表达出来，表达准确。这样，才能跟上时代步伐，才能用好信息互联技术，才能保证企业持续健康发展。

作为IT企业来讲，应该从需求端出发，少一些互联网思维，多一些实体经济思维，以实体企业为主，以满足实体企业的管理需求为目标。目前建筑施工企业企业级集成应用的需求很强烈，但是IT企业没有与管理需求相匹配的成熟产品，并且IT企业更多的是以互联网的思维来考虑问题，与建筑施工企业管理逻辑的结合度不够。IT企业要研究建筑企业的需求，而不是只提供岗位级、部门级的软件系统，让企业内部业务系统繁杂、管理信息无法交互、信息孤岛林立，IT 产品与企业管理实际"两张皮"现象严重。IT 企业只有研究透建设企业和行业的需求，提供符合需求的产品，切实解决"两张皮"的问题，使建设企业得到健康发展，IT 企业自身也才能得到持续发展。

2 企业信息化必须加强管理标准化，统一顶层设计，坚决打掉"部门墙"

我们知道，信息化是以一定的标准化为基础的（图 3）。企业管理信息化必须通过管理标准化、标准表单化、表单数据化、数据信息化、信息集约化来实现的。建筑企业要多一点互联网思维，要站在 IT 的角度去思考，你既然要用这个技术，那你就得适应技术规则的要求，要想在火车道上跑，就得把轮距做得跟火车轨道一样的宽度才能快速行驶。

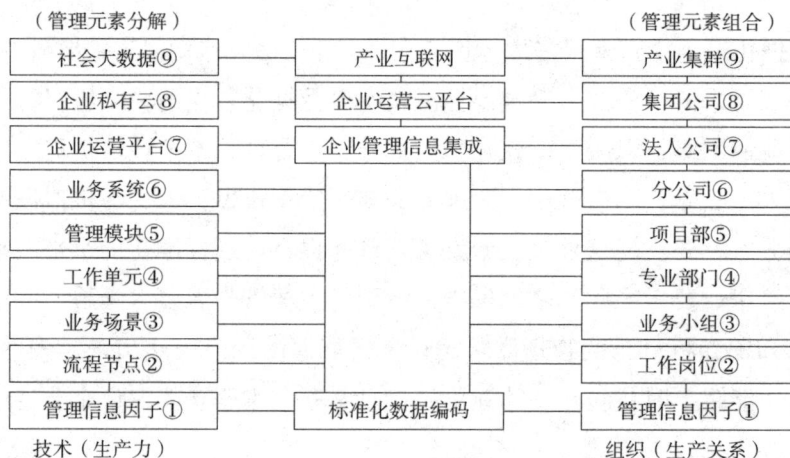

（管理元素分解）　　　　　　　　　　　　　　　　（管理元素组合）

社会大数据⑨	产业互联网	产业集群⑨
企业私有云⑧	企业运营云平台	集团公司⑧
企业运营平台⑦	企业管理信息集成	法人公司⑦
业务系统⑥		分公司⑥
管理模块⑤		项目部⑤
工作单元④		专业部门④
业务场景③		业务小组③
流程节点②		工作岗位②
管理信息因子①	标准化数据编码	管理信息因子①

技术（生产力）　　　　　　　　　　　　　　　　　组织（生产关系）

图 3　建筑企业管理信息化技术路线框架图

关于管理标准化的问题，我要强调的是，由于工程建设行业的特殊性和多样性，我们应当把功夫下在管理语言的标准化上，而不能仅仅在管理行为的标准化上花气力。具体来说，就是要把管理语言细化到管理信息因子级别（图 4），通过统一的数据编码，形成统一的计算机能懂的管理语言，为实现管理与技术的深度融合创造条件。管理信息因子标准化数据编码及其应用操作规范，可以归纳为两点：一是统一语言，二是统一信息交互规则。以管理语言的统一性满足管理行为的多样性。

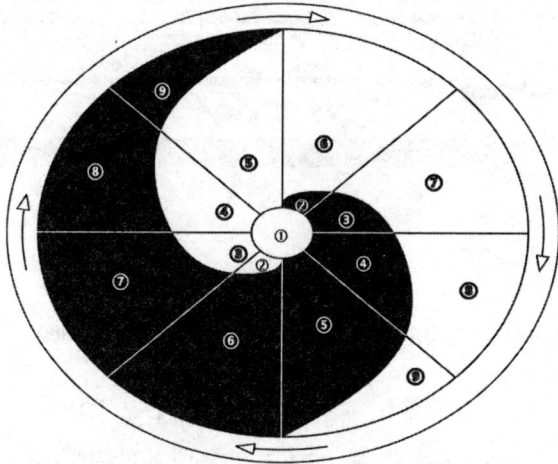

图4　管理信息因子融合原理图

目前，很多企业搞信息化的愿望十分强烈，盲目上马，一个系统接一个系统，一个软件接一个软件，上线很快，但没有一个统筹规划。久而久之，企业内部系统繁杂、平台众多，由于管理语言不统一，技术语言不一致，各系统之间信息无法交互，信息孤岛林立，"部门墙"现象十分严重，信息系统不系统，信息平台不互通，甚至不断地推倒重来，耗费了大量的成本和精力。可以说是"辛辛苦苦建孤岛，扎扎实实反复搞"。企业信息化如果没有统一的顶层设计，就像建筑施工盖房子，没有设计图纸就盲目开工，必然造成大量重复劳动，误工返工，资源浪费巨大，最后什么都做不好，做不成。

一般来讲，建筑集团企业的组织架构根据规模大小、企业特点采取三到四级管理模式，每一级组织的职能权责，不同的企业会有所差异，但基本上还是大体相同的，是有规律可循的（图5）。在进行信息化顶层设计时应当充分考虑建筑企业的运营管理特点、组织特征和信息传递方式，实事求是地灵活运用信息互联技术，使组织运营效率得到提升。

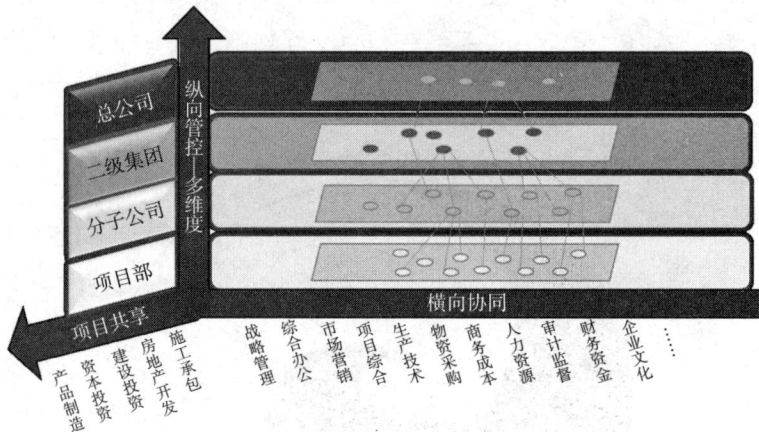

图5　集团企业管理信息一体化系统组织架构图

我认为，企业级管理信息集成共享平台有三个基本特征（图6）：（1）核心是商务业务财务一体化主数据管理；（2）基础是成本过程管控为主线的综合项目管理；（3）目标是满足全集团多组织高效运营有效管控。只有能够满足核心、基础、目标这三个基本特征的信息化，才可以称得上基本实现了企业级集成应用。

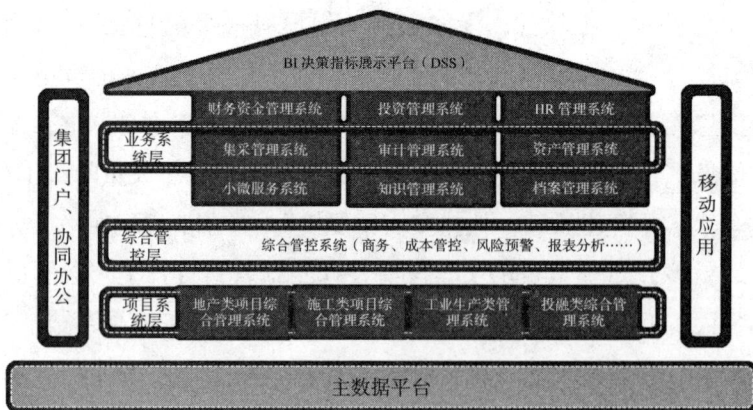

图6　管理信息化"企业级应用"规划设计图

　　所有的业务系统都要在统一标准的主数据平台上进行信息互通、数据共享，才能实现各项业务横向与纵向高效协同集成。底座平台（如 UAP 平台、IUAP 平台、T 平台等）一定要采用 IT 企业的成熟产品，主数据系统要由 IT 企业和建筑企业联合建设，集团门户、OA 协同等业务系统可直接采用 IT 企业的成熟产品，再加一点儿少量的二次开发。人力资源、财务资金等业务系统在采用 IT 企业的产品时，二次开发的工作量会大一些，商务成本、集采、综合项目管理等系统必须以建筑企业为主、IT 企业为辅进行开发建设，BI 决策系统等需要建筑企业提出明确的管理需求之后才能进行，IT 技术提供服务支持。这里的关键要素是主数据标准必须统一，各业务系统数据必须与主数据系统互通。否则，各业务系统之间就会形成"部门墙"，数据不通、数据不准、数据不全的问题就难以解决，就会长期困扰企业的高管层。实践中，那些为了信息化而信息化的企业，那些缺乏顶层设计、盲目跟风搞信息化的企业，都吃尽了"部门墙"的苦头，他们在企业信息化上虽然花了不少时间和金钱，但收效甚微，甚至是负收获。

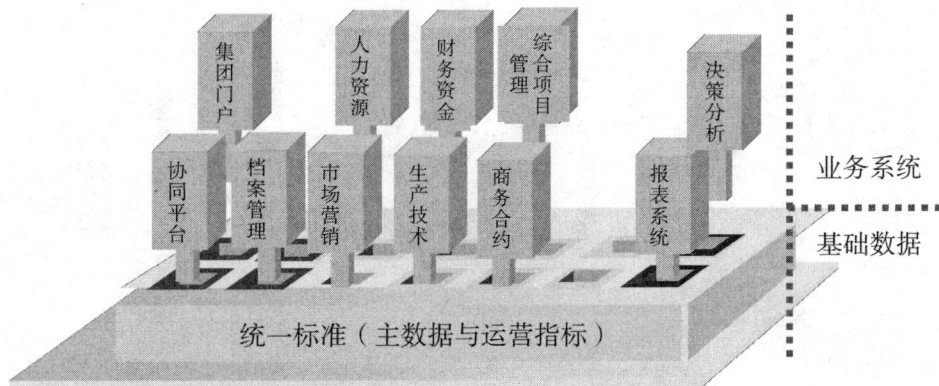

图 7　各项业务横向与纵向高效协同集成图

3　业财资税必须数据精准互通、信息集成共享，切实拆除"数据篱"

　　企业经营的基本逻辑是收支平衡。任何一家企业要想持续经营，最基本的要求就是要实现收支平衡。而建筑企业的收支过程是由两部分来完成的：一是财务收支核算，二是商务成本核算。财务收支核算侧重"结果"，而商务成本核算侧重"过程"，"过程"决定"结果"，"结果"验证"过程"，两者必须一致并且完整，才能及时准确地算好企业的收支账。工程项目自中标签约开始，到最终结算完成，整个过程涵盖了各类管理行为，这些行为均围绕成本、收入及效益之间的关系展开。实现商务过程成本和财务收支核算的无缝连接，实现商务成本、财务核算、资金支付、税费缴纳等经济数据的完整、准确、一致，是企业信息化过程中必须面对、必须解决的基本问题。

　　建筑施工企业必须重点关注项目的成本和效益，因为它是施工企业持续生存发展的必要条件。因此说，项目管理是建筑企业管理的基石，成本管理是项目管理的基石，项目过程管理要以成本管控为主线。要想搞好成本过程管理，就必须厘清企业层面和项目层面的职责分工，建立完善的成本管控体系（图8）。

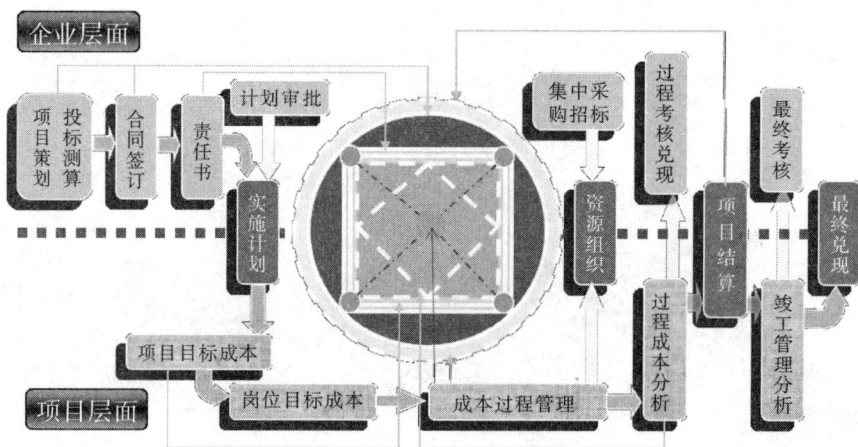

图8　施工项目成本管控体系图

　　工程项目的生产建造是通过"两大过程"来实现的：一是工程项目的人、料、机、管等生产要素物化为建筑产品的"物化过程"，也就是建筑产品生产成本的形成过程；二是伴随建筑产品物化过程而产生的商务买卖关系的债权债务收支的"数字化过程"。而这两个"过程"必须通过企业内部一定的工作流程来实现，"物化过程"也就是商务成本过程的工作流程一般有（图9）：投标成本测算、责任成本下达、目标成本测算、实际成本分析、完工成本分析、竣工成本考核、建立成本数据库等环节。建筑企业信息化，就是要通过信息互联技术的应用，将"物化过程"和"数字化过程"完整地融合在企业信息化集成平台上，经过计算机自动取数、自动运算、自动显示结果，实现集约化管理。从而使企业管理的责任体系和绩效考核体系固化到企业管理信息化系统中，使企业管理更加精准、节约、透明、高效，使工程项目的过程管控落到实处。

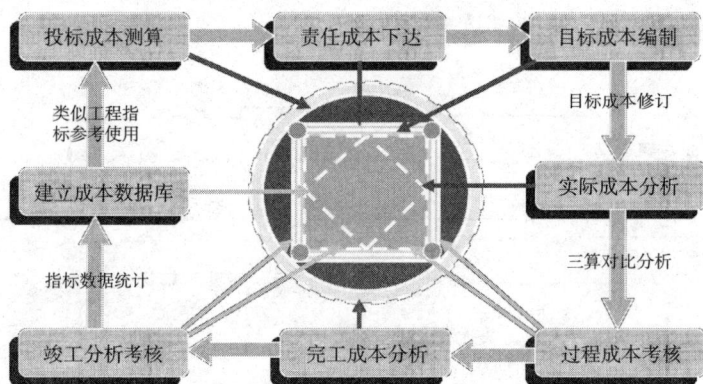

图9　施工项目成本管控流程图

管理语言的不统一是建设企业管理信息集成应用上的"拦路虎"，尤其是商务财务的"一体化"，由于商务成本和财务成本的成本子项科目的名称、内涵和核算规则的不一致，使得业务财务"一体化"举步艰难。必须通过商务成本科目与财务核算会计科目口径统一，实现商务过程成本与财务核算成本及资金支付的贯通，使数据精准，管理精细。

管理语言初步统一后，还要清晰业财资税之间的业务逻辑关系（图10）。粗实线代表业务线条，与业主签订好总承包合同，项目正常施工后，一是要算收入，项目要对甲方产值报量，对甲报量审核、收款；二是要算支出，例如专业分包工程，与分包单位要对结算单，把人工费、周材费、机械费进行成本归集。另外物资采购，要有物资入库单、物资出库单、采购结算单等，物资出库后，材料费进入成本归集。与供应商、专业分包单位办理完结算后要接入财务的支付系统，进行付款申请，形成付款单，一直到最后商务分析完成。虚线代表财务线条，后边财务汇总和商务汇总有个商务与财务的交互。按模块来说，可以分为合同管理、结算管理、税务管理、支付管理这四个模块，四个模块要同时考虑。图中前边实线部分由人工完成，虚线部分交给计算机来完成，业财资税一体化实际是指前端产生的数据，能够自动生成后端的原数据，经过数据加工处理，一级级传下去，实现一体化，而不是人工填报。很多时候信息技术与管理融合的难点就在于人和计算机的分工不够明确，所以搞清楚它们之间的逻辑关系十分重要。

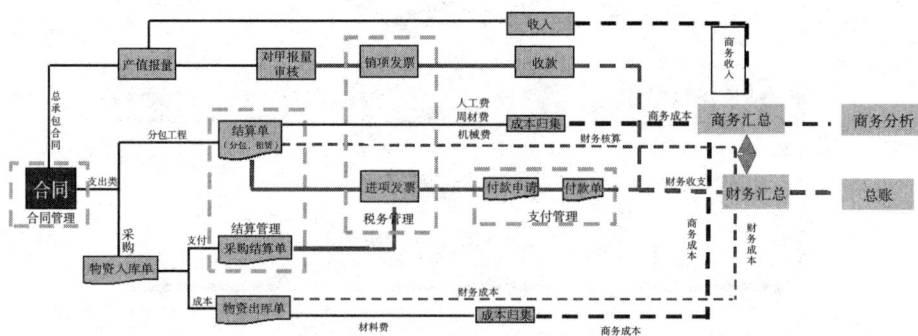

图 10　业财资税一体化逻辑关系图

信息技术改变了整个世界，改变了我们的生活，而计算机的二进位制的源头却是来自于中国的伏羲八卦图。欧洲数学家莱布尼茨写过一篇题目叫《中国伏羲八卦二进位制级数》的论文，他从中国伏羲八卦图中受到启发，演绎并推论出了数学矩阵，二进制数学的诞生为计算机的发明奠定了理论基础。

大道至简，大道相通。我们经常讲，企业管理以财务管理为中心，财务管理以资金管理为中心，资金管理以经营性现金流管理为中心。对工程建设企业来说，经营管理的基本目标有两个，一是利润，二是现金流。这就像太极八卦中的太极生两仪，两仪生四象，四象生八卦。企业经营管理的成果主要体现在经营性净现金流和净利润两大指标上，经济类业务包括业财资税四个方面，这四个方面产生出八组基本数据（图 11）。这两大指标、四个方面、八组数据是企业经营管理的最基本目标，它们之间相互关联，相互影响，是一个不可分割的整体。"项目业财资税一体八卦图"反映了企业经营管理的最核心、最本质的目标要求，企业信息化建设就要通过信息互联技术去完成、去实现这种需求。

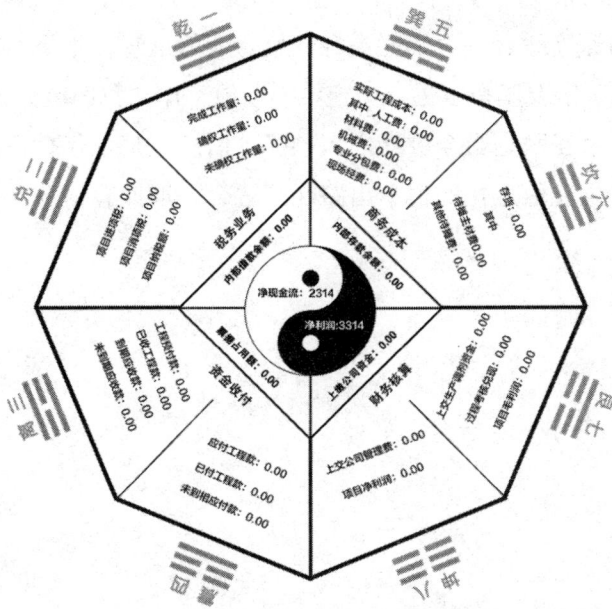

图 11　项目业财资税一体八卦图

我们只有实现管理和技术的深度融合，变为一体，才能产生巨大的生产力，技术只有用于生产实践中去，才可能是生产力，如果技术只是停留在理论阶段，不能用于生产实践，就不是生产力。这也是技术应用的好坏的检验标准，是信息技术应用成败的试金石。

建筑企业的信息化，慢不得、快不得、停不得、丢不得。信息互联是一场伟大的技术革命，慢了就会落后，就会被时代所抛弃；但信息化也快不得，因为信息化既是一场伟大的技术革命，也是一场伟大的管理革命，必然伴随着思想观念、工作方式、管理体制机制等方面的深刻变化，这些都需要时间，需要有一个过程；同时信息化也不能停，信息化是一个漫长的过程，信息化永远在路上，那我们就必须脚踏实地、一步一个脚印地持续不断前行；信息化更不能丢，否则就会失去发展的机会，就会被淘汰，就会永远处在落后挨打境地。尽管挡在我们面前有"两张皮""部门墙""数据篱"这"三座大山"，只要我们万众一心，排除万难，发扬愚公移山的精神，每天挖山不止，就一定能够融化"两张皮"，融合"部门墙"、融通"数据篱"，实现信息互联技术与企业管理的深度融合，大幅度提升建筑行业的信息化水平。就像毛主席说的那样"我们一定要坚持下去，一定要不断地工作，我们也会感动上帝的"。

总之，信息互联是当今世界之大趋势，信息化是现代企业生存发展的必由之路，建筑企业信息化的根本出路在于融合，谁拥有信息互联技术谁就拥有未来！

论文 9

大数据时代的企业信息化建设

中国中铁四局集团总经理　王传霖

（2017 年 11 月）

1　我们身处什么样的时代

最近，我们不断被信息技术领域接踵而来的大事件所震撼。首先是 10 月份谷歌的人工智能 AlphaGo Zero 版本在不学习任何人类棋谱的基础上通过短短 3 天的自搏学习战胜了之前的 AlphaGo Lee 版本，经过 21 天的自搏学习战胜更高级的 AlphaGoMaster 版本；紧接着，在我们正享受着阿里巴巴带给我们的 "双 11" 购物的刺激和快乐的那一天，IBM 宣布研制成功了量子计算机原型机，而且基于 20 量子比特的量子计算机可在年底向客户开放！信息领域的软硬件技术都在以掩耳不及迅雷之势快速发展，在我们看来一切都那么坚固、那么先进的东西，在一日千里的科技面前会瞬时变得脆弱！而这一切都是源于我们正处于一个大数据、物联网、人工智能飞速发展的信息时代。

人类的进步始终伴随着技术和文明的进步，人类的发展史是文明进步的历史！正如蒸汽机的出现标志着工业革命开始一样，互联网的出现是人类进入信息时代的重要标志，造就了新的生产力和生产关系，所以人们把互联网的出现称之为第四次工业革命。第一次工业革命，蒸汽机出现，带来了机械制造，人类社会建立了工厂，取代了手工作坊；第二次工业革命，电力、内燃机出现，人类全面进入机械化时代，实现了大规模制造；第三次工业革命，电子工业革命，逻辑电路带来自动化生产；第四次革命，基于互联网的革命，构建了基于互联网的虚拟世界。虚拟世界与现实世界互相映射、交互、连接、反馈，从而带来了一个更加智能的世界，催生了众多新的产业，人类文明得以突飞猛进。被称为"中国新四大发明"的智能手机支付、共享单车、网购、高铁无一不是建立在先进的信息技术基础之上！

作为"新四大发明"之一，中国高铁顺应时代潮流，在信息技术的应用上不断提出新要求，如：京张高铁提出"百年京张、智慧高铁"的建设目标，郑万高铁提出"数字郑万"的建设目标，福厦高铁提出"精品工程、智能福厦"的建设目标，牡佳铁路提出"全线深入应用BIM技术"的工作目标。作为铁路建设的主力军，我们深刻领悟到迅速开展以互联网、物联网、云计算、人工智能等新技术为基础的企业信息化建设已成为新时代施工企业的必然趋势。

2 我们要做什么样的信息化

既然信息化已是时代潮流和趋势，那么施工企业应该建设什么样的信息化呢？我有三点看法。

2.1 简单好用的信息化集成系统

中南建设集团总裁鲁贵卿曾把建筑业信息化发展分为4个阶段：第一阶段是"岗位级"的专业软件信息化阶段，计算机辅助办公；第二阶段是"部门级"的业务管理信息化阶段，信息技术与管理模块融合，局部的、部门级业务管理子系统的产品较为成熟；第三个阶段是"企业级"的管理信息集成阶段，信息技术与企业管理体系融合，整体性的企业集成管理系统初步尝试；第四阶段是"社会级"的大数据应用阶段，是信息化发展的方向。中铁四局目前正在深入推进第二个阶段的发展，初步介入第三个阶段。

从第二个阶段的局部业务管理系统开发到第三个阶段的综合系统集成要跨越诸多困难。首先，要解决数十种不同软件的数据接口、协议等技术难关；其次，要涉及企业管理的方方面面，需要数十个业务部门的联合行动，不仅要多方的协调、组织，还要解决或规避不同业务系统间的权利纠葛。无论是技术层面还是管理层面都十分困难，所以，即便是IBM这样的国际化大公司花了数年时间也没有完全解决。作为信息化水平还相对较低的建筑施工企业如何破解这一难题呢？是顶层设计强推下去？还是组织各个业务部门协同开发？我认为这两种方式执行起来都有困难。顶层设计是能够统一软件开发思路，有效解决数据互通、共享等技术问题，但集成系统涉及的业务太多，顶层设计的平台在功能上肯定满足不了各个业务部门的实际管理需求；多部门的协同开发能够解决各个业务系统的管理需求，但是在数据共享、管理权限等问题上恐怕难以达成共识，而且协同开发涉及的业务多、工作量大，开发时间必然拉长，即使开发成功，其时效性也会大打折扣。所以我们认为，系统集成应当坚持平等、开放、合作、共建、共享的互联网思维。

这里有一个关于互联网思维的案例。曾经，诺基亚一年销售过5亿部手机，贡献了芬兰4%的GDP和25%的出口。但2013年以后，它的辉煌一去不复返。反观苹果公司蒸蒸日上，为什么？是质量？是品牌？都不是。诺基亚是死于工业时代的思维。它采用封闭的思维开发产品，所有功能全靠自己的团队研发，以诺基亚一己之力与全社会抗衡，结果不言而喻！苹果则坚持互联网开放思维，采用开放的平台，通过 APP Store 市场让全社会无数的公司参与到手机的开发，各类导航、电商、社交 APP 营运而生，用户得到方便实惠，手机功能无限扩展。

正是基于上述分析和研究，中铁四局正在开展的"基于 BIM 的集成管理平台"开发工作充分吸收了互联网思维，以"简单好用，共建共享"为原则推动系统集成，并制定了"三步走"规划。第一步，建标准。从全局考虑，制定统一的开发框架和数据接口标准，保证系统的统一性，规范数据管理；第二步，建平台。以项目管理为主线建设基础平台，保证企业核心管理数据的有效收集、传输、管理；第三步，建接口。各业务系统在统一的框架内按照数据标准各自开发、完善自己的业务管理系统，逐步接入基础平台，根据业务需要从基础平台中提取基础数据使用，并开放相关中间数据供其他业务系统调取、使用。同时，还可在充分考察的基础上购买接入成熟的专业软件系统。如此一来，不仅能充分调动各业务部门的积极性，而且能有效减少组织协调工作、提高系统开发效率、推动数据的互通和共享。在此也欢迎各大软件公司、专家、学者共同加入进来，为这个平台贡献自己智慧的同时，也收获回报。

2.2 从大数据分析向人工智能转变

开展信息化工作多年以来，我们都亲身感受了信息化系统推行阻力之大，一些系统被人为填报假数据，一些系统流程是一个人拿着多个账号在走，当初设想的应用效果，执行下来却变成了"想得美"。究其原因，我认为与目前大多数软件系统初始数据靠手工录入有关。一方面是线下做完的工作还要到线上再走一遍，增加了工作量，基层人员不愿干；另一方面，安全质量隐患等现场管理敏感数据基层不愿给。所以，要破除信息化系统推行的障碍，必须减少人为误差和重复劳动，解决使用者意愿的问题，这就要从数据源头开始。基于上述判断，中铁四局近两年从两个方面着手解决数据源问题。

一是广泛开展了以物联网为基础的前端感知技术的研发应用工作，通过物联网技术自动获取前端数据。比如，我们利用激光测距、感光识别等技术研发了相关物联网技术，实现了对隧道变形、桥梁沉降、深基坑变形的实时监测，不仅保障了施工安全，还有效降低了工作量强度，解放了人力；利用GPS定位、无线传感等技术研发了架桥机在线监测系统，不仅能够实时监测架梁设备的工作情况，还能自动定位施工位置，实现架梁进度的自动获取。

二是工序验收线上做，解决项目最基本的数据源问题。我们在项目级基础管理平台开发中，根据质量验收标准和规范，梳理了不同专业不同工序的质量验收流程，将工序验收工作放到线上去做，系统平台自动记录验收数据、自动判断验收结果。这样不仅可以自动生成质量验收资料，减少内业资料工作量，还可以让计算机通过对验收结果的检索自动生成进度数据，然后通过BIM模型的调用实现进度可视化；有了进度数据，通过技术开发还可以自动算量，为成本系统自动提供工程量。我们相信这样的思路必能大幅减少现场工作量，有效提升项目管理智能化水平。

2.3 积极推进数据共享与分析应用

刚刚过去的"双11"国人网购买到1682亿元！为什么电商能够得到如此快速的发展？——这得益于互联网无时不在的连接和无处不在的数据。工业时代无法捕捉的碎片化需求与碎片化资源在信息社会可以轻松实现全球的对接。数据越来越全球化，施工企业如何充分发挥数据的作用？

第一，建立内外部资源共享平台。物资、设备、资金、人才、劳务、技术等资源都是企业的宝贵财富，利用互联网、物联网技术及时获取、推送资源信息，让资源有效利用，对提升企业效益意义重大。中铁四局在中国中铁股份公司的牵头组织下近两年先后建设了主数据平台和财务共享中心，初步实现了组织机构、人员信息等数据共享以及财务数据集中管理。目前正在策划利用 RFID 技术建立设备、工装信息共享平台，实现基于物联网的设备自动化管理；正在研究基于北斗定位技术的人员管理。

第二，推进大数据分析应用。信息化建设的终极目标是利用大数据分析辅助企业管理决策，这也是发展"智慧企业"的必由之路。目前据我们了解行业内部分优秀的大企业集团已经开始了这方面的探索，并已部分实现了对项目进度、安全、质量、工期、产值、成本、资金以及企业经营管理数据的集成、分析功能，为企业管理决策提供了非常详细和准确的数据，效果很好，非常值得我们学习和借鉴。

3　怎样做成功的信息化

3.1　聚焦重点业务

对施工企业来讲，工程项目是企业的利润来源，是企业赖以生存的基础，工程项目管理就是企业一切管理工作的出发点和落脚点。对项目管理来讲，在保证安全、质量、进度可控的基础上，最大限度地实现项目盈利才是项目管理的最终目标。因此，施工企业的信息化工作必须以项目管理为基点开展，而项目管理则应以项目过程管控为主线、以成本管控为核心开展。为此，中铁四局近几年先后开发应用了成本管理系统、财务管理系统、安全质量隐患排查系统、片区管控平台、技术管理平台、重难点工点视频监控系统等多个业务系统，收到了良好效果。同时，自 2016 年开始开展了"基于 BIM 的综合管理集成平台"开发工作，预计 2017 年底完成的 1.0 版本就是针对项目管理开发的，涵盖了质量、安全、进度、工程算量等管理功能模块，并正在与成本管理系统对接；计划明年开发的 2.0 版本，将集成相关业务管理系统并升级为企业级管理平台。我们认为"标准化、信息化、精细化"三化融合是关键。建筑工程企业"三化融合"的基点在"项目"，主线是"成本管控"，关键点是"业务财务一体化"。"三化融合"是推进企业科学发展的战略性任务，是一把手工程、是推动管理升级的有效途径，其关键在于"融"和"合"，一定不能搞成几张皮。"三化融合"永远在路上，只有起点，没有终点。

3.2 引导管理变革

现代社会为什么每个人都可能成为"网红"？因为互联网让一切民主化，形成了一个扁平的世界平台，使得每个人能以个人的形式采取全球行动。基于信息化的企业管理会使得决策者与执行者的界面趋于模糊，个体之间的关系越来越趋于平等，每个人都能及时获得所需信息、及时决策下一步行动，甚至能够实现数据共享与高效协同管理。因此，在信息化管理模式下，传统的金字塔形的组织结构的中间管理层必然越来越弱化，以提高组织决策的速度和对市场变化的反应能力，并最终促使了企业组织结构的扁平化；同时，信息化手段的使用以及组织模式的变革必然引起管理流程的改变。因此作为企业的领导者必须看到信息化给企业管理带来的变化，必须适时启动管理流程再造、管理模式再造工作，适时引导企业管理变革，以适应新的管理手段，提高管理水平，提高工作效率。

3.3 强化团队建设

对大多数施工企业来说，当前信息化建设人才的缺乏已成为信息化工作推进的主要障碍之一。一方面，高水平的信息化人才难以吸收到施工单位来工作，尤其是软件架构工程师、需求分析工程师、数据库开发工程师等关键岗位人员的缺乏造成了系统开发困难重重；另一方面，企业管理平台开发涉及业务种类、业务岗位众多，熟悉不同业务管理流程、有过相关岗位工作经验的"通才"较少。为摆脱这一困境，2015 年中铁四局在管理研究院成立了信息化研究室，面向社会招聘了软件架构设计、需求分析、数据库开发、前端开发等软件开发关键人员，面向企业内部招聘了一批精通项目管理、工程技术、安全质量管理、成本管理的专业人员，形成了一支专业齐全、经验丰富、素质优秀的信息化研发团队。在实际软件开发过程中，由我们的自己团队梳理开发需求、设计软件架构、制定开发计划和流程，再以外包的形式委托专业软件开发商进行相关软件代码开发工作。有了专业团队的支撑，我们开发的软件的适用性、实用性、科学性必然有效保证。

3.4　做"一把手"工程

如果给成功案例的关键成功因素进行排序，我会将"领导的支持"放在第一位。信息化工作涉及企业的方方面面，组织协调工作多，影响因素多，甚至会涉及众多的利益纠葛，没有领导的支持不行，甚至是非要一把手的支持不行！为加强信息化工作的领导，中铁四局将信息化工作切实作为"一把手"工程来抓，主要领导亲自挂帅成立了信息化工作领导小组，相关分管局领导和业务部门负责人都是领导小组成员；主要领导牵头组织制定了企业信息化发展规划，推动信息化系统开发及应用；在不同场合，主要领导亲自向相关建设单位汇报信息化工作。同时，我们编制了《业务信息系统开发应用管理办法》，规范了信息化系统开发流程和标准，重大项目开发相关局领导参与审查并提出意见。

273

论文 10

对施工企业信息化的反思

中交路桥建设公司原总经理　杨思民

（2016 年 1 月）

自 20 世纪 80 年代引入计算机辅助办公开始，施工企业信息化已经走过了 30 多年的发展历程，特别是近 10 年来的蓬勃快速发展，对企业管理标准化、规范化起到了重要促进作用。无论是企业高管的信息化管理思维，还是普通员工的信息化应用积极性，均得到了很大幅度的提升，同时也历练培养了一大批信息化领域的复合型专才，为下一步整个行业的信息化发展打下了良好基础。

当然我们也要清醒地看到，目前施工行业内的信息化发展遇到了瓶颈，与我们推动信息化的初衷还有较大差距。对实施信息化过程中出现的问题，业内人士也找出了各种各样的原因。比如，管理粗放、从业人员素质低；投入不足、领导不重视；行业特殊性、咨询方和软件公司不了解企业管理；系统设计脱离企业实际等，好像是一道解不开的难题，众说纷纭。

客观地讲，我们所需要的信息化，本质上是管理与信息技术的有机结合，是很难的一道命题。大家看到其他行业的信息化比较先进，其实也大都是业务的信息化。在施工行业内，通用工具软件和系统如结构计算、绘图、预算、办公系统等，也同样普遍使用得较好。这就引发我们的反思，本文试图从另一个角度思考信息化中遇到的问题，供同道参考。

1　管理信息化是用钱买不来的

管理信息化是一个极其复杂的系统工程，需要企业上下共同参与，时间长、见效慢、阻力大、有反复。只有充分认识其复杂性、艰巨性，才能对目前的状况有清醒的认识。管理信息化，应该注意以下几点：

1.1 管理信息化是一次管理变革

它会冲击一部分人、一部分部门的利益，冲淡高层和部门的"人治"优越感。因此，需要企业全体员工转变观念，认识到信息化的重要性、必要性、迫切性，认识到这是合乎潮流的变革，是提高企业竞争力的变革，要有牺牲个人和部门利益、顾全大局的精神。

1.2 实施前的舆论宣传、知识普及必不可少

实施信息化，特别是实施的前期，中层和基层员工工作量会增加很多。因此，只有让所有员工了解和认同信息化、参与信息化，才能使信息化工作推进顺利。同时由于业务部门要参与企业诊断、流程梳理，只有掌握一定的信息技术知识，才能提出合理的需求，按信息化规律进行数据分类。有的企业一开始就进行流程梳理，对信息化的目标、需求、范围懵懵懂懂，缺乏大局观和系统理念，这样设计出来的系统质量不可能高。

1.3 充分了解信息化建设的规律

企业高层领导认识要统一，提供必备条件，制定一个合适的规划，配备强有力的班子，要让清楚自己企业管理的人员参与到信息化建设中，形成一个团队，这个团队应该由各个层级的专家组成，共同探讨、梳理、优化公司各层级的标准业务流程，提出业务需求。同时要帮助软件公司的 IT 人员尽可能地理解企业提出的管理需求，要求他们按照企业需求设计系统。有的软件公司为图省力，把企业的需求往他们熟知的路上引导，这是企业应警惕和避免的。

另外，系统测试一定要与试点结合，不能只在机房关起门来测试，要让用户参与进来，才能发现更多的问题。同时要有信息化实施标准，有考核有奖惩。管理信息化除上述需要注意的几点外，还有很多具体的工作需要思考。

2 理性看待"两个距离"

由于管理信息化的复杂性，在实施过程中不可避免地会造成管理与信息系统之间存在一定的偏差，使管理与信息系统之间有一定的距离。这个距离每个实施信息化的企业都会有，只是程度不同而已。再则，由于外部和内部的环境变化，管理需求也会发生变化，信息系统与管理之间就会有一定的滞后期，使管理与信息系统之间产生距离。这两个距离越短，信息化发挥的作用越大。有的企业这个距离太大，超出了接受范围。

这两个距离是实施管理信息化的必然，是客观存在的。不能因为它的存在，我们就大惊小怪，更不能举足失措，不能陷入"不上 ERP 等死，上 ERP 找死"的陷阱。只有深刻认识这两个距离，才能使管理信息化进入正常的发展轨道，企业才能树立信心，不断努力缩短两个距离，发挥管理信息化的作用。

如何判断这个距离的可接受程度呢？我认为，管理加信息系统大于二，或者说信息化的收益大于信息化的投入，这是可以接受的。如果管理加信息系统等于或小于二，企业就不可能接受，就需要动手术。管理信息化，不是几个人、几个部门努力就能做好的；同理，走了弯路也不是哪个领导、哪个部门需要负责任的问题，这是信息化规律所决定的。往前看、重视现实、踏踏实实坚持，才是正途；怕承担责任、回避矛盾，造成丢掉可惜、用着又发挥不到应有作用的信息化，才是应该避免的。

认识到两个距离的存在，就应当在前期工作上下足功夫，使第一种距离尽可能缩小。认识到两个距离的存在，对管理信息化的诊断也应像 ISO 9000 贯标一样进行管理评审。评审信息系统应有最高管理者和主管领导参加，找出影响这两个距离大的短板，进行优化、整合、改进，这是搞好信息化必须进行的工作。每年或遇到重大管理变革时，都应该进行评审。只有持续改进，管理信息化的作用才会越来越明显，越来越好用，越来越成熟，最终达到提高企业竞争力、提高效率、提高效益的目的。

认识到两个距离的存在，就应当充分重视企业运维团队的建设。不管是软件公司，还是企业自身的信息技术工作者，对系统进行一次改进都要花费很多精力和时间，改进系统不是软件公司的特长，他们也不愿干这种麻烦没有效益的事情。不断扩展、持续优化、整合信息化系统，是企业义不容辞的责任。凡是管理信息化好的企业，无一例外都有一个业务能力强、责任心强的运维团队。要认识到未来自主信息化的能力也是衡量一个企业的整体竞争力之一。

认识到两个距离的存在，在规划信息化投入时就要为后面的优化、改进留足资金。有的企业一开始就投入上千万元的资金用在软件开发上，发现系统需要改进，没有思想准备，心理难以接受。

认识到两个距离的存在，就应当营造一个良好的信息化企业文化，调动全体员工主动参与的热情，以参与信息化为荣，积极学习信息化知识，掌握信息化技能，企业的信息化才能健康发展。

3　施工行业信息化的曙光

最近，市场上出现了不用编码就能开发软件的产品，如：零编码快速软件开发工具"基干平台"等，为企业依靠自身的力量实施信息化带来了曙光。它为企业信息化的专业人员和对此感兴趣的业务人员自己动手建立系统提供了可能，也使不断改进既有系统和建立新系统的工作变得得心应手。使用这个平台投入低，可使很多还没有上信息化的企业不再因担心成本高、效果不好而止步不前，上了信息化的企业也可使用这个平台自己不断优化系统。如果这个平台能不断改进，使用门槛逐步降低，使用效果不断提高，将助推建设行业信息化的快速发展。

管理信息化，只有开始，没有终点。随着"互联网+"时代的到来，信息技术影响着每个人、每个企业，改变着每个人的工作和生活方式。运用信息技术，是一种潮流、是一个方向。谁率先掌握它、利用它，谁就赢得了先机。如果说，工具软件的应用是为了提高工作效率的话，那么管理信息化带来的就不仅仅是效率的提高，它可以促进企业标准化真正落地；可以使经营管理真正实现公开、公正，有据可查；可以提高管理智能化水平；可以为科学决策提供依据；是提升管理水平的有效工具。随着信息技术的不断发展；"互联网+"的不断深入；业界人士的不断努力，我们有理由相信，施工行业管理信息化的曙光已经来临。

论文 11

建筑工程企业信息化十年艰辛的一二三

中国建筑第五工程局副总经理、总工程师　谭立新

（2019 年 6 月）

　　我在中国建筑第五工程局（简称"中建五局"）分管信息化工作十年有余，从管理信息化系统选型到系统优化与深度应用、从管理信息化到管理与工程建造的信息化、从工程施工的信息化到设计施工运维全过程信息化，一点点，一步步，一项项，就这样不断地边学习边探索边前行，当然，也在一点点一步步一项项地改变着中建五局，有的人工作方法改变了，有的人理念认识变了，有的公司管理模式变了，有的公司建造能力变了，总之，中建五局人已经不能离开中建五局信息化平台了，或者说离开了中建五局信息化平台就不会工作了，就像每个人离不开手机一样。一件事做了十年，也还只有刚刚起步的感觉，正如毛主席说："中国革命胜利了还只是万里长征走完了第一步"，要做的事还很多，信息化永远在路上。十年下来，我有三点体会和大家分享，敬请批评指正。

1　第一点体会叫"知行合一"

　　知行合一是我国千百年来的教育理念，用在信息化建设工作中也是合适的，我的体会是至少要做到这样几个方面的知行合一：

　　（1）要知道当下比较成熟的适用于本企业的信息化技术及今后一段时期信息化技术的发展方向。这要花一定的时间和精力去调研，毛主席说："没有调查，就没有发言权"，这是"知"。这里的"行"是要作出判断和选择，并果断做出判断和选择，要决定本企业信息化的目标任务及其实现的技术路径、组织措施

与资源保障计划等。若等一等，则永远都做不出选择，因为信息化技术日新月异，等的结果会让你不知如何是好，这是信息化专业人员和领导层要做的。

（2）要知道本企业各层级员工各不同职能线条的信息化需求。管理信息化要达到的目的和要解决的问题到底是什么一定要搞清楚，比如危险性较大工程施工方案要受控、合同签订要受控、项目各项成本要受控、项目工程师操作要便捷简单等，这是"知"。"行"就是要研究既满足信息化技术又满足管理需求的可行的信息化模型，这必须是信息化专业人员和管理层共同来完成的。管理层要吃透领导层与企业战略的意图与目标、研透本部门的需求，还要充分考虑基层组织和相关部门的需求，这个过程中要和信息化专业人员反复交流，交流中信息化专业人员要把这些需求变成一个一个的信息化模型，并最终共同确定这些模型，这个"行"，要求是很高的，也是很难做的，有些管理不够规范的工作完全有可能要进行重新架构。管理信息化失败率比较高，主要原因就在于这项工作要求特别得高、要做的事又特别得多，而投入的精力又太少。

（3）要知道管理信息化对企业转型升级的意义与价值。要让全体员工都知道，尤其是高层领导要率先垂范并带领员工齐心协力全力以赴地去实践、去推进。这个"知"，一般都认为没有问题，但恰恰相反，许多情况下只认识"信息化对企业转型升级意义重大"这几个字，对其内涵并无深究，或者迫于上级要求，或者是人云亦云，或者就是为了赶潮流，来自企业或者来自管理者个人自身内在的推动力并不大；或者认为这些信息化工作都是他人的事，而与本人无太大关系；或者有的领导认为信息化只要员工做好就行，领导动动嘴就可以了，缺少领导的亲自参与、亲自推动、亲自使用等，这样与有"心脏病"的"知"，相对应的"行"那就会得"软骨病"，不是发自内心的全员行动，管理信息化最后落得就是"信息技术不行"，不了了之，草草了之。

2 第二点体会是"三元优化"

第二点体会是从信息化技术层面来说的，信息化既是个信息技术问题，又是个管理技术问题，要建设信息化就要遵循信息技术和管理技术本身的特点，信息技术的特点是相对比较死的，管理技术的特点是相对比较活的，要把一个活的东西固化成死的东西，那肯定是一件劳心费神的事。这个"三元优化"就是要让那些管理工作相对固化下来，这就必然会面对企业管理"责""权""利"三元优化的问题，即是对企业各层级组织与各业务线条及其岗位的"责""权""利"的优化，这是搞好信息化的基础，或者说标准化是信息化的基础。信息化永远在路上就是"三元优化"永远在路上，不同的发展阶段有不同的"三元优化"的内容与要求，甚至有的还可能会涉及企业组织架构的重构与优化。

（1）理顺各层级组织之间的责权利关系。建筑业通常使用项目责任制，项目责任制里项目部到底有多大的责任，其对应的权利有哪些、享有的利益如何，现在要说明白还确实有些不清晰；建筑公司有一些授权的区域分公司、专业分公司、地区经理部等，其授权的范围、大小、责权利有些模糊，上信息化平台就要把责任、权限界定到位，这些东西原有管理制度如果不明确，就需要理顺重新给予界定。这些涉及权限的事是特别难办的，都是需要高层领导推动才办得了的，比如分包采购合同的签订、项目有关费用的支付，权限界定就很重要，否则影响信息化的运行效率。

（2）理顺同一个层级组织内部各部门线条之间的责权利关系。企业组织关系错综复杂，有线条管理、有事业部管理；有综合管理部门、有业务管理部门；有监督部门、有支持部门，要建设信息化就要把各自之间的责权利关系说清楚，把各自职责权限的界限划出来，才能设计出信息化模型与流程，这样一来，如果原来这些事分得不是很清晰，要协调的麻烦事就来了，如管理流程的设计经过哪些管理节点，就意味着谁有什么样的权利，或者谁的权利大一点，谁的权利小一点，如果涉及保留哪个节点、删除哪个节点就更不好办了，这些也需要高层领导的参与和推进。

（3）理顺一个组织内部各岗位之间的责权利关系，主要是基层组织内部岗位之间的责权利。各项工作到底是由谁来发起、传给谁、谁复核、谁审核等都是非常具体的，而且职权还要与其上级组织层级进行交叉组合。为什么说管理信息化给一部分人无端地"创造"了很多工作，主要是管理流程设计时无端地把这部分人拉进流程了，想摆脱都不行，实际这些所谓的工作都是无效的工作，是应该简化优化的。在信息化环境下理顺这些关系，实际上有些岗位是要被优化掉的，信息化如果不能做到高效就是在这个环节出了问题。

3　第三点体会是"两轮驱动"

管理信息化的本质是管理创新，是利用信息化技术来优化创新管理模式，以提高管理效能，信息化技术在这里起的作用是支持服务，关键还是管理部门的优化创新，当然，必须是信息化部门和管理部门的双轮驱动。

（1）信息化部门和管理部门要共同分析研究、共同探讨确定管理信息化的需求。信息化是好东西，大家都希望工作轻松点，但信息化技术也是有局限的，一定要聚焦聚焦再聚焦，把最有价值的需求优先实现。如中建五局聚焦项目成本管理为核心的经济活动信息化就是在众多需求中做减法确定的最重要的需求。

（2）信息化部门和管理部门要共同研究业务逻辑、共同探讨建立信息化模型，这就是怎么实现需求的事了。两个部门的人员对同一件事的思维逻辑是不一样的，必须坐在一起反复研究探讨。如建立成本管理方圆图模型，管控流程用流程表单方式等成果都是在主要领导的亲自部署下几个部门一起研究出来的。

（3）信息化部门和管理部门要共同制定数据管理和应用手册，分别从技术层面和管理层面共同推进信息化工作，尤其是在信息化过程中不断地、持续地优化工作。

"知行合一""两轮驱动"和"三元优化"的"123"体会，是中建五局管理信息化实践中成功事项的经验，也是还未成功事项的实践总结。习近平总书记说，"船到中流浪更急，人到半山路更陡"，这个时候愈进愈难、愈进愈险，又不进则退、非进不可，谈点体会以坚定信心，砥砺前行。

向企业级深度融合应用推进

中交四航局信息中心主任　邓和平
（2018 年 11 月）

1　近几年行业信息化的实践情况

1.1　用户的变化

用户从过去以专业公司主导转向以自己为主导，在与专业公司合作方式的选择上更为审慎，对信息化的认识更加理性，更加注重市场调研及典型案例，关注信息系统能否"用得上、用得起、用得好"。也有企业出现自我封闭的苗头，拒绝外部优秀资源介入。自建队伍的成长需要一个过程，更需要在一定市场环境下锻炼。

1.2　专业公司的转型

专业公司从卖产品逐步转向提供服务，希望通过"云计算、大数据、微服务架构、BIM、智慧工地"等应对行业管理复杂性挑战，应对企业需求复杂多变及项目现场恶劣环境的考验，重新赢得用户认可。面对用户抱怨系统难用、拒绝使用，系统上线后数据上不来的情况，有的专业公司提出"数据比流程更重要"，继而采用智能终端方案解决现场数据采集问题，如地磅管理、混凝土质量实时监控、安全质量 APP、劳务实名制、人脸识别等。转型过程并不容易，甚至有失败的风险。新技术能否满足解决建筑业信息化深化需求，还有待时间及实践验证。

1.3 小微公司的作用

市场上出现一大批小微公司，推动数字终端设备及移动 APP 在项目现场普及应用，发挥出积极作用。但碎片化的应用只能是企业管理系统的末端延伸，不能取代企业管理系统。现场数据也只有少部分可以通过智能终端自动采集，绝大部分还是要靠人机交互解决。

1.4 BIM 的应用与认识变化

行业对 BIM 的热度还在持续，但有所降温。BIM 在设计领域，面对复杂结构建模分析上呈现出很强的渲染能力，但如何通过 BIM 为企业带来真正的价值仍让专业人员及用户感到困扰。BIM 在项目管理上的作用迟迟没有呈现。通过 BIM 实现项目全生命周期管理似乎只是个美好的愿景。业界对 BIM 的认识将逐步趋于理性客观。

1.5 国外软件商与国内互联网公司的进入

国外的软件商及国内的互联网公司也尝试进入建筑行业，但目前还没有拿出专门针对中国建筑施工企业信息化的有效解决方案。国内一些知名的互联网公司在面向个人用户业务上非常成功，但面对企业应用尤其是面向建筑施工企业管理还缺少系统研究和案例。这类公司能否为建筑企业信息化深化助一臂之力，也有待时间及实践的检验。

1.6 财务系统等业务子系统的应用扩展及其局限

部分企业利用成熟的财务子系统，通过二次开发，将其延伸到与成本相关的业务端口，要求相关业务部门通过系统直接填报成本数据，如合同、物资、分包等，称之为"业财一体化"，对成本风险管控发挥出一定作用。但财务只是成本管理的末端（事后算账），其职能、业务模式不能管控业务过程。市场上比较成熟的财务系统主要是针对财务管理业务设计，并没有充分考虑其他业务的复杂逻辑及需求，也不可能通过二次开发改造成企业管理及项目管理系统。目前看来，利用一套成熟的业务子系统，通过二次开发后覆盖所有业务系统的做法不可行，不仅财务系统不行，其他子系统也不行。

1.7　集团级企业信息化解决方案困境

有的集团级企业在高层决策中低估了信息化的复杂性、艰巨性及风险性，低估了集团级企业在管理层级上的复杂性，急于求成，试图一竿子插到底，试图靠强力解决全集团信息化问题，结果是开发团队难以承受系统建设之重，勉强建立的系统不仅不能在基层落地，还增加了基层重复工作，产生了大量不能带来价值的低质量数据，有的还是假数据。这些企业目前还在继续为信息化交昂贵的学费，令人扼腕叹息。如何解决施工企业项目管理信息化问题，专业公司没有拿出经过实践验证过的新的解决方案，用户在没有认真分析的情况下，盲目投入巨额资金，企图一举解决项目管理信息化难题，风险巨大，很难达到预期的目标。

1.8　仍然普遍存在的异构系统与信息孤岛的整合难题

政府及企业上级部门提供了越来越多的异构业务系统，要求通过系统上报信息，大量充斥在企业下级公司的工作当中。这类系统并不是针对公司业务需求设计，用户在为上级部门填报数据的同时，遭受着应用系统反复登录、工作入口来回切换、重复填报、消息接收不及时等诸多烦恼。企业普遍存在着这些异构系统整合难题和不便。

一些企业为了解决信息化孤岛问题，通过建立主数据标准，通过主数据管理系统实现数据整合（主数据对流程及业务整合无能为力）。有的案例将HR 系统与门户系统关联，统一管理人员、账号，甚至尝试统一权限管理。更多的案例通过借助企业门户系统解决系统初级整合问题 [自建或外购企业门户（Portal）产品]。信息孤岛及系统异构现象还将继续伴随我们，要从根本解决上述问题，还需要更长的时间。

2 行业信息化需要特别关注的几个新老问题

2.1 信息化价值的恰当评价问题

市场只为价值买单。信息化价值不能由实施者自己评价（自吹自擂）。信息化不能包打天下，要线上线下融合（O2O）。可预见的未来，工程项目不会无人化施工，也不会无人化管理。信息化技术的快速发展主要体现在某些方面，适合解决某些类型的问题。不能盲目夸大，盲目追风，失去理性。尤其是专业公司、专业人员，要保持清醒的头脑，不能误导领导、误导用户。

2.2 信息化高层决策问题

随着信息化建设不断深入，企业高层要面对越来越多的信息化决策问题。大部分企业的高层还没有为此做好准备。企业高层决策者大多缺乏 IT 专业背景，缺乏信息化实践经历。这是目前行业信息化必须面对的实际情况。

2.3 自建队伍与专业公司优势互补合作共赢的问题

系统建设不能当甩手掌柜完全交给专业公司，企业将管理信息化完全托付给专业公司（无论公司大小、无论国内国外），实践证明行不通。面向建筑企业信息化的第三方咨询还不成熟，用户需要有自己的队伍。也不能完全自我封闭，自行设计一切，不能从一个极端走向另一个极端。专业公司在专业方面有不可替代的作用，信息化也需要社会化专业分工及价值链整合。

实践表明在企业核心业务信息化上专业公司不能独立完成，需要与用户深度合作。专业公司也不能自我封闭。在互联网时代，软件商业模式也在发生深刻变化，开放、开源、生态链、合作共赢已成为业界共识。关于复合型人才队伍也是个老话题。企业及软件公司都需要有自己的复合型人才队伍，各有其侧重点，可以优势互补。

2.4 标准化与信息化关系问题

这是个老问题。一是在行业信息化问题上我们谈标准化时，往往选错标准的"尺子",采用了不适合行业属性的计算机的标准,有意无意地要求企业按计算机的逻辑制定标准,适应信息系统要求。显然这是本末倒置,是在要求用户削足适履。有人称"这种系统不是企业要的系统,是计算机人员要的系统"。

二是一些非常优秀的企业在信息化上也栽了跟斗,代价还不低。这样的案例在业内并不少见。我们不能因信息化的问题简单否定一家优秀的企业的管理及标准化。

三是建筑业有其特有的业务属性,不能套用其他行业信息化标准,尤其是不能用计算机的逻辑硬套给建筑业。建筑业的信息化一定要尊重行业特性,尊重行业的标准,才有可能为这个行业提供"基层欢迎、中层接受、高层认可"的系统,才有可能为行业插上信息化的翅膀。

四是有不少案例,按信息技术要求花了大力气搞标准化,最终无法落地,一大堆所谓标准化文件束之高阁,浪费时间与金钱,还特别折腾人。通过这样的标准化后让信息化成功的案例目前一个也没有。

我们要相信建筑企业有标准,只是我们还不了解、不理解。企业也要有自信,主营业务上的成就不是轻易得来的,是建立在企业多年形成的成熟制度、标准及有素质的队伍基础上的。遇到信息系统"用不上、用不起、用不好"问题,首先应质疑是系统的问题,包括需求分析、系统设计、系统实施等环节,特别要质疑的是设计者是否理解企业的业务及管理,以及对行业信息化有无经验。仔细分析业内绝大多数失败的信息化案例,原因大都如此。

2.5　新技术的求实应用问题

行业信息化或多或少受到浮夸风气的影响,不乏追热词、赶风头的现象(盲目鼓吹物联网、云计算、大数据、智能化、BI、BIM),带来的是巨大的金钱付出,却没有产生多少实实在在的价值。

2.6　系统升级演化的应对策略问题

管理是动态的,系统一定会不断升级演化。业界提出,应对策略之一是抓住数据这个核心,只要数据能继承,就不必过于担心系统升级问题。设备可以更新，系统也可以升级、更换，流程也可以调整，但数据要留下来。

2.7 互联网时代的系统开放与优势整合问题

市场上已出现一些比较成熟的业务子系统，如预算、财务、HR、OA等，通过某个系统一统天下，都不具备实力，至少目前还不具备。在互联网时代，要摈弃彼此封锁、私有化的理念，走向开放、开源、合作共赢，将市场上成熟的系统整合起来，将大家的优势整合起来，不仅对企业用户有益，专业公司也必定会有盈利，得到市场的回报。行业内谁能担负起这副重任，大家拭目以待。

2.8 信息化与管理融合问题

从企业营销系统开始，直至项目完工决算闭环，涉及的相关核心业务子系统：HR、进度、产值、材料、设备、分包、质量、安全、决算、计量支付、合同、财务、档案，以及将全部系统整合的门户、协同平台等，都会受到行业业务属性影响，不能简单照搬其他行业类似系统。其中每个系统都有其内在的复杂业务逻辑，如果从零开始，每个系统开发设计过程都需要数年时间。系统能用起来只是满足初级融合的要求，深度融合涉及企业级应用甚至行业级应用。企业中层、高层对信息化的期望值是对融合的更高要求。要有新的思路、新的实施策略。企业管理者、决策者、业务部门、信息化部门、专业公司、政府行业主管部门等相关方还没有完全想清楚，甚至存在误区。业内许多惨痛的失败案例（高投入、低产出甚至无产出）基本出现在这一点上。如何实现突破，需要集思广益，需要一段不能操之过急的过程，需要不断努力及探索。

3 如何实现突破及深度融合应用发展

3.1 准确评估信息化的价值

坚持信息化价值的评价标准：用字当先，实践检验，基层欢迎，中层接受，高层认可。信息化价值可以阶段衡量，逐步积累，不能盲目夸大。

3.2 把握好信息化高层决策

企业高层在信息化决策上需要发挥更高的领导艺术。信息化问题和传统工程问题有本质的差异，有各自不同的管控方式，决策者不能简单套用传统决策方式，切忌亲自冲到一线，做自己不擅长的专业事情。决策者要清楚信息化阶段特征、行业信息化发展水平、专业公司的实际能力，客观评价专业人员的水平、特点，知人善用，理性评估信息技术的"长"与"短"，准确评估实施方案的可行性及风险，合理管控业务需求。决策者面对信息化决策既要虚怀若谷，也要保持质疑的本能，防止被误导、被绑架。管理信息化不能指望全部交给专业公司，不要盲目迷信大公司，坚持在实践中检验系统效果，坚持评价系统以是否"省钱、省事、省人"为标准，坚持系统的实用性要以"基层欢迎、中层接受、高层认可"为原则，这是决策者目前可行的做法。

3.3 优势互补，共享合作，搞好行业信息化人才培养与团队建设

企业及软件公司都需要加大人才培养力度，营造良好的符合信息化人才成长规律的环境，培养出复合型人才队伍。可以各有其侧重点，要形成一个优势互补的团队。如何建立这支队伍，要有思考、有计划、有方法。没有人啥都会，复合型人才不一定是单个特殊人才，可以是一个优势互补的团队。管理人员学习信息技术，参与系统建设，专业人员学习代码之外的技能，了解企业管理，参与管理活动，都是成为信息化复合型人才的有效途径。优秀的信息化人才资源在全球都属于稀缺资源，不必强求全部私有。可以通过各种方式共享、合作。

3.4 尊重行业特性，在实际运作中，处理好标准化与信息化关系

标准是在实际运作中形成的，经由不断提炼提升，而不是事先设定的。那些试图事先设定标准的作为是徒劳的。建筑业的信息化一定要尊重行业特性，尊重行业的标准，更不能要求企业简单地按计算机人员的逻辑制定仅为适应信息系统要求的标准。标准化与信息化表现为一个互相促进的过程。

3.5 求真务实，应用好新技术

物联网、大数据、云计算、移动互联、智能化、虚拟化、区块链、无人机等新技术在其他行业已开始落地，收获成果。建筑业如何应用这些新技术，可以密切关注、跟进、试点，但不宜盲目跟风，一哄而上，切忌炒作热词。行业需要反思信息化中存在的华而不实的问题。首先有直面问题的勇气，才有希望解决问题。坚持求真务实的理念，不搞花架子，不高谈阔论，直面实际存在的问题，客观评价信息化的成效，踏踏实实推进，一点一滴积累。只有做过信息化才知道其中的艰难与复杂。要知道梨子的滋味，就要亲口尝一尝。管理是一种实践，管理信息化绝对是一种实践。没有亲历过信息化实践的人，不要轻易说信息化不难，特别是领导不要这样说。

3.6 持续积极地推进信息化与管理融合应用

融合是一个过程，尤其是企业级深度融合，不可能一蹴而就，需要一个持续过程。

我们呼吁，行业各用户单位、各专业公司采取开放的态度，为行业奉献出自身的核心能力，采取各种集成手段，整合各种资源（人才、资金、市场等），优势互补，共建共享共有，为行业创建新的云服务平台，培育开放包容可持续发展的行业信息化生态系统，为行业提供新的解决方案，为世界贡献中国智慧。

浅谈信息化认知力在信息化建设中的作用

中国交通建设股份有限公司信息化管理部处长　王玲

（2015 年 11 月）

1　信息化认知力的价值

认知力是指人脑加工、储存、提取和运用信息的能力，即人们对事物的构成、性能、与他物的关系、发展动力与方向、基本规律、方法的把握能力，它是人们成功完成活动最重要的心理条件。

我曾在施工企业信息化管理岗位工作多年，见证了工程建设行业信息化建设的快速发展，从单机版、局域网到互联网；从工具软件、多项目管理到 BIM；从信息孤岛逐步向大数据、云平台、互联网＋、人工智能方向发展。随着信息化对传统行业发展模式的深刻影响，近年建筑业内信息化的认知力不断提升。

我所说的信息化认知力是指政府、行业协会、咨询及开发商等机构，企业高管与各级领导、信息化从业人员、业务部门管理人员、终端用户等各类人员对信息化建设的价值认同、知识复合和知行合一的能力，是各类机构和人员能够清晰定位自身在信息化建设中责任义务、边界关系、协同模式和行为准则的能力，良好的认知是各方协同推进的高度默契，是正确决策、降低内耗、防控风险、同心合力推动信息化快速前行的核心动力。

我认为良好的信息化认知应表现为：

1.1　各类机构正确定位自身职能，消除内耗，协同发挥最大价值

信息化建设需要政府、协会、科研机构、咨询及开发商、企事业单位等

多类机构共同努力协作，过程中存在大量的边界关系和矛盾，各方认知到位，可降低内耗，共同梳理，寻找突破，协同发挥最大价值。

政府和行业协会能够深入社会调研，掌握行业动态，能够正确引导行业信息化建设大方向，搭平台、做服务，切实防止脱离实际的行政举措，避免以政策性刺激方式误导行业行为。

科研机构能跟进国内外先进技术，不断创新，加强科研成果向实用产品的转化。

咨询商和开发商能冷静分析市场需求，做好客户和产品定位，将公司资源与客户需求匹配，与企业形成战略合作伙伴关系，避免透支体力和市场，以及低品质低价抢单，持续提供优质服务；能正确引导和培训客户，不以自有产品误导客户，真正吃透客户需求并反哺客户，与客户共鸣共赢；利用多企业同质项目的建设，不断提炼和迭代，实现产品质量提升和企业良性发展。

企业能结合公司战略和信息化基础，做好信息化顶层设计，不跟风、不盲从，科学发展、合理投入，建设有效益的信息化。

业务管理机构能目标明确，主导做好业务数据编码标准制订，完成适应信息化建设的管理体系和业务流程优化工作，能够提出清晰的建设目标和项目业务需求，推进应用并产生信息化效益。

信息化主管机构能做好信息化统筹管理、策划、风险控制和落地工作，全方位做好信息化常识性、规律性的全员知识培训，引导全员信息化认知力的提升，协同信息化建设各相关方，支撑和引领企业管理提升、技术创新。

1.2 不同层次、不同类型人员能在同种语境下交流，减少理解错误，提高工作效率

信息化是系统工程，不仅是技术问题，也是战略与管理命题。企业内部信息化建设需要信息化组织机构与管理机制配套、企业管理流程优化基础、资金投入、基础设施及软硬件投入、人才队伍投入，需要技术积累和数据编码标准体系，有信息安全保障体系等。

企业高、中层领导要具备信息化领导力、决策力，具备在战略与顶层设

计层面指明方向、范围和目标的认知力，在建立体系、打造文化、总体规划、推进实施和风险管控上能做出正确的决策。

业务机构的管理人员要具有项目建设业务主导能力，有倾听、配合和学习能力，了解信息化需求的构成及各重大环节的责任义务，即：需求提交、业务分类标准组织编制、项目过程参与、功能验收和应用推进的执行能力。

信息化管理人员要具备管控力和良好的协调沟通能力，能充分学习和理解业务，有能力实现业务需求向优质、易用、利于推进的信息化系统功能的转化。

员工要具有执行力，理解信息化价值与意义，明白自身责任与义务，具有学习和应用执行的自觉行为。

2　信息化认知问题的分析

首先，我想谈谈信息化建设中特别需要关注的几个方面：

一是统筹规划，企业信息化建设特别是特大企业一定要开展顶层设计，摸清家底，明确建设目标和总体投入，规范各级企业的职责权限和建设范围，理顺信息系统建设内在逻辑关系。

如：各企业顶层设计中有"大统一、大集中"，有"统一规划、统一标准、分散建设"，有"骨干统一、末端灵活"等多种模式。采用"大统一、大集中"模式，所有工作集中在总部，下属单位一切行动听指挥。但怎样处理好投入大、见效慢、不接地气，系统上线推进链太长推动力层层递减，下属单位无积极性等问题，特别是大公司业态多、层级深，下级各单位爆炸性的个性化需求如何满足，数据资源利用效率怎样保证，信息安全压力如何分散等，在顶层设计中一定要分析透彻，配套的管理体系、考核机制和资源配置要到位。采用"统一规划、统一标准、分散建设"的策略，就必须考虑规划的合理性，标准建设的前置性和实用性，标准接口的通用性，同时要从机制上有效控制重复建设和无效冗余信息带来的资源浪费，提升下属单位的建设实力和执行力。采用"骨干统一、末端灵活"模式，就一定要明确哪些是骨干，哪些是末端，末端建设必须遵循哪些规则等。

二是多系统同期建设一定要与先进对标，开展市场同类产品调研和深入企业内部业务需求研究，进行多组织协同，有内在逻辑关系的必须遵循先后顺序，按照顶层设计和数据资源规划，考虑系统集成与接口标准。

如：某企业为加快信息化建设步伐，一次性招标 20 多个信息体系统项目，封闭式开标几天几夜，专家累得半死也不见得将招投标文件看透了，然后十几家软件商同时进场，可想工作协调难度得多大？这样的操作模式实在是令人担心，如果前期工作没有做实做细，各系统间一定会互相拖后腿，进度和质量都难以保证。

三是单系统建设需要经历组织策划、需求调研、需求分析、系统概要设计、系统详细设计（含架构设计、功能设计、页面设计、接口设计、数据库设计、用户权限设计等）、系统开发、系统测试、用户权限初始化、系统试点、全面推进、系统验收等一系列重大环节。

这些基本常识与可能存在的风险，必须用各种方式让相关方人员充分知晓，特别是高层领导要有正确的认知，相关方交流要有共同语言，大家各司其职、各有侧重、通力合作，将信息法规与标准、信息产业、信息技术、信息资源、信息网络、信息人才全方位地协同起来，促进建筑业信息化高质高效发展。

建筑行业信息化建设近十年取得了巨大成绩，但很多企业也走过弯路、存在误区，各种失败案例不少，体现在领导力不足、推动力不足、支撑力不足和执行力不足，归根结底是各机构、各类人员信息化的认知力不足，本文将其概括为三个方面。

2.1 信息化价值定位失准引发风险

一是过度拔高信息化作用。很多机构和领导看到国内外信息化先进典型兴奋不已，政府主动干预，企业无视行业特点、脱离管理实际、不顾原始积累，期望信息化一夜之间能解决企业各种痼疾、引领管理变革，将信息化建设全面铺开、贪大求全，结果多半会因业务流程错综复杂，标准编码千头万绪，系统功能分析不清，资金投入压力、人才队伍不足，技术支撑不力、整体管控失效等原因失败；二是信息化无用论。企业领导认为信息化投入产出比不对称，特别是经历过失败的企业和领导，感觉信息化就是水中月、镜中花，中看不中用，信息化因外力应景存在，不重视信息化，自然难有成效。三是信息化改变了传统模式，打破了利益格局，冲淡了人治特权优越感，对显而易见的好东西视而不见。

2.2　信息化建设职责认知盲区导致风险

认知盲区的突出表现是：或各方责任淡化，职责留有盲区、覆盖不全，互相指责推诿；或过于强势，不顾规律不可为而强为之；或浮于表面，叶公好龙，职责不落地。

企业中高层领导深知信息化价值，但缺乏举措，领导理解的重视就是发文和讲话，引导和决策能力弱，实质性参与太少，将希望寄托在下属和合作方身上，这种认知很难形成信息化领导力。业务部门对信息化宏观需求很大，但微观需求提不出，且将信息化工作看成是信息技术工作，认为具体工作应由信息化部门主导，实行交钥匙工程，不明白信息化建设需要管理规范化、精细化和标准化作基础，业务部门不牵头、不参与、不思考，提不出详细的建设目标、适用范围、核心需求和数据分类方法；最典型的还有口号喊得震天响，什么落地想法也没有，典型的叶公好龙型。信息化部门认为业务机构才是最终受益者，信息化部门只是技术实现，业务部门不主导则寸步难行；末端用户认为信息化就是为上级管理者和领导服务的，信息化冲击了原有习惯，需要再学习，增加了工作负担。

2.3　信息化知识不足导致风险

企业中高层领导作为决策者缺乏信息化常识，不了解信息化建设规律和必备条件，将信息化看成简单的技术问题，常用行政命令和结果导向方式，不顾现实随性决策，存在高标准、大跃进、喊口号、施高压、少投入、缺配套，组织机构和人才队伍短缺，管理机制不健全等现象；业务人员不了解信息化建设知识，听不进信息部门的整体部署，只站在小团体和个人利益上提需求，不知信息源头和内在关联，强行要求实现不合理需求，缺乏大局观和系统性理念等；信息化人员不关注企业战略规划、不懂企业管理、不能统领顶层设计、思维定势偏重技术、不善协调沟通技巧等；开发商自认是专业机构，不顾企业特点，不关注用户感受，重产品轻定制、重功能轻友好、重开发轻运维等。各类人员缺少高层挂帅，各方因知识的局限性，各持己见，如盲人摸象，各吹各的号，各唱各的调，冲突不断，怨声重重，过程风险缺乏管控主体，往往从需求源头就埋下失败祸根；因机制不顺，氛围不好，信息化人员压力大，认同度低，缺乏理解，导致信息化人才招不来、留不住；各类系统轰轰烈烈地建，慢慢吞吞地推，常因脱离实际而导致推进受阻、半途而废。

3 信息化认知力提升方法浅析

3.1 国家管理机构及协会发挥宏观导向作用，提升企业认知力

近年来国家政府发布了一系列政策和法规，国资委对央企建立了考评机制，举办了 CIO 年会；行业协会每年举办信息化年度峰会，这些都是很好的举措，但建筑业高层参与度低，其效果大打折扣，在引领与提升社会信息化认知力方面，政府和协会可做更多工作：

3.1.1 狠抓企业领导认知，夯实"一把手"工程，提升领导力

火车跑得快，全靠车头带，领导力是信息化建设中的最大牵引力，信息化好不好，关键在领导。政府应在企业高层领导培训班上增设信息化知识课程，提高企业高层领导对企业信息化建设必备的机制、人、财、物（基础设施、硬件、网络）、数据标准、管理流程等配套基础工作的认识；普及领导对信息化建设顶层设计、需求分析、开发商选择、技术和过程管控、应用推进等关键环节风险控制常识；在职级和职称晋升时，增加对企业高层领导信息化知识能力的考核要求；组织企业高层参观学习国内外信息化先进企业经典案例。

3.1.2 搭平台、做服务、引领企业对标

收集、评估并发布信息化优秀产品清单，组织制订并发布行业标准，开

发行业信息化优质资源共享网站，设立信息化专家库、法律标准知识库、优
秀产品资源库、开发商资源名录库、优秀企业案例资源库、技术交流文档库等；
举办信息化先进企业经验交流会，引导和搭建企业间交流互动平台。

3.1.3 加强政策引领，完善激励机制

鼓励企业申报信息化优秀项目，国家投资，获奖补贴，组织观摩，定期
发布企业优秀获奖信息。

3.2 高校、科研机构、咨询及开发商发挥技术知识普及作用

高校、科研机构、咨询商、制造商和开发商发挥技术知识普及作用，从
标准、技术、产品上引领信息化建设的发展方向，探索国家宏观管控与企事
业实际需求的有机结合，细分行业特点，深入基层调研，提供具有指导价值
的标准、产品、前沿技术的信息发布，发布信息化新技术和新趋势的科普型
论文。

3.3 企业高层引领企业各层次提升信息化认知力

领导要发挥"一把手"作用，在谋篇布局上要充分体现信息化建设与企
业战略、管理体系、资源投入（文化、资金、人才、标准、时间）之间关系，
发挥正确决策、宏观指导和促进推动作用。

领导要通过各种会议、报告、讲话，宣贯、强化企业信息化建设意义、
理念和思路，亲自参与企业信息化顶层设计，亲自过问信息化年度预算、人
才配比和机构体系建设；要建立有效的信息化考核机制，从业务条块和机构
横向两个纬度定期通报各信息系统运行情况，以系统真实数据作为单位业绩
考核依据，考核结果与各级领导班子考核兑现挂钩；亲自参与信息化项目关
键环节的协调与决策；带头应用系统，做员工表率和典范。

3.4 业务管理机构提升业务与信息化融合的认知力

业务机构是信息系统的最终用户和受益者，要达到预期目标，一定要
十分明确建设目标，对信息化专业人员做好业务知识培训和业务需求交

底，保证信息化专业人员能正确理解业务；要积极参与信息化过程设计与建设，随时纠偏；要全面组织用户参与信息化应用培训，出台配套的业务系统运行制度和考核办法，向用户宣讲系统设计理念和运行规定，提升末端用户的认知力。

3.5　信息化主管机构提升全员的信息化认知力

信息化主管部门是信息化建设的使命机构，要有面对压力寻找突破的能力和认知。信息化主管部门一是要提升自身实力，了解企业战略，学习业务知识，能够快速消化业务需求并转化，增加综合素质、复合能力，提升协调能力；二是培训先行，提升全员认知力。向外向上借力，给领导培训信息化建设内在规律，给各级机构培训信息化顶层设计思想，给业务部门培训信息化需求构成、编码标准价值和应用推进策划方法论，给用户培训操作方法，开展内部员工信息化知识培训取证，实行持证上岗；三是利用企业内部培训系统、即时通信平台、微信、报纸、刊物、网站等交流平台推送信息和报道；召开项目启动、需求研讨、试点运行、上线推进、经验交流、业务工作专题会等各类会议，渗透信息化知识；开展信息化知识竞赛、技能比武、案例观摩等活动，全方位地营造信息化建设的良好氛围；四是提升专业技术支撑能力，通过信息化技术手段的移动终端自动推送功能，提升各级领导层的认知力，通过统一管理、统一标准、统筹协调、统筹建设，提升信息化纵向专业队伍和业务横向兼职团队认知力。

4　结语

通过 20 来年信息化从业的经历，本人越来越清晰地意识到提升各类人员信息化认知力是战胜信息化建设困难的源头，只有文化相同，上下一心，才能"其利断金"，实现企业生产过程自动化、管理方式网络化、决策支持智能化、商务运营电子化，不断提高生产、经营、管理、决策的效率和水平，进而提高企业经营效益和市场竞争力，共同推动建筑企业信息化快速前进。

建筑行业集团信息化实践与思考

中国建筑第五工程局信息中心主任　文章英

（2019 年 6 月）

从 2014 年《全国工程建设行业信息化发展报告》分析来看，工程建设行业信息化伴随改革开放和全球信息化浪潮，施工企业逐渐认识到信息化是提升企业综合实力的必由之路，通用信息技术、计算机辅助办公、专业工具软件、部门级业务管理子系统已得到了成熟应用，但施工企业核心业务信息化应用及标准化与信息化的融合度还不够。根据专家的分析判断，整个行业信息化由"部门级"系统应用，过渡到"企业级""集团级"系统应用，达到数据贯通、横向集成的一体化应用目标，还需要较长的过程。如何抓住施工企业核心业务，遵循信息技术与管理的本质特性，使标准化与信息化两者深度融合，是施工企业信息化建设与推进的难点和关键。

1　标准化与信息化"两化"融合是关键

标准化与信息化都是管理的手段，两者有着本质的联系，但也存在较大的差异，要做到两者的深度融合还必须充分理解两者内在的关系。

1.1　"两化"内容的理解

标准化理解为企业的生产经营过程中每项业务活动制定的规则，是共同遵守的办事程序和行为准则，由一个个制度组成，随着管理的精细化程度不同，规范的内容细度也不一样。但主要包括职责、流程及工作记录表单附件等内容，所有制度最终由人来执行，具有一定的灵活性与独立性。而信息技术是二进制逻辑，具有定量化与程序化的特点，关联的每项业务活动在系统中具有较强的关联性与系统性。系统内容必须具体量化，由权限、基础档案、单据、业务流程、审批流程、台账与报表组成，根据事先设计的模型由计算机来执行完成。

1.2 "两化"实施的路径

实现两化融合的路径是"标准表单化、表单信息化、信息集约化"。标准表单化是将标准化制度内容逐步量化，逐一分解成计算可识别的语言，将制度数据化、表格化、流程化的过程，是优化与细化的过程。通常来说，制度的"管理职责"化为信息系统的不同岗位、不同角色赋予不同的权限；"制度流程"要划分为信息系统的业务流程与工作审批流程，业务流程是业务活动上必须先做什么再做什么的流程，而工作审批流程是运行过程管控流程，具体说由哪些岗位审批的过程。如物资管理流程先有总控计划再有月度计划再到需用计划、采购、入库、出库、结算、支付等这个过程为业务流程，具体总控计划由哪些岗位进行审批把控为工作审批流程，业务流程与审批流程在信息系统中有不同的处理方式，业务流程的标准化程度较高相对固定于系统，而工作审批流程个性化程度较高，可灵活配置；"制度工作表单"即附表要化为系统输入的单据与系统自动生成输出的台账与报表；制度中的相关分类等数据标准用信息系统的基础档案数据来定义与配置。表单信息化是利用信息技术将制度分解后的基础档案、单据、流程及台账报表设计开发形成系统的过程。系统形成后制定一套使用系统的应用规范，规范明确了哪些工作在线上做，哪些工作线下做，并且解决了线上和线下的工作做成什么样，谁做，什么时候做，怎么做的问题。通过应用规范进一步明确了管理标准、组织的职能与岗位职能及工作流程，促进了标准化真正落地。信息集约化是利用信息技术数据处理的方式将企业管理过程中产生的分布在不同系统与模块中的数据分级、分类集中处理与加工，最终服务于不同层面的生产经营。中建五局已完善系统基础标准 55 种，业务单据 307 张，流程表单 208 张，台账报表 213 张。通过表单信息化的过程将管理表单固化于信息系统，优化了局管理信息化集成系统，驱动标准化落地，巩固标准化成果，实现精细化管理，推动了从局到项目纵向标准化的优化、流程的简化。

1.3 "两化"管理的变革

"两化"关键在于"融"，融不是将制度在信息系统中直接反映出来，是两者创新与变革结果，管理结果 1+1 ＞ 2。一是思维观念的变革。管理信息化过程就是实现信息技术与管理工作结合的过程。将管理工作用信息化的语言表达出来，就要求软件提供商了解企业的管理思路和模式，而企业也要了解信息技术，从提高效率、效益、效果目的出发去构建管理信息系统，这就要求我们要从管理和信息技术两个角度去理解信息化工作。信息化实施的过程是一个边施工边设计的过程，是一个以制度为"图纸"深化设计、优化流程与管理的过程。从这个层面上说，信息化过程是一个对信息化的思想重新认识的过程。二是管理方法的创新。管理信息化是实现企业管理的工具，工具的使用要以提高办事效率、加强管理、解放生产力为目标，不是线下的工作搬到线上处理的过程，要实现这一个目标需方法创新。企业如果基于传统的管理模式去建立信息系统，所能得到的好处非常有限，而只有通过充分利用信息技术建立新型管理模式，才能够得到最佳解决方案。如，在施工项目管理中，有相当一部分单位已使用了各种软件，把原来用手工填写的表格，现在用计算机来输出；原来需要计算器计算的现在有计算机计算。在这种情况下，"只不过是简单地从纸上搬到计算机上"，为项目的运营管理带来的价值微乎其微。信息系统中也存在同样的问题，部分业务线把传统管理模式的流程整理出来，再硬搬到信息系统中实现，这样致使流程达到十几甚至几十个节点，在这种情况下，虽实现了信息的存储、信息的查询、信息自动处理，但增加了过程处理的周期，反而增大了大家的工作量，提高不了企业管理的效率。传统的管理方法为了控制过程的各种风险增加过程环节的管理，如果利用现代信息技术实现工作流程的可视化、实时记录、跟踪和控制，过程中的传递的节点可以让计算机来完成，完全可以优化过程流程从而达到管理与效率的提高。信息化实施的过程也是企业管理流程再造的过程。三是工作习惯的改变。传统的工作方式用笔手写，而今天所有的工作用电脑手输入指令完成，传统方式的资料分类整理、查找都由人工完成，而现在有了信息化只需点输入关键字，查找的工作由计算机完成，领导所需要的分析报表传统的方式由人工统计完成提交给领导，而有了信息化各类数据都在系统中，领导要分析统计数据，只需输入查询条件由计算机自动查找完成。这些都需要我们工作习惯做出改变才能真正发挥信息化的作用。如，开机先上平台，要事、急事优先处理；本机不需保存很多文件，数据中心查询很方便；收发文件实现上下互动；传递内部资料在平台上直接建群组即可等。部门之间、上下级之间的工作部署更透明。信息化为各项工作办理过程实现了"有据可查"，工作皆可追溯。集团内部资源共享更加高效，如各种文档，可以通过借阅、传阅等方式共享。

2 综合项目管理信息化是核心

项目是建筑施工企业的产品，是主要利润来源，是企业运营管控的对象，是建筑施工企业一切管理工作的出发点和落脚点。但每个工程项目产品标准都不一样，如何从中找出管理的共性，逐一量化，是实施信息化的关键。建筑项目管理信息化始终围绕项目生命周期，以合同为主线，以项目经济活动为重点，以管理活动为支撑分段、分类架构。

（1）项目生命周期划分两个阶段：从项目信息跟踪、立项、招投标到中标为市场营销阶段，从项目合同签订、策划、分供方选择、结算、支付、财务核算到竣工验收为项目生产阶段。两个阶段相互关联，在实施系统时抓住这一变化周期设计系统功能模块。

（2）项目经济活动主要包括市场营销阶段以客户关系、招投标管理为重点，生产阶段以项目成本为中心，重点实现项目策划、合同管理、收入管理、供方管理、物资管理、成本管理及支付管理等，这是实施信息化的核心业务，充分利用计算机结构化数据的技术设计系统。中建五局综合项目管理系统贯彻落实项目成本管理方圆图的理念，实现客户基本信息、客户评估、客户回访、

客户合作等基本情况的管理，实现市场、合约、工程三线联动；实现局战略
客户、重要客户、一般客户及项目 A\B\C 分类管理；实现从项目立项、投标、
招标全过程管理，并实现全局投标数据进行汇总、分析。实现了合同（总承
包及支出类）基本信息、合同评审及签订到结算、支付的过程管理，实现项
目预算、过程签证索赔、过程产值报量到收款管理的过程管理；实现了供方
招议标过程管理；实现了物资计划、物资入库、出库、结算、支付过程管理，
设备租赁从设备进场、退场、租赁费用计算、结算、支付过程管理；实现了
从责任书下达、实际成本分析的三算对比过程控制管理；实现了人工费、材
料费、机械费、周材费、现场经费、分包工程费等五大费用的管理。各类业
务既具有独立的管理过程，又有相互关系、数据共享。项目经济活动生产阶
段以合同为起点，以商务分析及财务核算为终点。重点把控合同、结算及支
付三个管控环节，利用信息技术实现结算必须参照合同、没合同不能结算，
支付必须以结算为依据，不能超合同付款比例支付。各个环节相互关系，相
互联查，为过程管控服务。

（3）管理活动信息化主要包括项目策划、施工现场、项目文化以及文件资
料等管理。可采用计算机非结构化数据处理技术。因此重点架构项目资料管理、
项目知识空间以实现项目过程资料的统一管理，同时加强对项目现场人员每天
工作的监督管理；架构了协同办公、远程监控系统以实现项目与公司及局三级
协同，加强公司或局层面对项目策划、方案、现场管理的实时管控，使法人管
项目得到具体落实。

3 业务财务资金一体化是重点

建筑施工企业业务财务一体化是收入与成本业务结算后自动生成财务凭
证，业务财务资金一体化是商务结算后在线完成资金收付业务再自动生成财
务凭证。商务、财务、资金业务相互联系，通过财务凭证可以在线追溯业务
过程，同时在处理业务过程时可以联查财务凭证，自动生成的凭证经审核后
生成财务账簿最终反应项目管理的经营结果。业务财务资金一体化是通过商

务成本科目与财务核算会计科目口径统一，用财务核算、资金支付倒逼业务过程规范、数据精准达到精细化管理。

3.1 业务财务资金一体化内容

财务是最终反应经营业务管理的结果，在分析业务财务资金一体化内容时从财务核算会计科目分析出相关商务业务活动，再通过业务活动确定综合项目管理系统相关业务单据。即包括涉及建筑收入与成本的14类业务单据，主要包括建筑合同收入、合同保证金、甲方产值报量、分包结算、周材租赁、设备租赁、物资入库与出库等。

中建五局在实施业务财务资金一体化的过程中不但实现了全收入与全成本核算的一体化，而且通过实施财务资金过程管控信息化，开发应用了项目"一单四用"表，即通过"项目用款额度审批表"（即"一单"）的审批，实现物资采购款、分包租赁款、项目现场经费的付款审批；实现项目资金的分资制核算；实现项目现金、利润、债权、债务、库存等运营数据的实时准确反映；实现对项目财务状况的监督等四项管理功能（即"四用"）。通过实施"收付"业务流程信息化，促进了收支两条线，资金集中管理有效落地。

3.2 业务财务资金管理标准

实现业务财务资金一体化，各类经营活动能自动生成财务凭证，必须要统一相关业务标准。从施工企业项目经营活动反应项目财务凭证可以分为两类凭证：一类是以收入与成本相关的反映企业经营成果的凭证，另一类以收付业务相关的反映企业资金状况的凭证。收入与成本类业务主要以统一商务成本科目与财务会计科目，收付业务主要统一资金活动项与财务科目。标准的统一并不是完全相等，主要是统一口径，从商务、财务、资金不同业务管理的要求分析，也不可能完全相同，但最终都是反映项目真实的经营成果，在人工费、机械费、材料费、分包费、周材费五类费用上统一，但要实现这一成果，必须统一科目最末级之间对照标准，形成统一模板。

4　集团一体化管控是目标

集团管理信息化的目的是打破集团内部组织边界，实现数据共享与管理高效协同，提高工作效率，为集团运营管控服务。在实施信息化时，要厘清不同组织的管理职能、分级分类系统架构。

4.1　集团组织管理职能与权责

根据建筑施工项目法人管项目的特点，集团化企业主要由集团总部、子公司或分公司及项目三个层级进行管理。集团总部的职级主要以制定战略与运营控制为核心的管控，对分子公司指标的监控、负责对各分子公司审计监察与业绩考核，重点实现人、财、物及信息的管理。分子公司是连接总部与项目的纽带，在总部的战略指引下，形成各自的战略与经营计划，对项目进行有效的管理。其主要职能是业务管理和运营协调，行使业务决策、业务管理及本单位信息管理，直接参与对项目的管理。在总部统一标准管控条件下充分发挥个性管理。项目最基本单元，是利润的主要来源，是成本中心，主要是业务运作为主要职能，重点对项目业务过程的管理。

4.2　集团一体化系统架构

建筑集团一体化系统错综复杂，又缺乏信息技术与专业人才，绝大多数企业选择专业的软件服务商提供服务，采用"平台＋产品＋二次开发"的建设模式。但软件服务商的产品为适应不同类型的企业，产品独立灵活、针对性强，在实施的过程中要结合不同类型的企业进行系统设计与重组架构。建筑行业软件除了CAD制图、预算等工具类软件外的管理软件可划分为业务系统类（人力资源、财务管理、资金管理、综合项目管理系统）、数据统计分析类（报表、决策系统）及办公软件类。其中业务系统主要是解决业务办理、过程管理，业务逻辑关联较强，但数据统计功能相对较弱；数据统计分析类系统具有较强的数据抽取计算，灵活的统计分析功能，没有业务过程管理流程；办公软件类具有较强的流程引擎功能，有业务管理过程但关联性较弱，统计功能较弱。因此，建筑集团一体化系统在架构时要充分了解各产品与组织管理职能的需求，系统设计与架构。

中建五局是项目、分子公司到集团总部三层级组织管理模式，在一体化系统采用分级分类系统架构。整个系统基于一个统一的平台、统一的数据标准基础上，在项目层面重点架构综合项目管理业务系统；分子公司与总部层面主要架构人力资源、财务管理、资金管理业务系统及报表管理、决策分析系统；不同层面架构办公软件协同平台及档案系统，实现业务管理与运营分级管控相结合，实现总部、分子公司、项目三层级纵向与部门之间横向协同。

项目层面规范业务办理：主要以项目成本管理为中心，包括招投标、合同、责任书、进度、收入、人员、财务、资金、物资、设备、分包、机械、周材等主要业务的管理，实现项目成本、分包与材料的结算支付、人工等费用的动态管理。

分子公司层面强化过程管控：能更全面、有效地掌握项目过程运行状况，降低管理风险；并更方便、快捷地为项目提供服务，提高管理效率。比如公司商务人员随时随地通过系统全面地了解具体每个项目总承包合同的执行与收入情况、分包、物资、租赁等支出类合同的执行、结算、支付情况，并对项目成本进行分析，到现场更能找准问题，深入分析，实现对项目成本更精细化管理。

集团层面决策层精准掌控：以项目经济运行数据为基础，项目经理、公司和局领导实时、全面、准确地掌控公司与项目在人员、成本与财务资金等方面的运营状况与风险，提高集团对公司与项目的管控与服务。并利用系统统计、预警功能，实现数据分析与风险自动预警，更能有针对性地服务各公司与项目，更好地为集团创造价值。并通过预警提示能随时随地通过系统全面了解具体每个项目的过程管理。

4.3 集团一体化系统部署方式

集团一体化系统在部署方式上通常采用集中、分布与集中相结合的两种方式。集中部署方式通常在集团统一数据库下部署同一套系统，内部不同公司或项目都使用同一系统，对业务标准化程度要求较高；分布与集中部署相结合的方式指集团制定统一的数据标准，内部不同公司架构相同或不同的软件系统，然后通过报表或决策分析系统从各组织单位系统中抽取数据进行分级汇总，实现集团上下纵向与部门之间横向数据互通的模式，满足集团数据集成一体化管控需要，项目或公司之间可存在较大的个性化业务管理。

对于大型集团建筑企业可采用分布与集中相结合的方式。在集团总部统一编码体系，对核心的业主、财务等数据进行统一管控和集中管理，对于一些下属单位具体业务办理所使用的细节信息，是可以采用本地化部署的，集团统一管理的数据库定期同步实现数据仓库的集成。应当是兼顾效率和集团管控的更加可行的方法。对于一些细节性的信息或业务，是集团根本不需要看，也无人去关注的，则没有必要盲目追求系统的大集成与数据的大集中。否则，会造成信息系统使用效率的下降，对互联网带宽需求的提高，从而增加不必要的信息化投资。集成与分布要与实际的管控结合，要把好尺度，并不是集中一定比分布好，反之也不成立，集团一体化系统的部署方式应该根据自身的管理职能选择合适的部署方式。

而对于规模还不算大，标准化程度较高、总部参与具体业务监控或过程管理的中建五局来说，核心业务在局层面采用集中部署的方式较为合适。五局管理信息化集成系统，是一套基于局层面物理与逻辑集成，数据与业务集成，全局只有一套系统，一个数据中心，共享一套55项主数据，一个人只有一个用户名与密码。系统有业务过程管理，并且市场、商务、资金等不同业务与财务高度集成。通过报表决策分析系统，建立公司与局管控指标体系，规范了数据分类与编码标准。利用信息集约化实现数据一次录入，分级汇总分析、数据源头来、报表业务来、决策系统来，服务于局管控，服务于公司及项目不同层面、不同业务运营管理。在公司及局层面实现了市场台账、营销商务台账及项目过程运营实时管控台账，规范项目管理指标178个。实现自动取数项目级报表48张，公司级报表29张，局级报表46张，实现了人力资源员工队伍结构、关键人才、人员异动情况分析，确定了项目15个预警指标，并且利用"红、黄、蓝、绿"灯自动预警，加强项目风险管控。标准化、信息化、实际业务三者深度融合的管理工具。

基于流程的多业态集团型建筑企业资金监控系统设计与实现

安徽建工控股集团副总工程师兼信息部主任　吴红星
（2019 年 6 月）

1　背景与现状

　　多业态集团型建筑业企业就资金管控来说，主要有以下难点：一是所属单位分、子公司数量众多，管理层级多达三级、四级甚至五级；二是业务涉及房建、市政、桥梁、水利、能源、交通、环保及城镇基础设施等各种领域，管理模式、管控特点各不相同；三是所属单位施工项目数量众多，开工、交（竣）工频繁；四是集团层面管控需求与子分公司管理需求以及施工项目部的管理需求出发角度不同；五是手工、半手工模式下管理信息传递、报送过程中，存在信息失真、滞后、丢失等情况，导致管理层、领导层决策失误的情况时有发生。随着集团层面不断要求加强资金管理与监控，防范和化解集团公司重大资金风险，亟须建立一套符合多业态集团型建筑业企业自身管理需求的资金监控系统。目前，集团型建筑业企业对资金的管控大多停留在通过财务核算系统提供的报表来实现，施工项目部、各子分公司的各层级分别建立核算账套，独立动作，手工收集信息，逐级统计上报，时效性、准确性及精细化程度达不到要求；各级领导层、管理层无法了解各个具体项目的真实运营状况，当资金出现较大偏差时，无法追究具体原因和相关责任人；对于各子分公司制定的年度计划无法进行合理性分析及与历史对应数据比较等。

目前对现有资金管理信息系统的研究和应用基本上有两种做法：一是和银行做接口；二是和核算系统做接口。但是这两种方法都存在问题，第一种方法主要存在以下两个问题：第一个和银行接口主要问题是银行的数量太多，无法清理银行账户归集到固定的几家银行账户，第二个问题是资金监管账户无法通过接口解决；第二种方法主要存在以下两个问题，第一个是制单不及时，第二个是资金支付审批和核算系统不关联，导致支付和记账两张皮等。本文在研究相关文献基础上，结合企业实际现状，对目前集团型企业资金管理信息化，尤其是多业态集团型建筑业企业的资金管理信息化建设进行分析与研究，并提出建立了一套基于流程的多业态集团型建筑业企业资金监控系统。

2　实现的思路

基于流程的多业态集团型建筑业企业资金监控系统，按照"制度变为流程、流程体现岗位、岗位产生数据、数据决定行为"的思路，紧密结合集团层面、子分公司层面、工程项目部层面管理要求，借助信息技术手段小到对单个工程项目、大到对集团所有工程项目进行全生命周期管理，并进行分权多组织的信息化管理及集中化展现。通过流程穿透到子分公司以及项目部，将相关数据通过相应的流程进行信息审核并流转至相应的组织。对这些第一手的原始数据资料，进行一系列的信息收集、整理、处理、加工、分析，最终以报表及图形的形式展现出来。这些报表可以让集团层面的决策层能够依据形象化、真实、可靠的资金数据进行及时、准确的决策，各个职能部门以及子分公司的管理层有信息化模式下清晰、明确、安全的管理方式，项目部层面的执行层能够在信息化手段的严格监督管控下履行岗位职责，人人有事做，事事可追溯。与此同时，在当今移动互联的时代，移动端 APP 的同步实现已成为企业提高生产经营效率，提升管控层次的重要手段。

基于流程的多业态集团型建筑业企业资金监控系统需要从集团领导层、各子分公司级管理层、施工项目部执行层的不同管理需求出发，对资金运作全过程进行管控。由于集团层面所属子分公司众多、业务类型不尽相同，因此需要在管理信息系统内进行业务数据、具体信息、报审流程、业务报表等标准化、统一化、规范化、移动化处理，达到对全集团资金实时、全面、准确管控的效果，满足复杂的资金管理需求。系统内所有管理过程除了在信息收集阶段需要手工操作外，全过程流程电子化流转，杜绝信息流转过程中人工处理的种种弊端。进一步，能够通过多业态建筑集团基于流程的资金监控系统完成对集团资金运作的数据分析、信息挖掘、监管共享、风险监测、决策支持，实时了解整体资金总量及分布情况，重点做好对大额资金支付或银行贷款进行监控，以此更好地防范集团公司存在的资金风险，确保集团公司资金领域不出现重大系统性风险，实现集团公司健康平稳发展。

3 具体实现方法

基于流程的多业态集团型建筑业企业资金监控系统以资金活动审批流程为抓手，实现借款、报销、支出等全过程流程管控，自动生成会计记账凭证附件，使凭证能够及时录入、审核，按月记账，以报表及图形的形式实时展现整体资金总量及分布情况，重点做好对大额资金支付或银行贷款的监控，实现集团公司资金监控管理。

3.1 流程及表单设计

针对资金管控要求并结合设计的资金活动审批要求，重点设计借款申请、费用（资产类）报销、差旅费报销、银行账户管理、财务资金计划、银行信贷/保函办理、增值税开票、资金支付、财务业务放款等流程。

一是借款申请流程类表单，具体包括：编号、日期、借款部门、借款人、借款方式、借款用途、是否培训学习与出国（境）等、收款单位名称、收款单位账号、收款单位开户行、借款金额（元）、预算情况、说明、相关流程、相关附件、部门负责人、部门分管领导等。

二是费用（资产类）报销流程类表单，具体包括：编号、开支项目、附单据张数、附件张数、报销总金额（元）、其中增值税专用发票税额（元）、报销部门、报销人、日期、说明、资产及费用预算情况、是否培训学习与出国（境）等、是否领导班子报销、相关流程（请示）、相关附件、报销部门负责人、使用部门负责人、报销部门分管领导、使用部门分管领导；明细型包括：费用类型、说明、单据张数、金额（元）、其中增值税专用发票税额（元）等。

三是差旅费报销流程类表单，具体包括：报销部门、报销日期、附单据张数、附件张数、出差人姓名、事由、原借支金额、核销金额、退补金额、报销总金额（元）、其中增值税专用发票税额（元）、预算情况、是否领导班子出差费用、是否培训学习与出国（境）等、相关流程、相关附件、部门负责人、部门分管领导、报销人、说明；明细型包括：起始日期、起程地、到达日期、到达地、车船票、餐饮补贴人数、餐饮补贴天数、餐饮补贴金额、交通补贴人数、交通补贴天数、交通补贴金额、通信补贴人数、通信补贴天数、通信补贴金额、行车补贴人数、行车补贴天数、行车补贴金额、住宿费人数、住宿费天数、住宿费金额、其他费用摘要、其他费用金额、累计金额、其中增值税专用发票税额（元）等。

四是银行账户管理流程类表单，具体包括：申请人、申请日期、开户单位性质、开户单位名称、开户单位地址、开户单位邮编、开户单位负责人、开户单位财务负责人、中标项目名称、中标金额、计划施工开始时间、计划施工结束时间、开户类别、开户银行名称、开户银行所在地、账户类别、币种、账户性质、账户核算、开户理由、相关附件等。

五是财务资金计划审批流程类表单，具体包括：编号、日期、经办会计、经办单位负责人、经办单位、资金计划批次、资金计划附件、是否工程部负责人审核、分管领导、备注、管理模式、分公司负责人等。

六是银行信贷／保函办理审批流程类表单，具体包括：编号、申请人、申请单位（部门）、申请单位（部门）负责人、工程名称、经营类别、证明金额、证明类型、受益人名称、是否从基本账户出具、备注、招标文件和合同文件附件、文本格式（需填好内容）、中标通知书等。

七是增值税开票审批流程类表单，具体包括：附报资料及说明、编号、申请人、经办单位负责人、项目名称（填写会计账套全称）、工程所在地、计税方法、税率、本次业主计量金额（元）、本次计量期数及时间、发票类别、业主名称、付款方与业主是否一致、合同总价、本次不含税开票金额（元）、税额、本次开票是否有分包、本次开票分包价税合计金额、开票信息—名称、开票信息—纳税人识别号、开票信息—地址电话、开票信息—开户银行、开票信息—账号、业主计量支付证书复印件、项目业主计量支付证书复印件所在地国税预缴增值税完税证明复印件、项目所在地地税缴纳的增值税附加费复印件、本次开票分包相关资料（合同、税票、台账等）、是否已交印花税、是否财务总监审核、是否快递、快递地址（包括地址＋联系人＋联系电话）等。

八是资金支付审批流程类表单，具体包括：所在项目公司全称、资金支付申请部门、申请日期、资金支付类别、支付内容、收款单位名称、付款金额（小写）、支付情况说明、相关附件、付款日期、是否需要相关部门审核、相关部门、所在项目公司综合部负责人、所在项目公司财务部出纳、所在项目公司财务总监、所在项目公司分管领导、所在项目公司负责人、所在项目公司董事长等。

九是财务业务放款审批流程类表单，具体包括：借款人、借款金额、已提款金额、本次提款金额、预约提款日期、还款到期日、借款人户名、账号、开户行、附件、放款时间、是否总经理审批等。

3.2　系统流程开发

一是借款申请流程，以机关借款申请流程为例，涉及的流程节点有：借款人发起借款申请、部门负责人核准事项、财务资产部主管核准、财务资产部负责人审核、部门分管领导审批、财务资产分管领导审批、总经理审批、财务资产部主管复核打印、财务资产部出纳借款、归档等。其流程图及操作界面设计如图 1 所示。

机关借款申请流程

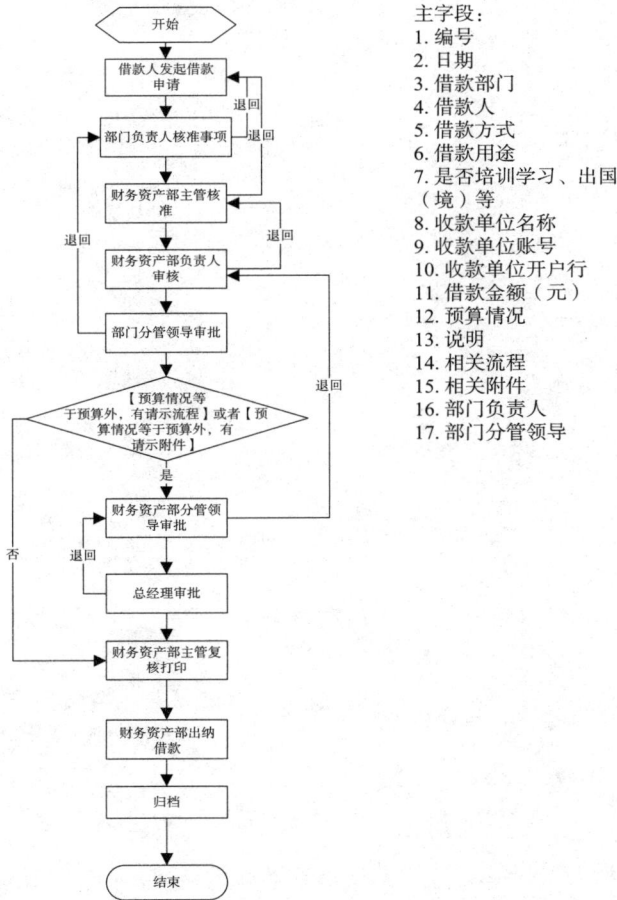

主字段：
1. 编号
2. 日期
3. 借款部门
4. 借款人
5. 借款方式
6. 借款用途
7. 是否培训学习、出国（境）等
8. 收款单位名称
9. 收款单位账号
10. 收款单位开户行
11. 借款金额（元）
12. 预算情况
13. 说明
14. 相关流程
15. 相关附件
16. 部门负责人
17. 部门分管领导

图1　机关借款申请流程图

二是费用（资产类）报销流程，以机关费用（资产类）报销流程为例，涉及的流程节点有：报销人填写报销凭证、报销部门负责人核对事项并在凭证上签字、使用部门负责人确认、财务资产部主管核查票据、财务资产部负责人审核、使用部门分管领导审核、报销部门分管领导审核、财务资产分管领导审批、总经理审批、董事长终批、财务资产部主管复核打印、财务资产部出纳结算、归档等。其流程图及操作界面设计如图2所示。

机关费用（资产类）报销流程

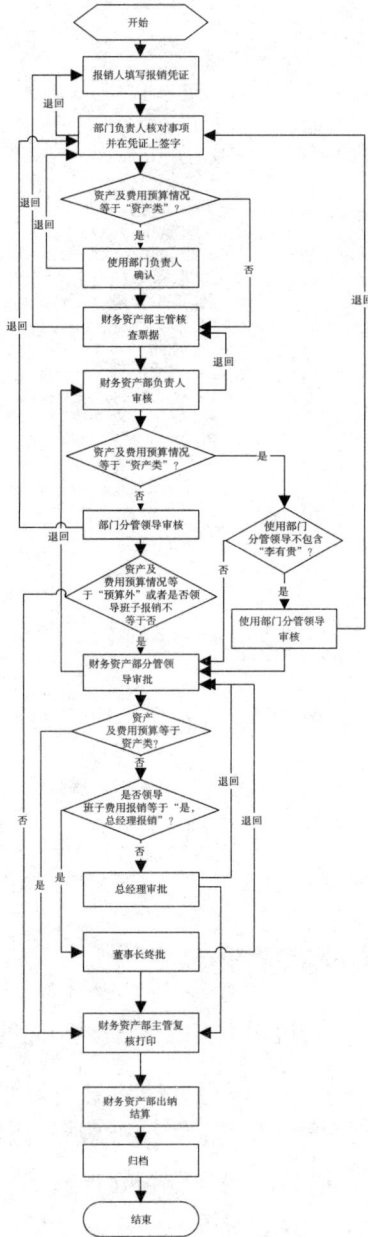

主字段：
1. 编号
2. 开支项目
3. 附单据张数
4. 附件张数
5. 报销总金额（元）
6. 其中增值税专用发票税额（元）
7. 报销部门
8. 报销人
9. 日期
10. 说明
11. 资产及费用预算情况
12. 是否培训学习、出国（境）等
13. 是否领导班子报销
14. 相关流程（请示）
15. 相关附件
16. 报销部门负责人
17. 使用部门负责人
18. 报销部门分管领导
19. 使用部门分管领导

明细字段：
1. 费用类型
2. 说明
3. 单据张数
4. 金额（元）
5. 其中增值税专用发票税额（元）

图2　机关费用（资产类）报销流程图

三是差旅费报销流程，以机关差旅费报销流程为例，涉及的流程节点有：报销人填写差旅费报销单、部门负责人核对事项、财务部主管核查票据、财务部负责人审核、部门分管领导审批、财务总监审批、总经理审批、董事长审批、财务部主管复核打印、财务部出纳结算、归档等。其流程图及操作界面设计如图3所示。

机关差旅费报销流程

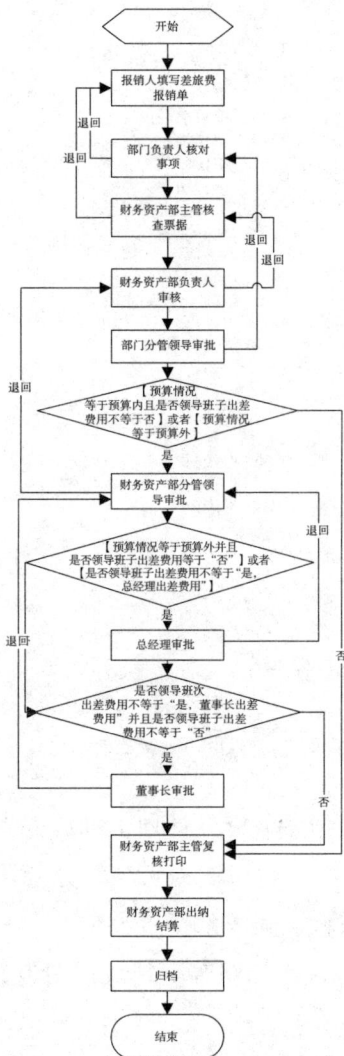

主字段：
1. 报销部门
2. 报销日期
3. 附单据张数
4. 附件张数
5. 出差人姓名
6. 事由
7. 车船票小计
8. 餐饮补贴小计
9. 交通补贴小计
10. 通讯补贴小计
11. 行车补贴小计
12. 住宿费小计
13. 其他费用小计
14. 原借支金额
15. 核销金额
16. 退补金额
17. 报销总金额（元）
18. 其中增值税专用发票税额（元）
19. 预算情况
20. 是否领导班子出差费用
21. 是否培训学习、出国（境）等
22. 相关流程
23. 相关附件
24. 部门负责人
25. 部门分管领导
26. 报销人
27. 说明

明细字段：
1. 起始日期
2. 起程地
3. 到达日期
4. 到达地
5. 车船票
6. 餐饮补贴人数
7. 餐饮补贴天数
8. 餐饮补贴金额
9. 交通补贴人数
10. 交通补贴天数
11. 交通补贴金额
12. 通讯补贴人数
13. 通讯补贴天数
14. 通讯补贴金额
15. 行车补贴人数
16. 行车补贴天数
17. 行车补贴金额
18. 住宿费人数
19. 住宿费天数
20. 住宿费金额
21. 其他费用摘要
22. 其他费用金额
23. 累计金额
24. 其中增值税专用发票税额（元）

图3　机关差旅费报销流程图

315

四是银行账户管理流程，以子公司银行账户管理流程为例，涉及的流程节点有：申请人提出申请、申请单位负责人审核、财务部经理审核、财务总监审批、申请人办理、财务部主办人复核、归档等。其流程图设计如图4所示。

子公司公司银行账户管理流程

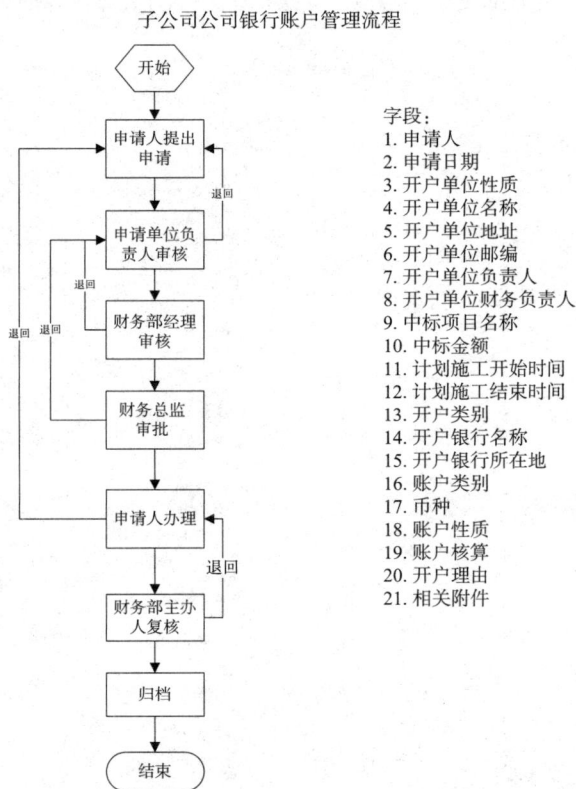

字段：
1. 申请人
2. 申请日期
3. 开户单位性质
4. 开户单位名称
5. 开户单位地址
6. 开户单位邮编
7. 开户单位负责人
8. 开户单位财务负责人
9. 中标项目名称
10. 中标金额
11. 计划施工开始时间
12. 计划施工结束时间
13. 开户类别
14. 开户银行名称
15. 开户银行所在地
16. 账户类别
17. 币种
18. 账户性质
19. 账户核算
20. 开户理由
21. 相关附件

图4　子公司银行账户管理流程图

五是财务资金计划审批流程，以子公司财务资金计划审批流程为例，涉及的流程节点有：经办会计发起申请、经办单位负责人审核、分公司负责人审核、公司财务部初审、工程部负责人审核、财务部负责人审核、分管领导审核、财务总监审核、财务部经理定编确认、归档等。其流程图设计如图5所示。

子公司财务资金计划审批流程

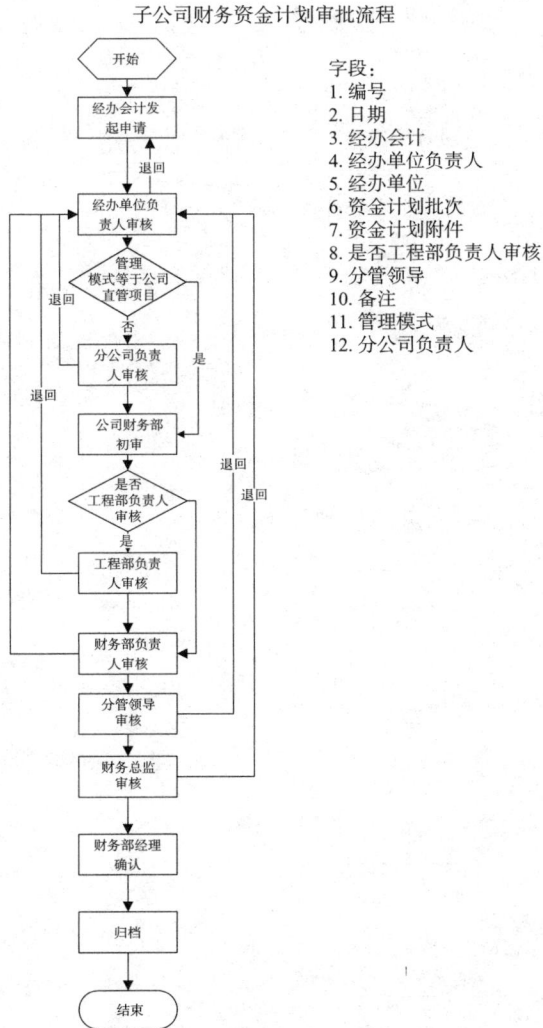

字段：
1. 编号
2. 日期
3. 经办会计
4. 经办单位负责人
5. 经办单位
6. 资金计划批次
7. 资金计划附件
8. 是否工程部负责人审核
9. 分管领导
10. 备注
11. 管理模式
12. 分公司负责人

图5　子公司财务资金计划审批流程图

六是银行信贷/保函办理审批流程，以子公司银行信贷/保函办理审批流程为例，涉及的流程节点有：申请人发起申请、申请单位（部门）负责人审核、财务部经理审核、财务总监审批、经营分管副总经理审批、财务部副经理复核、财务部主办人办理、归档等。其流程图设计如图6所示。

子公司银行信贷/保函办理审批流程

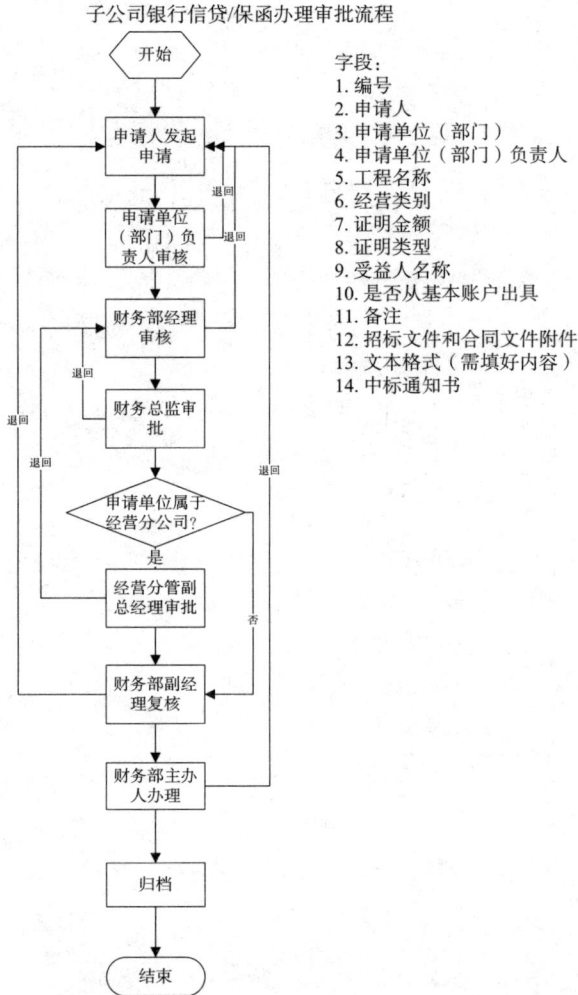

字段：
1. 编号
2. 申请人
3. 申请单位（部门）
4. 申请单位（部门）负责人
5. 工程名称
6. 经营类别
7. 证明金额
8. 证明类型
9. 受益人名称
10. 是否从基本账户出具
11. 备注
12. 招标文件和合同文件附件
13. 文本格式（需填好内容）
14. 中标通知书

图6　子公司银行信贷／保函办理审批流程图

　　七是增值税开票审批流程，以子公司增值税开票审批流程为例，涉及的流程节点有：主办会计发起申请、经办单位负责人审核、机关财务部初审、工程管理部负责人审核、财务资产部负责人审核、财务总监审核、机关财务部专员定编、归档等。其流程图设计如图7所示。

子公司增值税开票审批流程

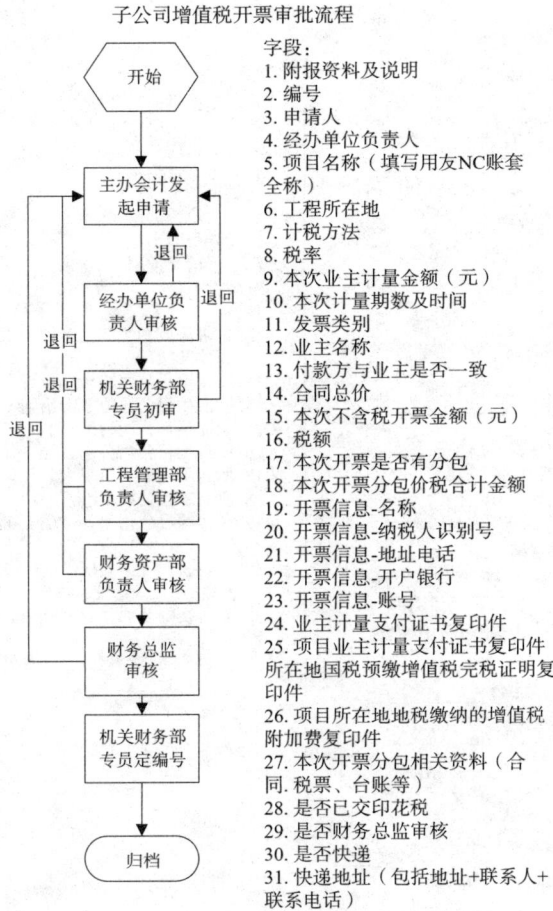

字段：
1. 附报资料及说明
2. 编号
3. 申请人
4. 经办单位负责人
5. 项目名称（填写用友NC账套全称）
6. 工程所在地
7. 计税方法
8. 税率
9. 本次业主计量金额（元）
10. 本次计量期数及时间
11. 发票类别
12. 业主名称
13. 付款方与业主是否一致
14. 合同总价
15. 本次不含税开票金额（元）
16. 税额
17. 本次开票是否有分包
18. 本次开票分包价税合计金额
19. 开票信息-名称
20. 开票信息-纳税人识别号
21. 开票信息-地址电话
22. 开票信息-开户银行
23. 开票信息-账号
24. 业主计量支付证书复印件
25. 项目业主计量支付证书复印件所在地国税预缴增值税完税证明复印件
26. 项目所在地地税缴纳的增值税附加费复印件
27. 本次开票分包相关资料（合同、税票、台账等）
28. 是否已交印花税
29. 是否财务总监审核
30. 是否快递
31. 快递地址（包括地址+联系人+联系电话）

图7　子公司增值税开票审批流程图

　　八是资金支付审批流程，以子公司资金支付审批流程为例，涉及的流程节点有：创建人、相关部门审核、财务总监审批、分管领导审批、项目公司负责人审批、项目公司董事长审批、董事会/总经理办公会审议结果、投资公司总经理办公会审议结果、财务部出纳付款、归档等。其流程图设计如图8所示。

子公司资金支付审批流程

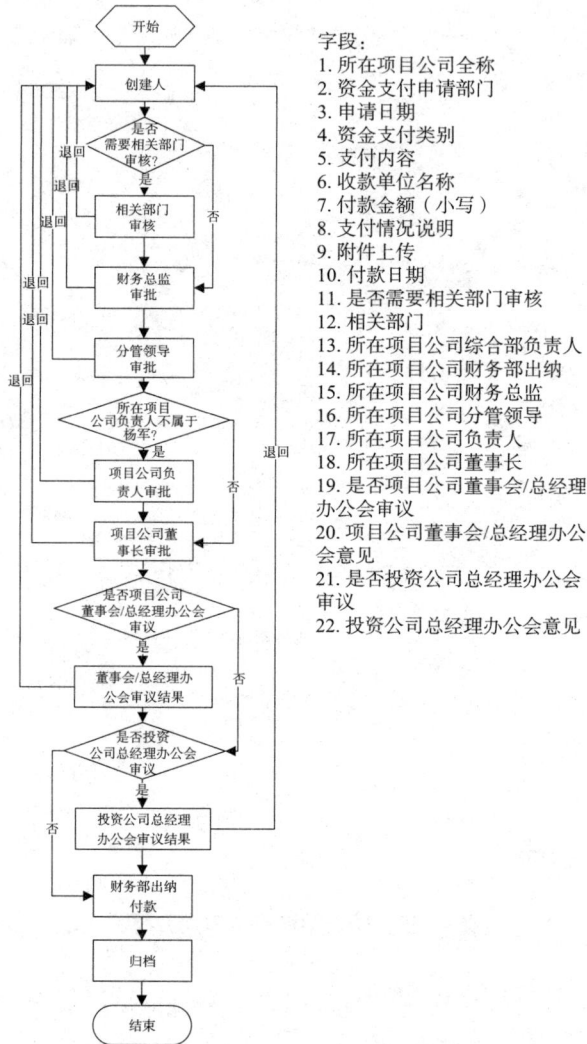

字段：
1. 所在项目公司全称
2. 资金支付申请部门
3. 申请日期
4. 资金支付类别
5. 支付内容
6. 收款单位名称
7. 付款金额（小写）
8. 支付情况说明
9. 附件上传
10. 付款日期
11. 是否需要相关部门审核
12. 相关部门
13. 所在项目公司综合部负责人
14. 所在项目公司财务部出纳
15. 所在项目公司财务总监
16. 所在项目公司分管领导
17. 所在项目公司负责人
18. 所在项目公司董事长
19. 是否项目公司董事会/总经理办公会审议
20. 项目公司董事会/总经理办公会意见
21. 是否投资公司总经理办公会审议
22. 投资公司总经理办公会意见

图8　子公司资金支付审批流程图

　　九是财务业务放款审批流程，以子公司财务业务放款审批流程为例，涉及的流程节点有：业务部经办人发起申请、业务部经理审批、业务部分管领导审批、总经理审批、财务部负责人审核、出纳办理放款、业务部归档等。其流程图设计如图9所示。

子公司财务业务放款审批流程

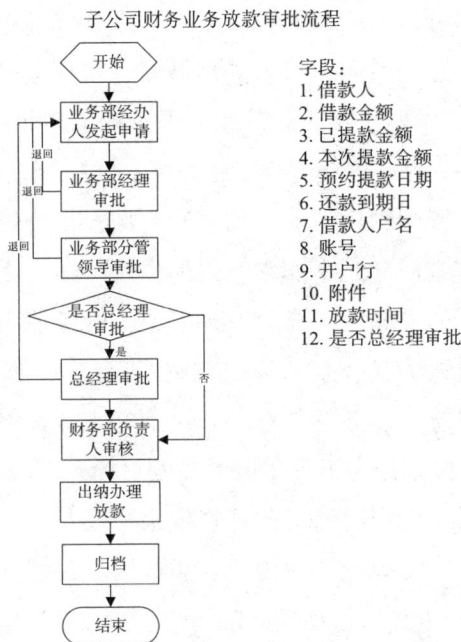

字段：
1. 借款人
2. 借款金额
3. 已提款金额
4. 本次提款金额
5. 预约提款日期
6. 还款到期日
7. 借款人户名
8. 账号
9. 开户行
10. 附件
11. 放款时间
12. 是否总经理审批

图9　子公司财务业务放款审批流程图

3.3　系统报表展现

在系统中开发了机关借款台账报表、机关报销费用汇总报表、资金形态日报表、资金银行分布情况日报表、其他货币资金分布情况日报表等。把这些报表嵌入在资金管理系统图形报表中，从图形系统中直接穿透。

4　效果

基于流程的多业态集团型建筑业企业资金监控系统，通过统一的表单字段、流程体系设置，实现了横向各子分公司之间、纵向各个管理层级之间的资金基础信息、审批信息、证明材料等相关信息的共享，确保了资金数据的及时性、准确性和安全性。在对比本日收入、本日支出等情况时，提供了监控功能，与计划额度允许范围限定有出入时，系统会自动提出预警，为管理者节约了大量的数据分析时间和管控成本。一系列管控电子流程、报表及图形的运用，全过程动态、透明、可追溯，督促分布在全国各地的项目部人员更加认真、细致、严谨地对待资金管理工作，杜绝了粗放管理、随意性强、数据编造等不良现象，提高资金管理工作效率，间接创造经济效益。

资金监控系统中资金管理类流程的上线启用，在合规合法性、审计稽查性、费用管控性等多方面起到了非常有效的作用。通过大数据的应用分析更能发现集团资金数据的关联性，充分发挥资金的管控能力。特别在三项费用的管理、资金预算管理，资金支付管理、应收款管理等方面产生数据联动效应，结合集团的黑名单系统、法务案件管理系统给集团资金保驾护航。数据中也体现了做得不好的单位，作为下一季度整改的目标。

通过资金监控系统应用提高了预算管理水平，对预算的编制提供了有力的支持，提升了资金使用效率。结构化、非结构化数据的采集有助于辨别事项的真实性，特别是同步开启移动端 APP 审批功能，通过电子化、移动化审核，杜绝了手工处理时人员不在岗、拖拉、推诿的现象，大大提高了效率。输出环节做到了信息的整合利用，相关报表实现了多维信息的随需查询和复杂信息的交互，并且进行可视化展现，使管理人员能够一目了然的掌握资金的整体情况。

施工企业云数据中心建设及应用

中建八局第一建设有限公司 CIO　张军

（2018 年 12 月）

近年来，随着云计算的成熟应用和企业数字化转型，越来越多的中国企业开始"拥抱"云计算服务，其中不乏优秀的建筑施工企业。

我公司作为中建八局二级单位中信息化领先单位，下属 15 个分公司，约 300 个在建项目，历来重视信息化建设工作。公司"十三五"规划中提出建成"一个中心，两个平台，四个系统"和着力打造"智慧工地"的工作目标，原本传统的信息化服务能力和管理模式已显得"力不从心"。因此，公司于 2018 年开展并完成了新一代云数据中心及云桌面建设工作，有力地支撑了公司"十三五"战略发展，实现了信息化管理升级，为公司数字化转型提供了基础条件。

1　规划设计

云数据中心建设内容主要包括：构建 IT 资源池、升级网信基础设施、部署桌面云和模块化中心机房。

1.1　虚拟化资源池设计

打破传统物理服务器边界，采用虚拟化技术构建统一的 IT 资源池，以实现 IT 资源灵活划分和集中管理，进一步提高 IT 资源利用率。

服务器虚拟化是数据中心的核心，其承担着数据中心"计算""存储"功能。对于虚拟化数据中心中的服务器，通常都是将相同或者相似类型的服务器组合在一起，安装云操作系统，使其计算资源能以一种虚拟服务器的方式被不同的应用使用，即所谓的虚拟化资源池。

国内成熟的云计算产品，主推超融合模式，但灵活性略有不足，我们仍采用服务器＋存储传统方式，以便后期根据业务实际情况灵活部署硬件设备。整体设计如图1所示，底层是各类服务器、存储和网络安全硬件，通过中间层的虚拟化技术破除边界整合资源，为应用层提供服务应用。

我们主要从评估现有信息资产占有情况、评估管理系统资源使用情况、虚拟化平台占用资源情况和每年按5%的资源增长等方面，预设虚拟化资源池容量。进行虚拟化的计算／存储服务时要求性能要高，我们主要看是否高主频、是否固态盘、支持预读等方面。

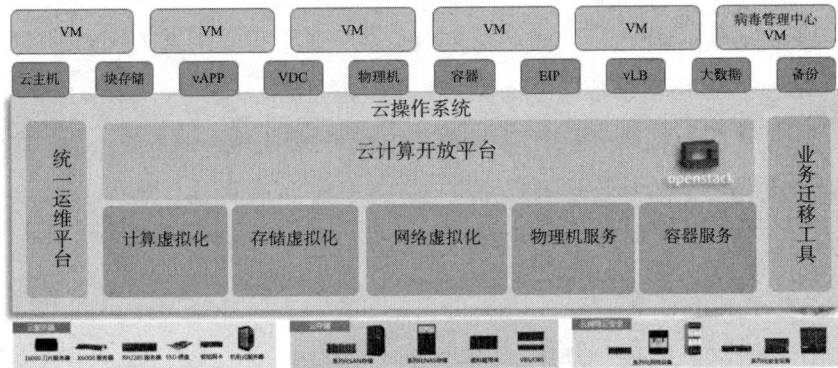

图1　云操作系统

为满足公司、二级单位及项目部不同层级组织对IT资源使用需求，对资源池进行集群划分，通过逻辑隔离保障安全（图2）。

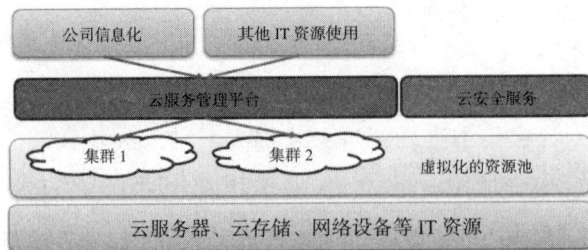

图2　资源池的集群划分

1.2　网信安全设计

随着《网络安全法》发布实施和国家对网信安全提到战略高度，在当前网络信息安全严峻形势下，我司依法依规对云数据中心的网信安全进行了优化升级。主要进行了以下方面的规划设计：第一，进行区域划分，加强边界防护；第二，网信安全做到可视化、持续检测和全攻击链的感知，规范上网行为；第三，外网用户 VPN 访问云中心，接入联通＋电信双线接入；第四，进行 VLAN 划分，识别不同类型用户。整体网络结构设计如图 3 所示。

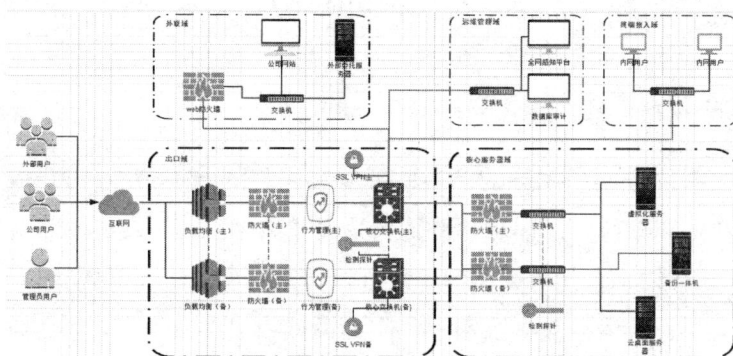

图 3　整体网络结构设计

部署病毒防护中心软件，运行在云服务器上的虚机加载杀毒驱动，就可以通过主机物理内存交换进行病毒查杀和实时监控，效率高、速度快（图 4）。

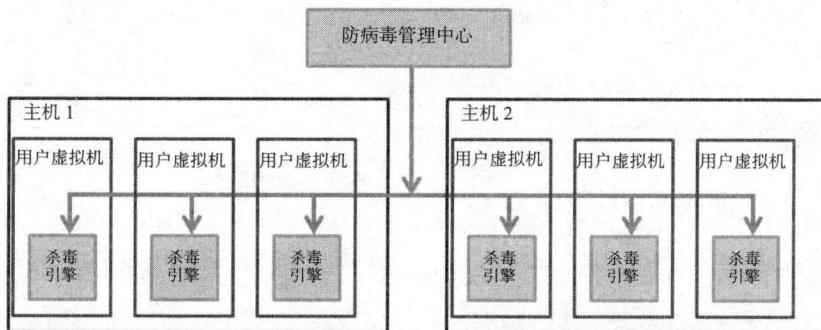

图 4　病毒查杀和实时监控

数据安全方面，主要采用数据备份机制和虚机快照，以及云平台管理机制中安全机制（图5）。

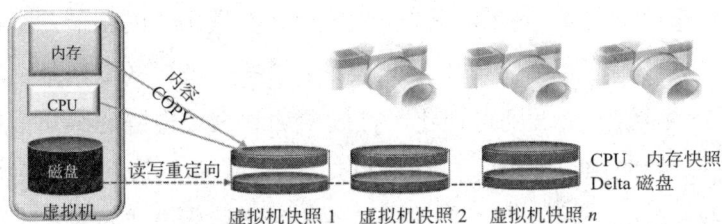

图5　虚拟机快照

1.3　桌面云设计

桌面云必须选用高主频的硬件服务器和充足的网络带宽。根据单用户资源及用户数估算整体资源需求，并预留余量（表1）。

采用 VPN 技术，保障人员出差等外网接入云桌面的实际需求。对桌面云用户进行分类，分为一般办公用户和图形设计用户。对应我司 BIM 设计等部门，提供 GPU 云桌面，保障显存资源。

云桌面服务占用资源评估（仅供参考）　　　　　　　　　表1

参数	数值	桌面个数及规格	总和
主频	1GHz		200GHz
内存	4G	200	800G
存储	100G	（根据规模调整）	20T
带宽	2M		400M

1.4　模块化机房设计

云数据中心机房依据《信息安全技术 信息系统安全等级保护基本要求》GB/T 22239、《数据中心设计规范》GB 50174、《计算机场地通用规范》GB 2887、《电子计算机机房施工及验收规范》SJ/T 30003、《低压配电设计规范》

GB 50054 等标准规范，进行接地防雷、消防排烟、防尘防静电、综合布线和电气建设。其中核心是模块化机柜安装使用。模块化机房整体效果图如图 6 所示。

图 6　模块化机房整体效果图

云机房通过模块化机柜上的微模块，实现各设备运行状态监控和报警，支持移动化监控管理，降低人工管理成本。

2　建设成果

新一代云中心，从能耗成本、人工管理成本，较之前均有较大降低。智能化运维，标志着对传统机房、服务器等的管理实现了转型升级。新一代云数据中心，基于当前流行的云计算、大数据、人工智能等技术，为这些技术的运用提供了新的基础模式，为公司业务创新和深化应用，奠定了信息化基础。

虚拟化云技术的应用，缩短了业务部署周期，提升了公司 IT 资源的使用率，做到了按需分配，统一管理。网络安全依据相关法律法规和等级保护的要求进行了基础建设，为下一步等保测评奠定了基础。特别是优化了网络划分，增加了对内部用户的安全防护机制，填补了安全漏洞。

目前，我司已经能够随时随地监控运维云数据中心，监控设备运行状态，检测网络攻击和风险，做到了重要数据自动定期备份；实现了链路负载和业务负载双重优化，提升了网络访问速度。

3 创新应用

对公司总部来说，目前主要业务系统已经实现了云端部署，依据系统资源负载情况可量体裁衣分配资源，大大提升了资源使用率，解决了传统物理服务器系统资源限制导致资源浪费或系统横行影响。新业务部署一般情况下，由管理员划分一定 IT 资源进行使用，不再像过去要申请购买设备后部署，大大缩短了部署周期。信息化管理工作也能轻松准确地实现智能运维，大大降低了人工成本和错误概率。使用桌面云进行日常办公，业务数据存储在公司云中心，不会造成数据丢失，且用户可以随时随地通过多种方式接入云桌面，增加了办公的灵活性。

对下属项目部来说，公司云数据中心可以提供一定的 IT 资源支持，降低了项目部信息化资产成本支出，且项目结束后信息化资产可回收再利用，实现了信息资产线上周转。

举个实例：某项目招投标中，业主要求 BIM 管理及协调配合费用不能少于 150 万元，要求建立 BIM 设计团队，BIM 模型在施工阶段要实现创建、深化、更新和应用，否则视为废标处理。

根据要求，至少要求配置 2 台图形设计工作站，进行 BIM 建模。项目计划采购显存 16G、内存 32G 的品牌工作站，大约 8 万元左右。公司了解到该情况后，分析了业主要求和项目实际情况后，从云数据中心划分 2 台 GPU 云桌面并分配 VPN 账号提供给项目使用。GPU 云桌面配置显存资源，支持 BIM 建模软件，VPN 保障远程外网访问；另外，可以使用手机、笔记本等设备随时接入工作。业主对此方案的可行性与科技感给予高度认可。

单纯从硬件角度，就可为项目至少节约成本 60% 左右，而且对公司信息技术在项目层面的应用起到了示范宣传作用，助力总承包管理能力的提升。

论文 17

数字建筑：将建筑业提升至现代工业化水平

广联达科技股份有限公司董事长　刁志中

（2017 年 11 月）

随着信息技术井喷式突破和广泛应用，数字经济正在全球迅速崛起。新产品、新服务、新业态大量涌现，"云大物移智"（云计算、大数据、物联网、移动技术、人工智能）等新兴科技应用层出不穷，十九大报告中特别指出，"数字经济等新兴产业正蓬勃发展"。几乎同时，各行各业也在全面拥抱数字化变革。新零售、新制造、新金融所引领的数字风潮正在向传统产业全面渗透，据市场研究机构 IDC 报告预测，到 2020 年，60% 的全球企业 2000 强都将把数字化转型作为公司战略的核心。

与全社会数字经济的蓬勃发展相比，建筑业数字化的程度可谓远远低于其他行业。据麦肯锡国际研究院《想象建筑业数字化未来》报告显示，在全球行业数字化指数排行中，建筑业在资产数字化、业务流程及应用数字化、组织及劳动力数字化方面均处较低水平。建筑产业科技投入也大大低于其他行业，不足收入的 1%，而汽车和航空领域则为 3.5% 和 4.5%。

严酷的现实昭示我们，数字经济飞速发展的现状与建筑业数字化水平低下的矛盾已日益严重，建筑业已到非转型不可的境地。然而，怎么转？转向何处？

1　制造业现代工业化的启示

与建筑业相比，同时期的制造业整体呈现了蓬勃发展的态势。随着云技术、物联网、大数据、人工智能等新技术应用，制造业开始走上了新型工业化道路。柔性化、网络化、个性化成为制造模式的新趋势，全球化、服务化、平台化成为产业组织的新方式，此时的制造业通过信息物理系统，将物理实体、生产环境和制造过程精准映射到虚拟空间，并进行实时反馈，同时作用于生产制造的全过程、全产业链、产品全生命周期，从而实现了从传统的生产方式向柔性智能的生产方式转变。

在这过程中，传统制造业完成了自己的现代化工业转型，即从传统批量生产向规模化的个性定制转型，从生产型制造向服务型制造转型，从集中生产向互联协同制造转型，从实体制造向实体制造与虚拟制造融合的制造方式转型。

制造业的现代工业化实践，为建筑业的转型升级指明了方向。正如苹果公司在打造总部大厦过程中所体现出来的"像造 iPhone 一样建造 Apple Park""以超越国际顶尖标准要求建筑公差""全程毫米级的精度标准完成交付"一样，建筑业未来转型升级的方向就是：在以数字技术为代表的现代科技引领下，以高精细化的新型建筑工业化为核心，以信息化手段为有效支撑，通过绿色化、工业化、信息化的三化融合，将建筑业提升至工业级精细化水平，规模化满足个性需求，交付达到工业级品质的健康建筑产品。

在"建筑业提升至现代工业化水平"的大方向下，整个建筑行业完成转型升级的关键就在于让作为建筑业核心本质的每一个工程项目成功。其成功的标准（参考"英国政府对建筑业 2025 的策略和要求"）是"在满足质量和安全的前提下，二氧化碳排放量降低 50%，建筑的成本降低 1/3，进度加快 50%，实现质量零缺陷，安全零事故"。

2 数字建筑将成为建筑业转型升级的核心引擎

理想是远大的，标准亦是严苛的。传统粗放式经营模式已无法满足行业发展的需要，在数字化变革的大趋势下，数字技术与建筑产业有效融合的"数字建筑"，既是项目成功的关键基础，又是建筑产业的创新焦点，也是实现建筑工业化的重要支撑，必然成为建筑产业转型升级的核心引擎。

那么,什么是"数字建筑"?数字建筑是指利用建筑信息模型 BIM 和"云大物移智"等信息技术引领产业转型升级的行业战略,它结合先进的精益建造理论方法,集成人员、流程、数据、技术和业务系统,实现建筑的全过程、全要素、全参与方的数字化、在线化、智能化,从而构建项目、企业和产业的平台生态新体系。

需要强调的是,我们所倡导的数字建筑,是贯穿建筑的设计、建造和运维的全生命周期过程;是包含行业主管部门、建设单位、设计单位、施工单位、供应商、生产厂商等在内的建筑产业链上下游的各方主体;是包含要素(进度、成本、质量、安全等)和生产要素(人、机、料、法、环等)的全要素的数字化。

从内涵上理解,狭义上,数字建筑是虚实映射的"数字孪生"。广义上,数字建筑是驱动建筑产业的全过程、全要素、全参与方升级的行业战略,是为产业链上下游各方赋能的建筑产业互联网平台,也是实现建筑产业多方共赢、协同发展的生态系统。

数字化、在线化、智能化是"数字建筑"的三大典型特征。其中数字化是基础,围绕建筑本体实现全过程、全要素、全参与方的数字化解构的过程。在线化是关键,通过泛在连接、实时在线、数据驱动,实现虚实有效融合的数字孪生的链接与交互。智能化是目标,通过全面感知、深度认知、智能交互、自我进化,基于数据和算法逻辑无限扩展,实现以虚控实,虚实结合进行决策与执行的智能化革命。而在具体应用层面,BIM 技术、云计算、大数据、移动应用和智能应用等关键技术是其应用基础。

3 数字建筑勾勒建筑产业新未来

当"数字建筑"从理念落到实处,建筑设计、施工、运维分别完成对应的数字化变革,建造过程将达到工业级精细化水平,真正实现将建筑业提升至现代工业化水平的全新未来。

到那时,设计阶段,各参与方与生产要素,将实现对设计、采购、生产、施工、运维各个阶段的全数字化打样,消除工程风险,输出最优的设计方案、可行的施工方案和明确的商务方案，有效指导项目的采购、生产、施工等，为工期、质量安全、成本管控提供科学依据，极大地保障工业化建造的可实施性。

施工阶段，基于软件和数据形成建筑全产业链的"数字化生产线"，将工厂生产与施工现场实时连接并智能交互，实现工厂和现场一体化以及全产业链的协同，使图纸细化到作业指导书，任务排程最小到工序，工序工法标准化等。进一步使建造过程提升到工业级精细化水平，达成浪费最小化、价值最大化。

运维阶段，人们将可以通过以虚控实的"数字孪生"，实时感知建筑实体运行状态，借助大数据驱动下的人工智能，实现运维过程的自我优化、自我管理、自我维修，并能提供满足个性化需求的舒适健康服务，在实现低碳、绿色、生态等环境需求的同时，大幅度提升人们的交互体验，创造美好的工作和生活环境。

4　携手行业共绘数字建筑蓝图

值得注意的是，美好的数字建筑蓝图，不只是理念，更是行业战略，是需要各参与方携手共建的平台生态新体系。

共筑数字建筑蓝图，来自这三方的力量将尤为重要。一是企业的力量。那些市场观念强、具有创新和探索精神的企业，正是数字建筑的先行者和示范者，他们将以企业价值的提升、竞争优势的构建形成示范效应，带动整个行业的进步。二是政府的力量。政府的支持是当前数字建筑战略急需的养分和助推器。三是资本的力量。利用资本强势扩大数字建筑创新应用领域，紧抓科技创新的最新成果，实现从"石墨"到"金刚石"的增值效应，提升数字建筑战略的价值力和影响力。

随着数字技术的不断创新应用，以及建筑行业各方凝心聚力，工业级的精细化建造水平将逐步实现，个性化的品质建筑将越来越多，"数字建筑"也将实现它的目标，让每一个工程项目成功，最终让人们的工作和生活环境更美好。

论文 18

数字化转型中的企业进化逻辑

浪潮集团总裁　王兴山

（2017 年 12 月）

当前，云计算、大数据、人工智能、量子计算等数字技术方兴未艾，全球正快速进入数字经济时代，企业数字化转型的浪潮已经到来。Gartner 预测，到 2020 年，大部分公司 75% 的业务将会是数字化的，或正走在数字化转型的路上。企业数字化转型，应秉承"连接，共享，智能"的理念，在明确数字化战略、方向的基础上，紧密围绕"云"和"数"两大驱动力，以"ERP进化"为支撑，构建"企业大脑"，推动企业管理更加共享、精准、可视、智能。

1　数字化战略推动企业数字化成熟的进程，明确的转型方向是企业成功的关键

数字经济时代，IT 变革推动消费互联网加速转向产业互联网，企业也正逐步迈向扁平化、平台化、生态化，通过数字化转型进化企业管理，实现 IT升维、管理模式变革、业务模式创新势在必行。如何进行数字化转型？浪潮认为，企业数字化转型有三个方向：全渠道多触点的客户体验、颠覆性创新、业务流程的数字化与智能化，其中业务流程的数字化与智能化是传统企业数字化转型的重点。当然，推动数字转型，数字化战略的制定必不可少。

2　上云是企业数字化转型的重要途径，成为企业现在必须开始走的未来之路

云基础架构日益成为企业生产经营的设施，借助上云，可以实现与客户、

供应商的广泛连接，将企业流程由内部延伸到整个产业链，建立更全面的端到端流程，加速业财融合。为此工信部提出了"百万企业上云"工程，浙江、江苏、山东各地也纷纷发起"企业上云行动计划"。在浪潮看来，企业上云的核心是运用云计算技术推动业务创新，实现敏捷、灵活管理，降低 IT 成本，以提高企业在新常态下发展动力和竞争力，企业上云应以应用优先，与具体的信息化应用相结合，诸如财务、人力、采购、营销等。

3 企业大数据正在加速形成，挖掘数据价值是加速企业数字化转型的重要驱动力

到 2025 年，全球将有 60% 的数据产生自企业，或与企业的服务有直接的关系，数据将成为企业的核心资产。在浩渺的数据中挖掘出价值，如何不再像大海捞针？管理模型和算法愈发重要。当前，数据的标准化、规范化、业务财务的一体化是构建和运用大数据的挑战，企业应重视基础管理，以价值为导向，充分利用管理会计工具，加强数据、计算能力、模型、算法各方面的能力，实现数据和管理的智能化。在这方面，浪潮可提供涵盖制造、建筑、能源等 9 大行业、9 大关键应用的 618 个分析模型。同时，浪潮还可提供强大的数据采集及分析能力。

4 推进 ERP 向"数据驱动的智能化共享运营平台"进化，为企业数字化转型提供信息化基础支撑

新时代，企业管理软件领域同样面临着新矛盾，即被激发出的旺盛市场需求与不均衡的管理软件供应能力之间的矛盾。从需求侧，制造强国战略，以及互联网＋、企业上云等政策激发了企业信息化的需求，企业决策者"要数，看数"的强烈需求日益旺盛；从供给侧，一方面是国内低价同质产品过剩，另一方面要花大价钱购买国外的高端产品，国产高品质软件供给能力不足。浪潮认为，随着企业管理需求的升级，企业资源调配正从"应用流程驱动"，

转化为"数据驱动"，即 ERP 中核心的"R"正在发生改变，支撑企业运营的 ERP 也要向互联网化、云化、智能化方向进化，进化为数据驱动的智能化共享运营平台。

5　打造管理软件新品质，是中国管理软件厂商的集体战略选择

党的十九大报告提出"深化供给侧结构性改革、坚持质量第一"，作为供给侧改革的组成部分，企业管理软件领域也同样需要大力提升管理软件的产品质量。为推动企业数字化转型，浪潮坚持继承与创新并重，以市场需求为导向，基于 SCB（战略性客户）+CCD（客户协同研发）的产品创新模式，融合数字化技术与管理会计思想，推出财务共享云、大数据分析云、电子采购云、司库与资金云、人力云等系列浪潮云 ERP 产品，帮助构建"企业大脑"，推动企业管理的持续进化，最终打造智慧企业。

论文 19

通，数字化必经之路
——建筑企业一体化建设模式探讨

用友建筑云服务有限公司总裁　何晓军
（2019 年 6 月）

随着物联网、BIM、大数据、移动技术、云计算等技术在建筑施工行业的大规模推广应用，数字化经济、数字化转型扑面而来。建筑施工企业管理"用数据说话、用数据决策、用数据优化"已成为大势所趋。在这一浪潮中，信息不通则成为建筑施工行业急需解决的痛点。

通则不痛。通体现在两个方面，协同与数字化。

协同分为内部协同与外部协同。内部协同横向涉及设计、采购、生产、经营、合约、财务、税务、资金、审计、信息化等职能，纵向涉及集团、子集团、分子公司、项目部等；外部协同涉及业主方、设计院、监理方、材料商、分包商、物流商、银行等金融机构、税务机关、上级监管单位以及其他服务商等，简言之就是产业链协同与生态圈协同。

数字化，在于数据规划、数据采集、数据处理、数据运用；在于信息化规划的合理性；在于信息化系统的高效支撑，使得业务单据、财务凭证、总账、报表、合并体系能有效衔接；在于标准化的统一；在于管理模式的选择与落地。虽然建筑企业很容易采集到海量数据，但由于其海量数据彼此独立，前期缺乏数据规划，导致其对企业管理不产生价值。唯有形成完整的数据链条，具备完整的业务逻辑，能够反应企业经营的某种信息，并且可以通过追溯来验证数据的正确性、完整性，建筑企业的数据才能真正产生价值。

无论是协同，还是数字化，终须信息化来承载。

1　一体化简析

"通"，在信息化建设中还有一个大家熟知的称谓——"一体化"。一体化涵盖较广，囊括了横与纵、正与逆、表与里、内与外等不同维度。

横与纵："横"指的是业务财务一体化；"纵"指的是集团管控，目的是实现从集团总部到子集团、分子公司直至项目的纵向管控一体化。横与纵已成为众多行业最为关注的一体化建设内容，更是大型集团企业管理的基础。在近些年，横向与纵向一体化正成为建筑施工行业关注的重点。

正与逆：横向一体化不仅仅体现在业务与财务、资金、税务等的自动衔接，更包含从报表→账→凭证→业务单据→原始凭证的逆向追溯，在事后的分析或审计中，逆向追溯能力就显得尤为重要。

表与里：正向的业财一体化与逆向的追溯固然重要，但依然是表象而已。其实更应关注内在的"里"，即在一体化基础上实现的风险控制，如付款风险、超预算风险、现金流风险、投资风险、供应商风险等，以及质量、安全、沟通、协调等隐性风险。"里"才是建筑企业一体化建设中追求的首要目标。

内与外：建筑施工作为龙头行业，相关产业链条相当复杂。绝大多数建筑企业已经意识到，现在不仅仅需要做好内部的管理，更需要做好外部产业链管理。在当今互联网＋时代，由产业链衍生的生态圈一体化已经进入了行业视野。

2　一体化建设路径

针对一体化，尽管在建筑施工行业的建设还相对落后，但是相关的探索实践开始地很早。根据其演进过程，一体化建设有四个模式，分别是基于财务管控的一体化，基于项目管理的一体化，基于报账／共享的一体化，及基于互联网＋的生态一体化（图1）。

基于项目管理
的全面一体化

基于互联网＋
的生态一体化

1　　　　2　　　　3　　　　4

基于财务管控
的一体化

报账／共享模式一
体化

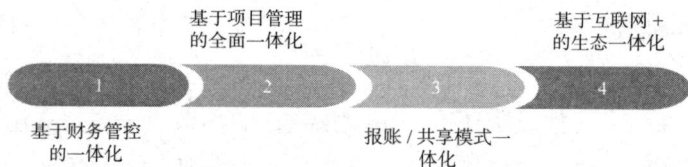

图1　一体化建设演进中的四个模式

3　基于财务管控的一体化

财务（泛财务概念，包含了中高层决策层、财务部等）最早发现、提出并进行一体化实践。当年伴随着风险管理／内控管理，一体化日益为建筑企业所重视。但囿于企业文化、管理模式、发展背景等局限，最初推动的一体化建设更多局限于财务领域。20年前兴起的集团管控大多为此模式。

大多数大型建筑企业目前的信息化建设依然处于该模式的初级阶段，即仅要求下属单位按照集团要求定期上报财务报表。做得好的企业，会选择统一的财务信息系统并在全集团进行推广，以便捷地实现报表汇总或合并。做得再好一些的企业，才勉强把业务要素纳入其中，如逐渐细化的科目体系、应收应付、资金计划或全面预算、辅助核算等。这些都是从财务出发向业财一体化方向的努力。然而，兜兜转转，财务管控的一体化始终在自己的圈子里徘徊。

最初，该模式确实帮助大型建筑企业解决了很多问题，但并未真正突破与业务的高效衔接。这仅仅是财务需要的一体化，不是建筑企业真正需要的一体化，于是有一些能力较强的建筑企业实践了基于核心业务（如项目管理）的全面一体化建设。

4　基于项目管理的全面一体化

建筑施工企业的核心业务是项目管理，项目过程管理能力是建筑企业的核心竞争力。建筑企业的所有管理工作，大都是围绕项目管理业务展开。而现阶段建筑企业项目管理过程中还存在项目经营、项目生产、项目风险管控等诸多问题。

（1）项目经营管理问题：项目经营管理主要包括合同管理、收入管理、预算管理、成本管理、材料管理、设备管理、分包管理等所有与项目经营相关的业务。项目经营管理业务由于链条长、参与部门多、产生数据多，各部门经营数据统计口径、统计标准不同，导致统计结果不一致，项目经营数据无法反映项目经营真实情况，也无法真实反映企业的经营状况。

（2）项目生产管理问题：随着施工项目规模越来越大，技术越来越复杂，项目生产管理难度也越来越高，项目参建各方、各部门、各专业的协同就至关重要。然而现阶段的施工项目生产管理过程中，很多的问题都是由于信息沟通没有到位，信息没有同步，工作不能有效协同，导致项目成本、进度、质量出现问题，从而对项目的生产产生很大影响。

（3）项目风险管理问题：施工企业对项目风险的管理往往还停留在凭个人经验、责任心上，导致不同的组织和参与人对项目风险管控的能力差异极大，无法做到及时有效地识别风险、监控风险。

基于项目管理的全面一体化建设是以提升项目过程管理能力为目的，通过业务财务一体化、工作协同一体化、风险管理一体化等全面一体化的建设来提升企业核心业务的协同管控能力。

4.1　业务财务一体化

通过建立企业数据标准、流程标准、控制规则体系、核算口径标准、分析模型等数据标准体系，实现"一数多用"。通过标准化体系来提升企业业务财务一体化的能力，解决项目经营管理中数据不一致、不及时的问题。

以业务数据、财务数据中项目成本数据差异为例，业务系统成本核算口径是以项目预算为基础，主要核算项目人、材、机、其他直接费、间接费并形成项目成本；财务核算口径是以法人组织与财务科目为基础，通过项目辅助核算统计项目的人、材、机、其他直接费、间接费，摊销企业营销费用、财务费用、管理费用到项目，形成项目成本。由于双方存在较大差异，因此全面一体化建设中最重要的是要保障如下内容：

（1）商务财务口径统一：财务核算口径更完整，如财务充分考虑到营销费用、财务费用、管理费用等项目间接成本；业务口径更多关注直接成本，虽不全面但更详细实时。取二者之长完善科目体系、核算规则、业务规范、业务逻辑等，差异较大的内容则通过相互映射进行统一。

（2）数据来源唯一性：所有数据均来源于业务以保证数据唯一性。包括人、材、机、其他直接费、间接费等，业务单据自动生成财务凭证，方可满足各种对数据统计分析的要求。

4.2 项目生产协同一体化

围绕项目管理，明确工作目标、工作时间、工作标准、责任人的工作任务。以流程管理为基础，以消息推送为手段，将工作任务按照项目进展，在合适的时间，推送给责任人、参与人、协作人，能够提醒并指导项目的工作协同。从不同维度看，横向现场管理协同涵盖人员、进度、物料、安全、质量、环境、设备管理等；横向项目经营协同包括预算、执行、检查、分析等；从组织维度看包括了业主方、设计方、供应商、监理方、分包方等各方的协同；纵向协同是指从集团、子集团、分子公司直到项目部的制度管理、流程管理、监督检查、决策分析等。结合智慧工地、BIM、PM系统、物联网、智慧大屏等信息化手段真正实现跨组织机构、跨专业、跨工种、跨岗位的全方位工作协同。

4.3 风险管理一体化

风险来源于业务，涉及经营、财务、工程、安全、市场、物资、稳定、消防等诸多领域。围绕项目计划、预算、合同、进度、成本、质量、安全、劳务队伍、物资供应、设备维护、图纸、档案、竣工、质保维修等各个管理职能建立一整套完整的风险源，并通过信息系统进行实时预警与控制，为项目管理提供直接的量化的风险控制机制，形成以集团、公司、项目为主体的可落地的一体化风险防控体系。

基于项目管理的全面一体化建设是最能体现建筑企业管理能力的一种模式，也是建筑企业信息化建设的重点。但全面一体化建设对建筑企业各方面能力要求都很高，包括企业经营模式、管理成熟度、信息化规划能力、高层的持续推动、流程的持续优化能力、信息化集成能力、业务财务之间的协同能力等。故而该模式的实践大多在以自营为主、管理成熟度较高的企业中获得了成功。

5 基于共享服务 / 报账的一体化

更多的企业觉得全面一体化建设难，期望能有难度小、易实施、更适合自身特点的模式。随着技术的发展，以及共享服务的兴起，我们找到了一体化建设的另外一条路径——即在建设共享服务的同时，实现集团企业一体化建设。

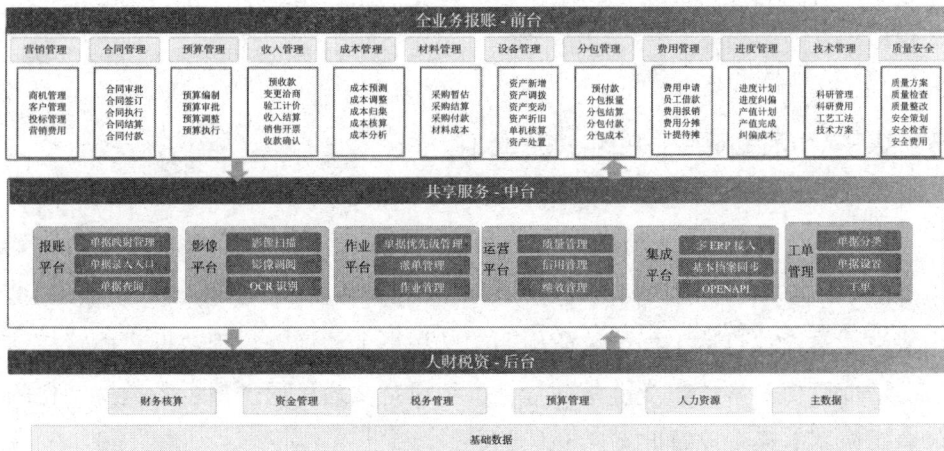

图 2　基于共享服务 / 报账的一体化

无须前端的项目管理系统，项目过程中所有的业务内容、业务逻辑都可以由报账单据承载，即通过报账单实现材料、劳务、分包的采购、入库、开票、结算等支出及成本闭环管理；入账认领、入账、销项等收入线闭环管理等；实现预算控制、计划控制、以收定支、合同执行控制等核心风险控制要素；实现自动入账、自动稽核、自动扫描、自动认证、数据统一归口等；可大大推进标准化统一、一键出表、大数据分析等进程。

总体来说，基于共享的一体化建设模式实现了横纵、正逆、内外、表里等多维度管理诉求，对于管理相对传统的建筑企业来说，不失为一种高起点的建设方式。在标准化统一的前提下，循序渐进，管理上完善一步就在报账单中推进一步。同时，基于报账单的信息化界面也更加的简洁、友好、易用，可以大大提升全员的效率与满意度。

本文不具体展开讨论共享服务的其他价值，仅就一体化而言，该模式的优势非常明显。在实现经济线的业财融合基础上，可逐步深入实现全业务的业财融合，直至生态化业财融合。如果需要，完全可以将共享模式构建成一个大平台，在其上承载更多的内容。如语音制单可以解决现场人员的信息采集痛点，如人力需求共享、物资利旧共享……随着技术的发展，在共享服务建设的同时，已经可以实现商旅生态一体化、采购生态一体化、金融生态一体化等生态圈的融合。

6 基于"互联网＋"的生态一体化

基于"互联网＋"的生态一体化就是将建筑项目的所有相关环节集成到生态链中，实现工程的投资、策划、设计、采购、施工、生产等全过程的融合。围绕数据贯通，打造工程全生命周期的应用平台，增强过程数据全面管控与赋能增值，提升各业态全链条的管控、集成与贯通。通过整合各类生态化的信息系统，实现大数据贯通、生态共赢。

基于"互联网＋"的生态一体化由于牵涉到建筑企业的上下游及相关协作方，具体落地路径目前大多是在部分业务中进行突破，比如在采购、税务、报账等协同场景诉求比较强的业务中逐步扩展。生态一体化需要依赖企业的大数据积累、结合先进的互联网技术、结合企业的业务场景，真正做到赋能组织、赋能员工、实时运营及数据驱动。这要求企业建立起三个层面的能力建设：

（1）数据服务能力，即通过企业内部经营数据、管理数据及生产数据的积累，构建起数据服务体系，打造数据的资产化。企业不仅仅只是希望知道过去发生了什么以及为什么发生，还希望进一步预测未来会发生什么，以及如何做才能最大化优化资源配置，取得更好的成果。这也是创新型企业所希望发力的领域。

（2）内部融合的能力，即内部业务的打通。这是生态一体化的基础，包括多元化集团管控通、业票财税资通、海内外通、资金流等众多方面。由内至外才能扩展至产业链、生态圈的一体化。

图3　基于"互联网+"的生态一体化

（3）生态融合能力，即与围绕企业核心业务的相关方（政府监管部门、业主、设计院、监理、供应商、分包商等）进行全面的业务打通和融合。如在采购领域已经实现采购方、供应方、物流方、互联网服务商之间的共赢协同；商旅领域实现了企业差旅中出行、住宿、餐饮、税务等生态化融合；金融领域通过供应链金融、公有云结算通道等手段实现了企业与供应商、金融机构等的生态融合。

基于"互联网+"的一体化构建了更为完整、高效的生态圈。在互联开放的平台上，不仅有传统的设计、施工、运维、业主、监理、构件厂商，还有征信服务机构、金融机构、软硬件厂商，相关各方通过平台实现信息共享、充分协作和资源整合，打破了企业边界和区域边界的限制，催生了产业生态的创新。

7 结束语

"通"，即一体化的能力将成为一个企业综合能力的体现，也是建筑企业数字化必经之路。基于一体化的"互通""互联""共创"将成为数字化时代建筑施工企业发展的典型特征。随着一体化、数字化转型加速，建筑施工行业将真正迈入大数据驱动的智能化新时代。

论文 20

走向高度智慧建造 ①

清华大学土木工程系教授　马智亮
（2019 年 5 月）

1　问题的提出

2013 年在汉诺威工业博览会上，德国联邦教研部和联邦经济部提出"工业 4.0"的概念，它描绘了制造业未来的前景：人们将迎来以信息物理融合系统为基础，以生产高度数字化、网络化、机器自组织为标志的第四次工业革命。其中的"机器自组织"，代表机器不仅拥有智能，还能够沟通和协调，意味着可以做到无人制造[1]。借鉴德国"工业 4.0"，我国政府于 2014 年提出了"中国制造 2015"的行动纲领，其中提出"创新驱动、质量为先、绿色发展、结构优化、人才为本"的基本方针，也明确了"到 2035 年中国制造业整体达到世界制造强国阵营中等水平"的目标，针对的也是制造业[2]。我们所在的工程建设行业怎么办？我的看法是走向高度智慧建造。

高度智慧建造的基础是智慧建造。在互联网上搜索一下，可以知道智慧建造已经不是一个新概念。若干学者 2018 年以来开始阐述智慧建造；关于智慧建造的组织也已有一些，包括一些地方协会成立的分会，全国性协会下属的专业委员会等；关于智慧建造的会议更多一些，从 2017 年开始出现；而关于智慧建造的著作也已有出现，但数量不多，虽然实践性很强，但学术性并不系统[3~5]。在工业 4.0 的故乡，德国有的大企业也提出了智慧建筑的概念。但是，目前在我国，关于智慧建造，在行业中仍然存在模糊的认识。有鉴于此，

---

① 注：该论文已在《施工技术》杂志 2019 年第 12 期发表。

笔者在此针对智慧建造，重点就几个关键问题进行分析和总结，以飨读者。

2 智慧建造的概念及其主要特征

为了更好地理解智慧建造，有必要首先辨析一下智慧一词。根据百度百科，它是生物基于神经器官所具有的一种高级的综合能力，包含：感知、知识、记忆、理解、联想、情感、逻辑、辨别、计算、分析、判断、文化、中庸、包容、决定等多种能力。人是有智慧的，智慧让人拥有理解、思考、分析、探求真理的能力。

智能技术及其相关技术可以让机器也拥有智慧。昨天在微信朋友圈看到一篇文章，说京东研制出送货机器人，将取代快递小哥。送货机器人可以自己上路，根据路况变道，躲开障碍物，自主规划路线，将货物送到指定的地址。和快递小哥没有什么两样。可以做到无人送货，称得上智慧快递。智慧快递是综合应用智能技术及其相关技术的产物。但是，相比之下，智慧建造要复杂得多。

它是智慧城市、智能建筑的延伸。即，"智慧""智能"延伸到工程项目的建造过程中，就产生了智慧建造的概念。智慧建造意味着在建造过程中充分利用智能技术及其相关技术，通过建立和应用智能化系统，提高建造过程智能化水平，减少对人的依赖，实现安全建造，并实现性能价格比更好、质量更优的建筑。

换句话说，智慧建造的目的，即提高建造过程智能化水平，减少对人的依赖，实现更好的建造，这意味着智慧建造将带来少人、经济、安全及优质的建造过程；智慧建造的手段，即充分利用智能技术及其相关技术；而智慧建造的表现形式，即应用智能化系统。这里提到"少人"，体现工程建设行业和制造业的不同。由于工程建造行业的复杂性，很难做到无人建造。

智慧建造同样以智能技术及其相关技术的综合应用为前提。其中，涉及感知，包括物联网、定位等技术；涉及传输，包括互联网、云计算等技术；涉及分析，包括移动终端、触摸终端等技术；涉及记忆，包括 BIM、GIS 等技术，涉及分析，包括大数据、人工智能等技术；此外，还包括三维激光扫描、三维打印、机器人等技术。通过应用这些技术，智能化系统将具有如下特征，即，灵敏感知、高速传输、精准识别、快速分析、优化决策、自动控制、替代作业。

值得一提的是，智慧建造和我们常说的企业信息化、数字化、智能化之间的关系，以及和高度智慧建造之间的关系。企业信息化主要是实现工作的自动化，数字化则使在工作之间共享数据成为可能，而智能化则使利用数据进行智能化决策成为可能[6]。在建造过程中，如果达到智能化水平，可以称为实现了智慧制造。值得注意的是，智慧建造有程度之分，如 1.0、2.0、3.0、4.0，而高度智慧建造则代表在智慧建造的深度、广度和集成度上达到相当高的水平，从而整个建造过程的智能化达到很高程度。另外，值得说明的是，在建造过程中使用的智能化系统分为两大类，即，管理系统和技术系统。前者的例子如 ERP 系统，项目综合管理系统；后者的例子如 BIM 平台软件，BIM 工具软件等。

3　智慧建造的典型应用场景

智慧建造的典型应用场景可以分为 4 个方面，即，智慧组织、智慧设计、智慧制造和智慧施工。

智慧组织是针对建筑企业而言的，包括设计企业和施工企业。成为智慧组织，意味着实现以下主要目标：企业能把握正确的发展方向；能实现资源优化配置；能使风险得到有效管控。典型的应用场景如：利用大数据确定企业的发展方向；智能化企业资源优化配置；智能化企业风险预警。这里举一个利用大数据确定企业的发展方向的例子。福建省工业设备公司是我国首个实施并应用了国外著名品牌的 ERP 系统的施工企业。在应用 ERP 系统的过程中，该公司积累了大量项目数据。该公司利用该数据进行分析，判断究竟承接大项目挣钱多还是接小项目挣钱多。表面上小项目的利润率高，但是，实际上因为转场频繁且费用高，所以实际挣钱并不能与大项目相比。于是，该公司决定，把业务重点放在承接大项目上。

智慧设计是针对设计阶段而言的。成为智慧设计，意味着实现以下主要目标：实现创新设计、优化设计和高效设计。典型的应用场景如：基于 BIM

的可视化设计；基于 BIM 的全生命期性能化设计；进行正向 BIM 设计，自动生成图纸。这里举"基于 BIM 的可视化设计"作为例子进行说明。过去，设计单位往往把设计方案用平面图和立面图表示出来，或者至多画上一两张效果图，就与建设单位讨论,征询建设单位的意见。由于建设单位识图能力有限，碰上复杂的设计，往往不能理解设计方案，因此提不出什么意见，或者花很大的力气才能确定设计方案。对应于前者，在施工过程中，当建设单位发现建起来的不是他们想要的东西时，他们就会提出设计变更要求。如果设计单位采用 BIM 技术进行方案设计，并将设计方案直观地展示给建设单位，就能避免这种问题，而且这样做并不用花太大的精力和成本。

类似地，智慧制造是针对制造阶段而言的。目前主要体现在钢结构建筑、装配式混凝土建筑等的工程建造中。成为智慧制造意味着：实现优化制造、高质量制造和高效制造。典型应用场景如：基于互联网＋的构件生产优化管理；基于数字图像技术的钢筋骨架质量管理；自动化和机器人技术应用。这里以"基于互联网＋的构件生产优化管理"为例，简要介绍一项我的研究室开展的一项研究工作 [7~9]。因为目前没有合适的这方面的智能化系统，解决这个问题需要研究开发相应的智能化系统。作为国家 863 计划项目的一部分，我们已经完成了系统的研究和开发，并进行了试用。我们的系统是基于因特网的，即软件安装在服务器上，预制构件厂的管理人员和工人通过互联网使用该系统为他们分别提供的功能。例如，系统为工人提供了在工作站的计算机上显示分派任务及查询信息的功能；为调度员提供了输入订单信息并进行优化排程和调整排程的功能；为质量管理人员提供了显示检查表格、录入数据并提交数据的功能；类似地，为车间主任、库管员、配送人员等也分别提供了所需的功能。该系统的特征是，综合利用智能技术及其相关技术，包括 BIM、移动终端、物联网（RFID）、智能化等技术，支持预制构件工厂规模化、自动化、柔性生产及优化管理，特别是，支持作业计划的优化制定、作业计划的优化调整以及物料的优化重调配规划的生成等，在支持优化管理方面，使作业计划的制定和调整可以保证考虑多目标的优化，其效果不依赖于用户的经验。

最后我们来看智慧施工，针对的是施工阶段。成为智慧施工意味着：实现高质量施工、安全施工以及高效施工。典型应用场景如：基于 BIM 的虚拟施工；基于 BIM 和室内定位技术的质量管理；基于互联网＋的工地管理。这里以"基于 BIM 的建筑工程施工质量管理"为例，简要介绍一项我的研究室开展的一项研究工作[10]。在施工项目中，传统施工质量管理方法：依据规范，相关方逐个工序进行验收。在验收中需要形成文档，由各方签字确认。目前施工质量管理中存在问题包括：有关方需要在现场手工填写纸介质表格，回到办公室后汇总、转录到计算机中输出，再由相关各方在表格中签认，工作效率低；因为检查条目繁多，而管理人员专业水准参差不齐，易引起验收工作遗漏和疏忽；由此导致的弄虚作假时有发生，易造成施工质量失控。虽然目前 BIM 技术应用在施工质量管理中，但一般都是由管理人员在现场先检查，发现问题后，在移动终端上利用相应的商业系统，打开 BIM 模型，找到对应的部位、附件检查信息，提醒相关方进行整改；整改后，相关方录入回应信息。这样的方法尽管比传统的方法直观一些，但不能支持对上述问题的解决。为此，我们提出以下思路，即，依据标准和规范在 BIM 模型上生成验收计划，结合移动终端、定位等技术，支持提前在计算机上生成计划，在现场用移动终端查看检查点、录入检查数据，并自动生成检查资料。其中，定位功能的作用是，在打开 BIM 模型时，能帮助我们迅速找到实际检查的部位在 BIM 模型上的对应位置，并将检查数据录入系统中，同时上传到服务器中。我们也研究开发了相应的智能化系统。该系统基于互联网，能支持包括施工方、监理方以及建设方等多方在系统上协同工作进行施工质量管理。我们对该系统在实际工程中进行了试用，取得了预期效果。

4　企业高效地走向高度智慧建造要点

面向智慧建造，企业应该如何高效地走向高度智慧建造呢？

首先应该明确高度智慧建造相对于智慧建造的含义。应该说它是智慧建造的高级阶段，其中的"高度"代表智能化系统的深度、集成度以及应用广度具有较高的水平，而且应该强调高度智慧建造以经济上可行为前提，不搞花架子。这里展开做一下说明。智能化系统的深度意味着在系统开发中应用智能技术及其相关技术的深入程度。应用上述例子，目前支持质量检查的、基于 BIM 的商业系统比我们开发的智能化系统在深度上有欠缺，因为它没有提供功能相对不够深入，不能用于解决现存的主要问题。智能化系统的集成度反映各类系统实现集成的比例大小。值得说明的是，系统集成方式可以分为两种，即，基于应用的集成和基于数据的集成。其中，前者对应于多个应用软件的一体化，例如，把一个客户关系管理系统集成到企业信息化管理系统中；而后者对应于，通过中性数据文件，在多个应用软件之间进行数据共享，例如，通过 IFC 格式的数据文件在多个应用软件之间共享 BIM 模型的数据。集成度不论集成方式，只关注实现集成的软件数站总数的比例大小。智能化系统应用的广度对应于智能化系统在企业中应用的范围大小，可以用主营业务的覆盖程度、在所有项目中的普及程度、在项目各阶段的普及程度以及在项目各参与方之间的普及程度等参数来表示。

关于企业如何高效地走向高度智慧建造，我认为有必要重视以下几点，即，不断学习新技术新系统，重视新技术系统研究开发，抓住应用新技术的机会，持续改进和集成已有系统。其中，第一点对应于学习，其他三项分别对应于深度、广度和集成度。

对于学习，由于新技术新系统层出不穷，应该敢于并善于学习。作为应用单位，建筑企业可以请软件公司上门介绍，也可以试用软件。相关人员应该养成对新技术的敏感。

对于新技术系统研究开发，如果建筑企业满足于应用厂商开发的系统，则由于门槛太低，不能体现差别化。所以，应主动地去开发一些新技术、新系统，形成企业的核心竞争力；确立企业在行业中的领导地位。虽然是建筑业企业，应该努力成为高科技企业。中建钢构在过去的几年，投入近 2 亿元，成功研究开发了钢结构智能建造系统，达到很高水平，并已经投入试用，是这方面的一个很好的例子。

对于抓住应用新技术的机会，由于重点、大型复杂工程不仅能更好地检验新技术，而且宣传效果好，建筑企业即使需要付出代价，也应主动出击，开展新技术的应用。应该做新技术应用的首个尝试者，还应该有意识地扩大应用范围，例如，将新技术应用到更多的项目中。最近几年，北京城建承建了一系列重点工程，并应用了相关新技术，取得了很好的效果，值得学习。

对于持续改进和集成已有系统，应该意识到，已有的智能化系统是财富，但需要随着新的系统平台的出现，需要持续改进。持续改进的系统一定会胜过从零出发新开发的同类系统，因为在其中已经积累了流程、分析处理算法等经验。另外，应该重视已有系统的集成，实现系统的一体化或数据共享，铲除信息孤岛。在此过程中，需要企业标准及行业标准的支持。但是，建筑企业不能等，也不能靠，应该敢为人先，开创相关标准，实现提高智能化系统集成度的目的。

5　结语

智慧建造是最近几年提出来的概念，在一些项目中已有成功实践。面向德国工业 4.0 和中国制造 2025，我国工程建设行业的建筑企业必然走向高度智慧建造。我们应该抓住机遇，争取让工程建设行业在时代大潮中与其他行业一道，接受洗礼，迎接挑战。

参考文献

[1]　工业 4.0（第四次工业革命）. 百度百科，参见 https：//baike.baidu.com/item/ 工业 4.0/2120694?fr=aladdin.

[2]　中国制造 2025. 百度百科，参见 https：//baike.baidu.com/item/ 中国制造 2025.

[3]　李久林，魏来，王勇，等 . 智慧建造理论与实践 [M]. 北京：中国建筑工业出版社，2015.

[4]　丁源 . 智慧建造概论 [M]. 北京：北京理工大学出版社，2018.

[5]　李久林，等 . 智慧建造关键技术与工程应用 [M]. 北京：中国建筑工业出版社，2017.

[6]　马智亮，蔡诗瑶 . 基于 BIM 的建筑施工智能化 [J]. 施工技术，2018，47（6）：70-72，83.

[7]　Zhitian Yang，Zhiliang Ma and Song Wu. Optimized flowshop scheduling of multiple production lines for precast production[J]. Automation in Construction，2016，72（2）: 321-329.

[8]　Zhiliang Ma，Zhitian Yang，Shilong Liu and Song Wu. Optimized rescheduling of multiple production lines for flowshop production of reinforced precast concrete components[J]. Automation in Construction，2018，95: 86-97.

[9]　马智亮,杨之恬.预制混凝土构件生产物料重调配路径规划方法[J].同济大学学报（自然科学版），2017，45（10）: 31-39.

[10]　Zhiliang Ma，Shiyao Cai，Na Mao and Qiliang Yang. Construction quality management based on a collaborative system using BIM and indoor positioning[J].Automation in Construction，2018，92: 35-45.

后 记

经过一年多的努力，《工程建设企业管理信息化实用案例精选》终于脱稿了，看着沉甸甸的书稿，回首整个成书过程，感慨良多。

工程建设领域的信息化，尤其是企业管理信息化，对很多企业而言，是件望而生畏的事。但企业发展不进则退，要跟上时代，又必须探索和实施管理信息化。为此，中施企协信息化工作委员会一班人，展开了深入地调查研究和摸索实践，最终基于行业特性和企业特点，决定选择从"典型案例"入手，对那些有代表性、效果显著的案例，进行深入挖掘、系统总结，让大家对标学习"看得见、摸得着、用得上"。我们编辑出版这本书的初衷，正如毛泽东所言："人类总得不断地总结经验，有所发现，有所发明，有所创造，有所前进。停止的论点，悲观的论点，无所作为和骄傲自满的论点，都是错误的。"

为此，近五年来，我们通过各种渠道、多方推荐，每年挑选若干有典型意义的企业案例，组织专家实地调研与交流。这其中，有协会统一组织的，也有专家在所在行业领域内单独组织的。几年下来，我们实地调研的企业近200家，参与的调研的专家接近千人。调研过程中，受调研的企业不仅给予了热情的接待，更是毫无保留的分享信息化成果和心得。同时，重点就存在的困惑与问题，与调研组展开热烈研讨，有专家戏称"啄木鸟式"交流。可以说，每次调研完，大家都有很强的收获感。以至，每次调研的队伍常常是越往下家走，队伍越壮大，最多的时候，调研组达人数接近30人了。

我们调研中发现，凡是好的企业都在搞信息化，凡是信息化好的企业都是好企业。受篇幅所限，本书优中选优，只收录了10个典型案例。为了更好的把案例的特点亮点、实施机理、思考体会等，力求全面、系统总结出来，案例企业和专家们反反复复、几上几下、集中研讨、多方征求意见，才有了今天的成果。此外，所选的 20 篇信息化论文，也是长期奋战在信息化一线从事信息化研究与实践的各级管理者、专家学者的心得之作。正因为如此，这本书可以说，是集体智慧的结晶、是扎根实践的总结、是厚积薄发的成果。

感谢五年来受调研的近 200 家企业以及众多参与调研互动专家们，是他们的参与与付出，让我们的内容如此丰厚，限于篇幅，没法一一列出了！感谢此次收录的十个案例的主要执笔人，他们有的是企业高层管理者，有点是企业业务骨干，日常工作非常繁忙，挤出时间，总结成果，分享智慧，为他们的无私奉献点赞；感谢 20 位信息化优秀论文的作者，毫无保留地分享他们的真知灼见。

成书过程中，《施工企业管理》杂志社编辑部的吴颖、张晶，中国建筑工业出版社的范业庶、朱晓瑜等老师，做了大量幕后工作，在此一并感谢！

编者

2019 年 6 月